Willi Buchwald

Die Zukunft der Welt und Israel

Hänssler-Paperback
Bestell-Nr. 394.726
ISBN 978-3-7751-4726-2

Internet: www.haenssler.de
E-Mail: info@haenssler.de
Umschlaggestaltung: krausswerbeagentur.de, Herrenberg
Titelbild: Hilla und Max Moshe Jacoby, © Hänssler Verlag
Satz: typoscript GmbH, Kirchentellinsfurt
Druck und Bindung: Ebner & Spiegel, Ulm
Printed in Germany

Inhalt

Einleitung: Die Bibel und der Nahostkonflikt

Die große Friedenssehnsucht der Menschheit

Die Sehnsucht der Menschheit nach Frieden und Sicherheit war wohl niemals so groß wie in unseren Tagen. Berichte von schrecklichen Ereignissen mit grauenhaften Bildern erreichen uns in kürzester Zeit vom äußersten Winkel der Erde, und das täglich in Zeitungen, im Fernsehen oder im Internet.

Die Menschen befinden sich in großer Angst, besonders vor Terror und Krieg. Sicherheit und Geborgenheit sind in weite Ferne gerückt. Jesus Christus hat dieses für die Menschen in der Endzeit vorausgesagt: *»Und auf der Erde werden die Völker in Aufruhr und Entsetzen sein ... Viele Menschen werden den Mut verlieren, wenn sie diese Schrecken über die Erde hereinbrechen sehen ...«* (Lk 21,25-26).

Vieles von diesem Schrecken unserer Tage wird ausgelöst durch Gruppen, die mit ihren Wahnideen und Gräueltaten durch Terror, Krieg, Mord und Zerstörung die Menschheit in Angst versetzen, unter anderem zur Zeit Osama Bin Laden und seine Anhänger, die Al-Qaida, die Hisbollah, der Islamische Dschihad, die Hamas, die Al-Fatah.

Wolf Biermann, ein deutscher Liedermacher, besang schon 1967 das vergebliche Hoffen der Menschen auf Frieden:

»Wann ist denn endlich Frieden
in dieser irren Zeit?
Das große Waffenschmieden
bringt nichts als großes Leid.
Die Welt ist so zerrissen
und ist im Grund so klein.
Wir werden sterben müssen,
dann kann wohl Friede sein!«[1]

Ohne Gott und ohne das Wissen um sein Heil und seinen Heilsplan für uns Menschen, gerät der Mensch, der von Menschen enttäuscht ist, in Resignation. Oft beklagen sich Menschen über ihr schweres Schicksal, über Ungerechtigkeit, Terror, Krieg etc. mit den Worten: »Wenn es einen Gott der Liebe gibt, wie kann er das alles zulassen?«

Gott antwortete Israel damals durch Jeremia, als das Volk Gott anklagte: *»Wie kann sich ein Mensch über sein Leben beklagen? Sollte er nicht seine eigene Sünde beklagen? Lasst uns unser Verhalten überprüfen und wieder zum HERRN*[2] *umkehren. Lasst uns unsere Herzen und Hände zu Gott im Himmel erheben«* (Klgl 3,39-41).

In der Gegenwart wird besonders der Blick auf den Nahen Osten gelenkt, wo es um ein heißes Ringen um den Frieden zwischen den Juden und den arabischen Völkern geht. Wer aber die biblische Prophetie nicht kennt oder sich nicht ernsthaft mit ihr auseinandersetzt, wird das fürchterliche Geschehen im Grunde nicht begreifen können. Wer diese Konflikte nur unter der politischen Brille sieht, wird zu falschen Schlüssen kommen; denn im Kern ist dieser Konflikt ein religiösgeistliches Problem, das nur durch den allmächtigen Gott gelöst werden kann.

Nach Gottes Heilsplan, den wir in der Bibel übermittelt bekommen haben, wird Jesus, der für Israel als der »Messias« (Christus) kommen wird, wahren Frieden für die Völker bringen. Auf einen solchen Messias wartet auch ein Teil der religiösen Juden, die Jesus allerdings nicht als Messias erkennen.

Andere Juden meinen, dass sie selbst den Frieden schaffen müssten und dass der kommende Messias ihn dann nur erhalten würde. Der Schriftsteller Franz Kafka (1883–1924) meinte sogar: »Der Messias wird erst kommen, wenn er nicht mehr nötig sein wird.«[3]

Die Bibel aber gibt darauf eine eindeutige Antwort: *»Der Kriegsbogen wird zerstört. Euer König wird den Völkern den Frieden verkündigen«* (Sach 9,10). Der Zusammenhang des Textes in Sacharja macht im Hinblick auf die Gesamtaussagen der Bibel deutlich, dass dieser Friedensbringer Jesus Christus ist.

In diesem Buch geht es nicht um eine einseitige Sympathiebekundung für Israel, obwohl Christen sich mit Israel besonders verbunden wissen sollten. Die Bibel zeigt uns vielmehr, dass Gott auch den anderen Völkern gegenüber Gerechtigkeit üben wird und sie schließlich mit Israel in Frieden leben und durch das Volk der Juden großen Segen erfahren werden. Abraham, dem Stammvater Israels, gab Gott (Jahwe) eine wunderbare Verheißung (1Mose 12,3): *»Wer dich segnet, den werde ich auch segnen. Wer dich verflucht, den werde ich auch verfluchen. Alle Völker der Erde werden durch dich gesegnet werden.«*

Jesus, der sich der Samariterin am Jakobsbrunnen als Messias offenbart hat (Joh 4), sagte dieser Frau und uns allen: *»Die Erlösung kommt durch die Juden«* (4,22).

Jesus, der als Mensch ein Jude war, vollbrachte das Heil am Kreuz von Golgatha. Er wird aber als König vom Himmel her erscheinen und das Heil den Völkern bringen, nämlich den heiß ersehnten Frieden unter den Völkern unter seiner Herrschaft.

Sehnsucht nach Frieden im alten Israel

»Man hofft auf Frieden, und da ist nichts Gutes, und auf die Zeit der Heilung, und siehe da: Schrecken.« (Jer 14,19; Elb). Mit diesen Worten beklagte der Prophet Jeremia vor 2600 Jahren das schwere Schicksal des Volkes Juda, das von Nebukadnezar bedroht, besiegt und in die babylonische Gefangenschaft geführt wurde.

Das Nordreich Israel mit seinen zehn Stämmen war schon im Jahre 722 v. Chr. wegen seines bewussten Ungehorsams Gott gegenüber und wegen seines Götzendienstes gefangen genommen und nach Assyrien gebracht worden. Dieses Ereignis wurde durch mehrere prophetische Aussagen angekündigt: *»Dann schlägt der HERR Israel, dass es schwankt wie ein Schilfrohr im Wasser. Er wird die Israeliten aus diesem guten Land, das er ihren Vorfahren gegeben hat, vertreiben und über den Euphrat hinaus verstreuen, denn sie haben den Zorn des HERRN erregt, als sie die Ascherabilder anbeteten«* (1Kön 14,15).

Auch Amos musste das Strafgericht ankündigen: *»›Deshalb verbanne ich euch ins Exil, in ein Land weit von Damaskus entfernt‹, spricht der HERR, dessen Name Gott, der Allmächtige, ist« (Am 5,27); »... das Volk Israel wird ins Exil gehen müssen, in ein Land fern von seiner Heimat« (Am 7,11).* Und Jesaja sagte voraus, durch wen die Wegführung in die Gefangenschaft erfolgen wird: *»durch den König von Assyrien«* (Jes 7,17).

Im Jahr 722 v. Chr. musste sich Israel nach langer Belagerung seiner Hauptstadt Samaria geschlagen geben. Im Anschluss an diese Niederlage wurde die Bevölkerung nach Assyrien verbannt. Im biblischen Bericht darüber heißt es: *»Als Hoschea, der Sohn Elas, das siebte Jahr König in Israel war ..., griff König Salmanassar von Assyrien Samaria an und belagerte die Stadt. Drei Jahre später ... fiel Samaria.*

Danach führte der König von Assyrien die Israeliten nach Assyrien« (2Kön 18,9-11).

Der assyrische König siedelte daraufhin Menschen aus fremden Ländern in Samaria an. In 2. Könige 17,24-41 wird berichtet, dass diese heidnischen Götzen dienten. Eine Unterweisung im Gesetz Jahwes, die auf Befehl des assyrischen Königs von einem Priester der ins Exil geführten Israeliten vorgenommen wurde, brachte wenig Erfolg: *»Aber das Volk wollte nicht hören und hielt an seinen früheren Bräuchen fest. Die Völker beteten zwar den HERRN an, aber ebenso auch ihre Götzen.«* (V. 40-41). Den Erfolg dieses Unternehmens kann man als »religiösen Mischmasch« bezeichnen. Die Nachkommen dieser Leute bereiteten den aus Babel zurückkehrenden Juden viele Schwierigkeiten (vgl. Esra 4,2-10). Von ihnen stammen die später von den frommen Juden verachteten Samariter ab.

Das babylonische Exil

Über ein Jahrhundert später traf das Gericht Gottes auch das Südreich Juda mit seiner Hauptstadt Jerusalem und dem Tempel. Jeremia, der unter dem gottlos gewordenen Volk besonders zu leiden hatte, hatte die Wegführung nach Babylon vorausgesagt: *»Das ganze Volk von Juda will ich in die Gewalt des babylonischen Königs geben. Er wird sie als Gefangene nach Babel bringen oder mit dem Schwert töten«* (Jer 20,4). Jerusalem wird in der Gerichtsandrohung besonders erwähnt, und auch der Grund dafür wird angegeben: *»Deshalb spricht der HERR Folgendes: ›Ja, ich liefere diese Stadt dem babylonischen Heer und ihrem König Nebukadnezar aus: Er soll sie erobern. Von frühester Kindheit an tun die Israeliten und Judäer nur das, was in meinen Augen nicht richtig ist. Mit allem, was sie unternehmen, reizen sie mich zum Zorn‹, spricht der HERR.«* (Jer 32,28.30).

Jeremia sagte weiter voraus, dass die Gefangenschaft Judas 70 Jahre dauern soll. Und diese Völker sollen dem König zu Babel 70 Jahre dienen: »›*Wenn aber diese 70 Jahre um sind*‹, *spricht der HERR*, ›*will ich den König von Babel und sein Volk zur Rechenschaft ziehen wegen all der Schuld, die sie auf sich geladen haben. Ich werde das Land der Babylonier für alle Zeiten zur Wüste machen*‹« (Jer 25,12).

Als die Neubabylonier (die Chaldäer) das assyrische Reich zerschlugen und nahezu auch ganz Palästina[4] besetzten, wurde auch Juda überrannt. Gottes Vorhersage erfüllte sich wiederum genau. Die erste Wegführung der Bevölkerung des Südreiches Juda erfolgte im Jahr 597 v. Chr.; eine weitere schloss sich 586 v. Chr. an (vgl. 2Kön 24 und 25). Eine der herausragenden Persönlichkeiten unter den ins Exil geführten Juden war Daniel. Als Prophet empfing er von Gott heilsgeschichtliche Offenbarungen und gelangte als Staatsmann auch in Babylon zu hohen Ehren. Nach der Wegführung des Volkes nach Babylon legte Nebukadnezar Jerusalem in Schutt und Asche. Auch der Tempel Salomos, etwa 400 Jahre lang jüdisches Heiligtum, wurde zerstört.

Dennoch besaßen die Juden die Hoffnung, nach 70 Jahren in das Land ihrer Väter zurückkehren zu dürfen. Nach Ablauf dieser Zeit erhielt die erste jüdische Gruppe von dem Perserkönig Kyrus, der die Babylonier besiegt hatte, die Erlaubnis zur Rückkehr nach Jerusalem. Im Laufe der nächsten Jahre kehrten weitere jüdische Gruppen aus der Verbannung zurück. Die Stadt Jerusalem und ihre Mauern wurden wieder aufgebaut und ein zweiter Tempel errichtet (siehe auch die Bücher Esra und Nehemia).

Die von Babel zurückgekehrten Juden und die ihnen folgenden Generationen durchlebten unruhige Zeiten. Zwar gelang es ihnen, für kurze Zeit ein unabhängiges Reich zu errichten, doch gerieten sie bald wieder unter fremde Herrschaft. Alexander der Große, der Medo-Persien besiegte, nahm auch Palästina ein und kam 332 v. Chr. nach Jerusalem. Nach seinem Tod geriet Palästina unter die Herrschaft verschiedener Machthaber. Ägyptische und schließlich syrische Besetzung schlossen sich an. Im Jahr 168 v. Chr. plünderte Antiochus IV. Epiphanes von Syrien den zweiten Tempel in Jerusalem. Er schändete ihn, indem er darin ein Schwein opferte, das für die Juden als unreines Tier gilt. Er verbot den jüdischen Gottesdienst und stellte im Vorhof des Tempels einen heidnischen Altar auf. Viele Christen sehen in Antiochus IV. Epiphanes einen Vorläufer des Antichrist, der vor der sichtbaren Wiederkunft Jesu Christi auftreten wird.

167 v. Chr. nahm der jüdische Priester Mattathias mit seinen fünf Söhnen den Kampf gegen die Unterdrücker auf. Unter ihnen gelangte Judas Makkabäus (der »Hammer«) zu besonderer Berühmtheit. Die aufständischen Juden gingen als Sieger hervor und befreiten Jerusalem. Im Dezember des Jahres 165 v. Chr. konnte der Tempel neu geweiht werden. Zur Erinnerung daran begingen die Juden danach jährlich das Fest der Tempelweihe (*Chanukka*; vgl. Joh 10,22).

Judas Makkabäus fiel im Kampf gegen die Syrer. Daraufhin wurde sein Bruder Simon als erblicher Priester und Fürst eingesetzt; mit ihm begann die Dynastie der Hasmonäer. Seine Nachkommen jedoch waren oft zerstritten. Das machten sich die Römer zunutze, und im Jahre 64 v. Chr. eroberte Pompejus Jerusalem. Palästina wurde römische Provinz. Als römischer Prokurator wurde der Idumäer Antipater eingesetzt. Sein Sohn, der ihm im Amt folgte, wurde von den Römern zum König ernannt und ging als Herodes der Große in die Geschichte ein. Zu seiner Zeit wurde Jesus in Bethlehem geboren.

Nach dem Bericht des Lukas war Jesus etwa 30 Jahre alt, als er seine drei Jahre dauernde öffentliche Wirksamkeit begann. Aber die Juden erkannten ihn nicht als Messias an, sondern sahen in ihm einen Gotteslästerer. Unter dem Prokurator Pontius Pilatus ließen sie ihn durch die römische Besatzungsmacht kreuzigen. Leichtfertig riefen sie: *»Sein Blut komme über uns und über unsere Kinder!«* (Mt 27,25; Elb).

Wenige Jahrzehnte später ging dieser Ausruf auf furchtbare Weise in Erfüllung. Jesus hatte das in seiner Weissagung über Jerusalem vorausgesagt: »*Als sie sich jedoch Jerusalem näherten und Jesus die Stadt vor sich liegen sah, begann er zu weinen. ›Wie sehr wünschte ich, du würdest noch heute den Weg des Friedens finden. Doch nun ist es zu spät, und der Friede bleibt dir fremd. Nicht mehr lange, und deine Feinde werden einen Wall rings um dich aufschütten, dich einkreisen und gegen dich vorrücken. Sie werden dich und deine Kinder dem Erdboden gleichmachen und keinen Stein auf dem anderen lassen, weil du die Gelegenheit, die Gott dir geboten hat, nicht ergriffen hast*‹« (Lk 19,41-44). Und noch einmal äußerte sich Jesus prophetisch zu dem bevorstehenden schrecklichen Ereignis: »*Denn das werden die Tage der Vergeltung Gottes sein, und die Weissagungen der Schrift werden sich erfüllen. Schwangeren und Stillenden wird es schlimm ergehen! Denn im Land wird große Not herrschen, und Unheil wird über dieses Volk kommen. Die Menschen werden mit dem Schwert getötet oder als Gefangene in die ganze Welt verschleppt werden. Und Jerusalem wird erobert und dem Erdboden gleichgemacht werden von den fremden Völkern, bis ihre Zeit zu Ende ist*« (Lk 21,22-24).Auch die Zerstörung des zweiten Tempels, den Herodes zu einem Prachtbau umgestaltet hatte, sagte Jesus voraus: »*Als Jesus das Tempelgelände verließ, zeigten seine Jünger ihm die verschiedenen Gebäude, die zum Tempel gehörten. Doch er sagte zu ihnen: ›Seht ihr diese Gebäude? Ich versichere euch: Sie werden alle zerstört werden, sodass kein Stein auf dem anderen bleibt*‹« (Mt 24,1-2). Der Prophet Daniel hatte die Zerstörung Jerusalems und des Tempels schon ungefähr 600 Jahre früher angekündigt: »*Nach diesen 62* (Jahr-)*Wochen wird ein von Gott Erwählter* (= Christus) *vernichtet werden; man wird ihn ablehnen. Dann wird ein Fürst mit seinem Kriegsvolk anrücken und Verderben über die Stadt und den Tempel bringen*« (Dan 9,26).

Die Juden waren stets von einem starken Freiheitsdrang erfüllt. Immer wieder versuchten sie, das fremde Joch abzuschütteln. Auch im Jahr 66 n. Chr. kam es zu einem Aufstand gegen die Römer. Er endete im Jahr 70 mit einem Sieg des römischen Feldherrn Titus, der wenig später Kaiser wurde. Wie die Propheten vorausgesagt hatten, wurde Jerusalem in Schutt und Asche gelegt und der Tempel zerstört. Sogar der Tempelplatz wurde umgepflügt.

Die letzte Festung, Masada am Toten Meer, fiel drei Jahre später nach heldenhaftem Kampf in die Hände der Römer. Die 960 jüdischen Verteidiger nahmen sich selbst das Leben, um der Schande einer Gefangenschaft zu entgehen.

Unter Simon Bar Kochba, der von Rabbi Akiba zum Messias ausgerufen wurde, wagten die stark dezimierten Juden noch einmal einen Aufstand gegen die Römer. Nach drei Jahre dauernden grausamen Kämpfen besiegte Kaiser Hadrian die Aufständischen im Jahr 135 n. Chr. Die überlebenden Juden wurden in alle Welt vertrieben. Das Betreten Jerusalems wurde ihnen verboten. Unter dem Namen *Aelia Capitolina* wurde die Stadt römische Militärkolonie.

Was für die Juden als Fluch und Strafe galt, erwies sich für die übrigen Völker als Segen:

- Auf diese Weise konnte die Gemeinde Jesu entstehen. Jesus sagte zu den Juden: »*Ich will damit sagen, dass das Reich Gottes euch weggenommen wird und ein anderes Volk es bekommt, das gute Früchte bringt*« (Mt 21,43). Damit meinte er seine Gemeinde, die sich aus Angehörigen aller Völker zusammensetzen sollte. Der Apostel Paulus schreibt dazu: »*durch ihren Fall ist den Heiden (Nationen) das Heil widerfahren, damit Israel ihnen nacheifern sollte*« (Röm 11,11; LÜ).
- Durch die Zerstreuung wurden die Juden zum »Brückenkopf« für das Evangelium. Überall in der Welt bauten sie Synagogen. Unter vielen Völkern machten sie Gott als den

Schöpfer des Himmels und der Erde sowie auch das Alte Testament bekannt. Die Apostel, die sich anschickten, den Missionsbefehl Jesu auszuführen, begannen ihre evangelistische Tätigkeit in der ersten Zeit meist in den Synagogen.

- Die Nationen (alle übrigen Völker) erfuhren durch die Juden eine Bereicherung, vor allem auf den Gebieten der Kunst, der Kultur und der Wissenschaften.

Die Völker jedoch erwiesen sich den in aller Welt zerstreuten Juden gegenüber wenig dankbar. Man verfolgte sie unbarmherzig als Fremdlinge. Millionen von Juden wurden getötet. Jeder politische Beobachter musste den Eindruck gewinnen, dass er sich hier einem Volk gegenüber sah, das keine Chance mehr hatte, für das es keine Zukunft gab. Die Bibel jedoch spricht an vielen Stellen davon, dass Gott selbst den Verstreuten Hoffnung zusprach und ihnen die Rückkehr ins Land ihrer Väter und die Wiederannahme als Gottes eigenes Volk verhieß, wenn bis dahin auch Jahrhunderte vergehen sollten. In der Zwischenzeit galt für die Juden, was Gott dem in die babylonische Gefangenschaft ziehenden Volk sagen ließ: *»Auf, ihr Israeliten, die ihr dem Schwert Babels entkommen seid: Flieht, bleibt ja nicht hier! Vergesst den HERRN nicht, auch wenn ihr in einem Land fern der Heimat lebt. Erinnert euch immer daran, dass eure Heimat in Jerusalem ist«* (Jer 51,50).

Die Menschen unserer Zeit verhalten sich so wie Israel und Juda damals: gottlos und bewusst in der Sünde lebend. In Johannes 3,19 wird gesagt: *»Sie* (die Menschen) *liebten die Dunkelheit mehr als das Licht, weil ihre Taten böse waren.«* Je mehr sich der Mensch von Gott entfernt, umso mehr erfährt er seine Defizite: Friedlosigkeit im Herzen, Angst und Unsicherheit sowie Hoffnungslosigkeit. Jesaja 48,22 (LÜ) sagt dazu: *»Die Gottlosen, spricht der HERR, haben keinen Frieden«*. Aber *»er* (Jesus) *ist unser Friede«* (Eph 2,14; LÜ).

Wer Jesus in sein Leben hineinnimmt, der empfängt seinen Frieden: *»Da wir nun durch den Glauben von Gott für gerecht erklärt worden sind, haben wir Frieden mit Gott durch das, was Jesus, unser Herr, für uns tat«* (Röm 5,1).

Schon im Alten Testament, in Jesaja 48,18, verheißt Gott (wenn auch im Konjunktiv, da die Israeliten *nicht* auf Gott gehört haben): *»Hättest du doch auf meine Gebote geachtet! Dann hättest du im Glück schwimmen können und Gerechtigkeit hätte dich überflutet wie die Wellen des Meeres.«*

Falsche Friedenserwartungen heute

Die Frage nach der Zukunft wird heute von vielen Menschen offen gestellt. Die Antworten darauf fallen sehr verschieden aus. Manche Persönlichkeiten und Gruppen sind so pessimistisch, dass sie den Weltuntergang bereits für morgen erwarten. Andere dagegen sehen die Zukunft rosig; sie meinen, in unserer Welt werde sich noch alles zum Besten wenden.

Gleichzeitig laufen besorgte Leute in zunehmendem Maße zu Wahrsagern und in spiritistische Sitzungen. Sie lassen sich Horoskope erstellen, um etwas über ihr eigenes Schicksal oder über die Zukunft der Welt zu erfahren.

Es ist erschütternd, wie Unsicherheit und Angst die Menschen plagen. Aber vom Aberglauben und seinen Vertretern kann man niemals Geborgenheit oder Hilfe bei Schwierigkeiten erwarten. Hier werden Menschen belogen und betrogen. Enttäuscht bleiben sie schließlich doch mit ihren Problemen allein. Selbst da, wo solche Voraussagen in Erfüllung gehen, wird dem Betroffenen letztlich nicht geholfen; er lädt vielmehr einen Fluch auf sich. Wer bei dunklen Mächten und Dämonen Hilfe sucht, macht sich Gott zum Feind.

Utopische Hoffnungen

Die Völker setzen ihre Hoffnung auf die Fähigkeiten ihrer Politiker, auf neue politische oder wirtschaftliche Systeme. Aber immer wieder müssen sie ernüchternd und enttäuscht feststellen, dass selbst fähige Köpfe scheitern, gut gemeinte neue Ordnungen versagen. Die Probleme sind zu groß; der Mensch steht seinem eigenen Versagen hilflos gegenüber. Dies lässt sich heute besonders in der Dritten Welt beobachten. Diese Länder sind zwar vom Kolonialismus befreit, aber jetzt wird die Bevölkerung oft von den Führern des eigenen Volkes ausgenutzt, das Land von seinen rechtmäßigen Besitzern an den Rand des Ruins gebracht.

Hoffnung auf die Wissenschaft
Auch von den Wissenschaftlern erwartet man einen wesentlichen Beitrag zur Lösung der anstehenden Probleme. Man geht davon aus, dass sich viele Theorien auch verwirklichen lassen. Und man verweist stolz auf das große Potenzial an Wissen und die gewaltigen technischen Möglichkeiten, die uns heute zur Verfügung stehen. Aber gerade bekannte und ernst zu nehmende Wissenschaftler zeichnen anhand von Daten und Analysen ein düsteres Zukunftsbild. Sie sagen der Welt und ihrer Bevölkerung eine katastrophale Entwicklung voraus.

Wenn wir nach der Zukunft fragen, müssen wir uns zunächst grundsätzlich und entschieden von allen Vorhersagen distanzieren, die von Wahrsagern und Spiritisten gemacht werden. Die Prognosen von Wissenschaftlern, Politikern und Wirtschaftsfachleuten können durchaus interessant und aufschlussreich sein; aber all diesen Berechnungen haften menschliche Begrenztheit und Fehlerhaftigkeit an. Sie haben sich oft als Trugschlüsse erwiesen. Allein der allmächtige und allwissende Gott kennt die Zukunft.

Er fordert uns auf, unsere Fragen an ihn selbst zu richten. Er hat uns in der Bibel seinen Willen, seinen Heilsplan und den Ablauf der Welt- und Menschheitsgeschichte offenbart. Die Aussagen dieses Buches gründen sich deshalb auf die Aussagen der Heiligen Schrift.

Friede ist heute das Hauptthema politischer Gespräche und Konferenzen. Aber auch hier offenbart sich die Hilflosigkeit der Politiker. Es wird nicht zum dauerhaften Frieden kommen, bevor Jesus Christus seine Herrschaft auf dieser Erde antritt. Denn das Haupthindernis für menschlichen Frieden und irdisches Glück ist *die Sünde des Menschen.* Wer sich aber von Gott trennt, öffnet sich dem Einfluss seines großen »Gegenspielers«. Satan bedient sich des Menschen, um die Weltordnungen Gottes durcheinanderzubringen. Die Bibel nennt ihn *diabolos*, den »Durcheinanderwerfer«. Er schürt den Hass unter den Menschen, bringt sie gegeneinander auf und hält sie in ihrer Selbstsucht, Ungerechtigkeit und Begierde gefangen. Erst wenn er vollkommen besiegt ist und Jesus Christus als Sieger hervorgetreten ist und herrschen wird, ist wirklich Friede. Dieser Tag wird aber mit Sicherheit kommen.

Der Betrug durch falsche Friedensankündigungen

Im alten Israel sahen viele Politiker und Theologen keine Schuld durch eigenes Fehlverhalten Gott gegenüber. Man verkündigte einem sündigen Volk Frieden und Segen vom allmächtigen Gott, so wie es vielfach auch in unserer Zeit getan wird. Ja, man verspottet Verkündiger, die ernsthaft zur Umkehr aufrufen, wie es damals auch in Juda geschah (2Chr 36,14-16): *»Auch die Anführer der Priester und des Volkes wandten sich immer mehr von Gott ab. Sie folgten den gottlosen Bräuchen der Völker und entweihten das heilige Haus des HERRN in Jerusalem. Der HERR, der Gott ihrer Vorfahren, sandte wieder und wieder seine Boten, die sie warnten, denn er sorgte sich um sein Volk und um sein Heiligtum. Doch das Volk machte sich über die Boten Gottes lustig und gab nichts auf deren Worte. Sie verspotteten die*

Propheten so lange, bis der HERR so zornig auf sein Volk wurde, dass er durch nichts mehr zu besänftigen war.«

Jeremia beklagt in Klagelieder 2,14 den Betrug durch eine falsche Verkündigung: *»Deine Propheten haben dich betrogen und dir falsche Bilder ausgemalt. Sie haben nicht einmal versucht, dich vor dem Exil zu bewahren, indem sie dir deine Sünden vorhielten.«*

Im Neuen Testament weist Paulus darauf hin, dass vor der Wiederkunft Jesu den Völkern falsche Friedenshoffnungen gepredigt werden, auf die die bewussten Christen nicht hereinfallen sollen: *»Wenn die Menschen sagen: ›Überall herrschen Frieden und Sicherheit‹, dann wird die Katastrophe so plötzlich über sie hereinbrechen, wie eine Frau vor der Geburt ihres Kindes von den Wehen überwältigt wird. Und dann wird es kein Entkommen geben‹* (1Thess 5,3).

Frieden durch ein Welt-Ethos?

Immer wieder hört man heutzutage, dass Kriege und Terror erst durch die verschiedenen Religionen und ihren Fanatismus entstehen. Und tatsächlich haben viele Konflikte darin ihren Ursprung. Selbst zwischen christlichen Konfessionen hat es immer wieder Hass und kriegerische Auseinandersetzungen gegeben, weil Menschen sich zwar als »christlich« bezeichneten, aber Jesus als den Erretter nicht persönlich erfahren haben.

Nun gibt es in unseren Tagen ökumenische Bestrebungen, die den »Konfliktstoff« beseitigen möchten, damit es zu einem Weltfrieden kommen kann. Der katholische Theologieprofessor Hans Küng hat zusammen mit anderen das sogenannte »Welt-Ethos« formuliert, in dem die Glaubenselemente der verschiedenen Religionen zusammengefasst sind, die von allen vertreten werden können und die dann, wenn sie gelehrt und beherzigt würden, zu einem dauernden Frieden führen sollen.

Hierbei aber soll die Einzigartigkeit Jesu mit seinem Erlösungswerk und seinem Herrschaftsanspruch ausgeschlossen sein. Er wird dabei nur in eine Reihe mit Buddha, Konfuzius, Mohammed und anderen Religionsstiftern gestellt. Aber nicht eine Einheitsreligion schafft uns Frieden, sondern Jesus, der Sohn Gottes, durch den Menschen, wenn sie von Herzen an ihn glauben, von neuem geboren werden.

Jesus Christus hat uns nicht eine Religion gebracht, sondern das Heil. Die Apostel predigten unmissverständlich (Apg 4,12): *»In ihm allein gibt es Erlösung! Im ganzen Himmel gibt es keinen anderen Namen, den die Menschen anrufen können, um errettet zu werden.«*

Jesus selber sagt auch nicht, dass er einer von vielen Wegen zu Gott sei, sondern er erhebt einen absoluten Anspruch: *»Ich bin der Weg, die Wahrheit und das Leben. Niemand kommt zum Vater außer durch mich«* (Joh 14,6). Jesus Christus, der zur Rechten Gottes sitzt, wird wiederkommen und Frieden bringen. Unter seiner Herrschaft werden die verschiedenen Religionen, die ja antichristlich sind, abgetan sein. Die Völker werden an ihn glauben und durch ihn gesegnet werden.

Das Buch, das Friedenshoffnung vermittelt

Carl Hilty (1833-1909), ein Schweizer Staatsrechtler, sagte einmal: »Kein Buch der Welt hat schon so viele Kritiker gehabt und keines ist *wie die Bibel* allen ohne Ausnahme überlegen geblieben.«

Viele Christen vertreten heute die Auffassung, dass die Beschäftigung mit biblischer Prophetie ein Steckenpferd für ganz bestimmte Gruppen von Leuten sei oder Irrlehrern und Sektierern zugeordnet werden müsse. Aber vielleicht verhält es sich genau umgekehrt: Ich meine, dass mancher nicht in die Fänge sektiererischer Gruppen geraten wäre, wenn er in der Bibel (und ihren prophetischen Aussagen) besser Bescheid gewusst hätte. Pfarrer, Prediger und Gemeinden machen sich schuldig, wenn sie es unterlassen, sich nüchtern mit den prophetischen Aussagen der Bibel zu beschäftigen. Viele entschuldigen ihr Desinteresse an der Offenbarung damit, dass sie sagen: »Ein Buch mit sieben Siegeln«. Selten prüfen sie, ob diese Bezeichnung für unsere Zeit noch zutrifft.

Die Verfasser der Bibel fordern uns auf, sich mit ihren prophetischen Aussagen zu befassen. Der Apostel Petrus schreibt: *»Aus diesem Grund setzen wir noch größeres Vertrauen in die Botschaft der Propheten. Achtet auf das, was sie geschrieben haben, denn ihre Worte sind wie ein Licht, das an einem dunklen Ort leuchtet – bis zu dem Tag, an dem Christus erscheint und sein helles Licht in unseren Herzen aufgeht«* (2Petr 1,19).

Hier wird das prophetische Wort als ein Licht bezeichnet. Und Licht stellt uns immer in die Wirklichkeit. Es macht Gefahren sichtbar und warnt davor. Licht gibt Sicherheit und lässt uns den rechten Weg erkennen. Im Dunkel und in der Hoffnungslosigkeit dieser Zeit will Gott seinen Leuten durch sein Wort Mut zusprechen und sie auf das Ziel hinweisen, auf das sie zugehen. Er will ihnen deutlich machen, dass es sich lohnt, in der Gemeinschaft mit ihm zu leben und zu leiden und in Geduld auf sein Kommen zu warten. Christen, die den Plan Gottes mit dieser Welt kennen, wissen, dass sie keinem blinden Schicksal ausgeliefert sind. In letzter Instanz gibt es für sie keine Enttäuschung. Sie werden mit ihrem Glauben nicht Schiffbruch erleiden, wenn Anfechtungen, Leid und Katastrophen über ihr Leben hereinbrechen. Christen wissen, dass Gerichte, Hunger, Kriege, Tod und Zerstörung nicht das Ende bedeuten. Es ist ihnen bekannt, dass dies alles geschehen muss, bevor ihr Herr wiederkommt. Wer Jesus Christus nicht kennt, wer nicht erfahren hat, dass er ihm die Schuld seines Lebens abnehmen und als Herr in sein Leben treten kann, der wird der Furcht nicht entrinnen können. Und die Menschen heute haben Angst. Sie wissen sich nicht geborgen und sie haben kein Ziel. Zu den Menschen aber, die an ihn glauben, sagt Jesus in Lukas 21,28: *»richtet euch auf und hebt den Blick, denn eure Erlösung ist ganz nahe!«* Das prophetische Wort der Bibel ruft uns zur Bereitschaft auf, auf den wiederkommenden Jesus Christus zu warten: *»Gott segnet jeden, der diese prophetische Rede an die Gemeinde liest, und er segnet alle, die sie hören und befolgen. Denn die Zeit, in der diese Dinge geschehen werden, steht kurz bevor«* (Offb 1,3).

Wer sich an der Bibel orientiert, bleibt für das Handeln Gottes nicht länger blind. So erkannten manche Zeitgenossen, aufgrund der Aussagen der Propheten, Jesus als den von Gott gesandten Messias. Lukas berichtet von dem Greis Simeon und einer betagten Frau namens Hanna, die in dem Jesuskind den verheißenen Messias erkannten (Lk 2). Die Samariterin, mit der Jesus am Brunnen von Sychar ein Gespräch geführt hatte, lief in die Stadt und rief den Leuten zu: *»Kommt mit und lernt einen Mann kennen, der mir alles ins Gesicht gesagt hat, was ich jemals getan habe! Könnte das vielleicht der Christus sein?«* (Joh 4,29). Und eben diese Leute sagten, nachdem sie Jesus begegnet waren: *»Jetzt wissen wir, dass er wirklich der Retter der Welt ist«* (Joh 4,42). Johannes berichtet davon, dass man in Israel damals verschiedener Meinung über Jesus war (Joh 7,40-43). Und einige lagen mit ihrer Ansicht richtig, sie sagten: *»Er ist der Christus«*. Auch der Fischer Petrus kannte alttestamentliche Prophezeiungen über den verheißenen Messias. Als er sie mit dem Leben und Wirken Jesu verglich, konnte er das wunderbare Bekenntnis ablegen: *»Du bist der von Gott gesandte Christus!«* (Lk 9,20). Sogar der römische Hauptmann und seine Mitsoldaten, die die Kreuzigung Jesu überwacht hatten, riefen aus: *»Es stimmt, das war wirklich der Sohn Gottes!«* (Mt 27,54).

Wer sich nicht mit der Bibel beschäftigt oder ihren Aussagen keinen Glauben schenkt, wird zwangsläufig zu falschen Ansichten über Gott, sein Handeln und sein ewiges Reich gelangen. So musste schon Jesus die Auffassungen der Sadduzäer korrigieren, die man als die modernistischen Theologen seiner Zeit bezeichnen könnte (sie leugneten die Auferstehung und die Existenz der Engel): *»Ihr irrt euch, weil ihr weder die Schrift noch die Macht Gottes kennt«* (Mk 12,24).

Die beiden Jünger, die nach der Kreuzigung Jesu nach Emmaus wanderten (Lk 24,13-32), waren in heftige Zweifel geraten, weil sie weder die Aussagen des Alten Testaments noch die Aussprüche Jesu beachteten. Deshalb war ihre Enttäuschung groß, als Jesus am Kreuz gestorben war. Ihre Verzweiflung äußerte sich in den Worten: *»Wir hatten gehofft, er sei der Christus, der Israel retten und* (von den Römern) *erlösen wird«* (Lk 24,21).

Aber der auferstandene Jesus, der unerkannt zu ihnen getreten war, half ihnen wieder zurecht, indem er sie an prophetische Aussagen des Alten Testaments erinnerte: *»›Haben sie nicht angekündigt, dass der Christus alle diese Dinge erleiden muss, bevor er verherrlicht wird?‹ Und er begann bei Mose und den Propheten und erklärte ihnen alles, was in der Schrift über ihn geschrieben stand«* (Lk 24,26-27). Und auf ähnliche Weise begegnete er den Jüngern, die sich in Jerusalem versammelt hatten. Zu ihnen sagte er: *»Als ich bei euch war, habe ich euch erklärt, dass alles, was bei Mose, bei den Propheten und in den Psalmen über mich geschrieben steht, in Erfüllung gehen muss. ... Es wurde vor langer Zeit aufgeschrieben, dass der Christus leiden und sterben und am dritten Tag auferstehen muss«* (Lk 24,44-46).

Während der drei Jahre des irdischen Wirkens Jesu ging vieles in Erfüllung, was in den Büchern des Alten Testaments von ihm vorausgesagt worden war. 23 Mal wird im Neuen Testament ausgesagt, dass etwas erfüllt wird, das durch die Propheten vorausgesagt wurde.

Genauso wird sich auch das erfüllen, was die Bibel im Blick auf die »letzte Zeit« voraussagt, die wir auch »Endzeit« nennen. Manches davon vollzieht sich in unseren Tagen. Nur sollte man nicht jede biblische Aussage bis in alle Einzelheiten deuten wollen oder Behauptungen aufstellen, wo die Bibel nur Andeutungen macht. Paulus, der Theologe, der zu seiner Zeit die junge christliche Gemeinde am stärksten geprägt hat, und zudem ein Mann, der selbst Offenbarungen von Gott empfangen hat, weist in 1. Korinther 13,9 bescheiden auf die Begrenztheit seines Wissens hin: *»unser Wissen ist Stückwerk«* (LÜ). Manche prophetische Aussage der Bibel ist heute noch nicht ganz zu verstehen; die Situation ist noch nicht reif dafür. Wir müssen deshalb nüchtern bleiben und uns vor Spekulationen hüten. Gott hat uns in der Bibel seinen Plan für diese Welt und die Menschen nicht bis in alle Einzelheiten offengelegt.

Um das deutlich zu machen, benutzt Paulus in 1. Korinther 13,12 das Beispiel des antiken Metallspiegels, auf dem man lediglich die Konturen, nicht aber jede Feinheit erkennen konnte. Die Konturen reichen jedoch aus, um den Christen erkennen zu lassen, wie weit die Zeiger auf Gottes Weltenuhr vorgerückt sind. Dem Propheten Daniel wird gesagt: *»diese Worte sollen für die Zeit des Endes versiegelt und verwahrt werden. ... Aber diejenigen, die sich von Gott abgewandt haben, werden weiterhin Böses tun. Sie werden auch bis zum Schluss nichts begreifen, die Klugen* (Menschen mit dem Heiligen Geist) *aber werden dieses alles verstehen«* (Dan 12,9-10).

Wir dürfen schon heute erleben, wie die Voraussagen der Propheten in Erfüllung gehen. David Ben Gurion, der erste Ministerpräsident des Staates Israel (1886-1973), hat einmal gesagt: »Ich bin Jude, und ich glaube an das, was die Propheten vor 2500 Jahren gelehrt haben. Ihre wichtigsten Verheißungen sind dabei, sich zu erfüllen.«

In Jesaja 46,9-13 sagt Gott selbst: *»Ich bin Gott – sonst gibt es keinen! Es gibt keinen wie mich. Ich habe von Anfang an das, was kommen wird, vorausgesagt, schon lange, bevor es Wirklichkeit wurde. Ich sage: ›Was ich plane, steht fest. Alles, was mir gefällt, führe ich auch aus.‹ ... Ich habe euch* *meine Gerechtigkeit nahegebracht, sie ist nicht fern. Meine Rettung wird sich nicht verzögern. Ich bringe Jerusalem Rettung und schenke Israel meine Herrlichkeit.«*

Die Aktualität der Bibel

In jeder Minute erscheint irgendwo in der Welt ein neuer Buchtitel. Das am weitesten verbreitete und am meisten gelesene Buch in der Welt aber ist die Bibel. Sie ist zugleich das außergewöhnlichste und aktuellste Buch; denn sie macht uns schon heute auf das aufmerksam, was morgen geschehen wird.

Gott hat einen Plan für diese Welt, für Israel und für die Gemeinde Jesu. In der Bibel hat er uns das mitgeteilt, was zu unserem Glauben nötig ist – auch seinen Zukunftsplan. Vieles wird uns verborgen bleiben, weil Gott es nicht für nötig hält, es uns mitzuteilen. In 5. Mose 29,28 wird uns gesagt: *»Das Verborgene steht bei dem HERRN, unserm Gott; aber das Offenbare gilt uns und unsern Kindern für ewig«* (Elb).

Die Bibel ist im Altertum entstanden, aber sie spricht die Menschen zu allen Zeiten an. Sie kennt die grundlegenden (und damit zeitlosen) Probleme des Menschen und gibt darauf Antwort. Kein Buch vermittelt solchen Trost, solche Hoffnung, solche Gewissheit und Wegweisung wie die Bibel. Sie öffnet uns den Blick für Gott und seine unsichtbare Welt. Sie deckt Sünde und Schuld des Menschen auf; aber sie berichtet auch davon, wie Gott in seiner Liebe in Jesus Christus einen Weg gefunden hat, um dem Menschen zu vergeben, ihn zu erlösen und ihm die Neugestaltung seines Lebens zu ermöglichen. Die Bibel ist Gottes Brief an diese Welt. Es gibt kein Buch, um dessen Vernichtung man sich so bemüht hat und das doch nicht ausgerottet werden konnte. Der Teufel hat alles versucht, um den Menschen die Bibel zu nehmen. Er weiß, dass dem, der dieses Buch liest, die Augen für die Wahrheit geöffnet werden.

Durch die Bibel redet Gott

Die Bibel ist in einem Zeitraum von etwa 1600 Jahren geschrieben worden. Ihre Autoren kamen aus verschiedenen Berufen; sie waren Könige, Hirten, Beamte, Ärzte, Fischer. Sie lebten zu verschiedenen Zeiten und in verschiedenen Ländern. Sie besaßen nicht einmal eine gemeinsame Sprache. Und doch harmonieren alle 66 Bücher der Bibel bemerkenswert miteinander, weil hinter den menschlichen Schriftstellern noch ein anderer Autor steht: der Heilige Geist. Er hat die einzelnen Autoren in dem, was sie schreiben sollten, geführt und beeinflusst. Petrus schreibt dazu: »... *indem ihr dies zuerst wisst, dass keine Weissagung der Schrift aus eigener Deutung geschieht. Denn niemals wurde eine Weissagung durch den Willen eines Menschen hervorgebracht, sondern von Gott her redeten Menschen, getrieben von Heiligem Geist*« (2Petr 1,20-21; Elb). Jesus hat bestätigt, dass das Wort Gottes unvergänglich ist und sich in allen Einzelheiten erfüllen wird: »*Denn wahrlich, ich sage euch: Bis Himmel und Erde vergehen, wird nicht vergehen der kleinste Buchstabe noch ein Tüpfelchen vom Gesetz, bis es alles geschieht*« (Mt 5,18; LÜ); »*Himmel und Erde werden vergehen, doch meine Worte bleiben ewig*« (Mt 24,35).

Erfüllte Prophetie der Bibel

Von den 39 Schriften des Alten Testaments sind 17 prophetische Bücher. Aber auch in den übrigen sind Voraussagen enthalten. Gott hat immer wieder besondere Ereignisse angekündigt, um die Menschen zu warnen oder zu ermutigen. Der Prophet Amos sagt: »*Gott, der HERR, tut nichts, ohne sein Geheimnis vorher seinen Dienern, den Propheten, anvertraut zu haben*« (Am 3,7).

Vorausgesagte und bereits erfüllte Ereignisse

Als solche sind etwa zu nennen:

- die Sintflut (1Mose 6 und 7);
- der Untergang der Städte Sodom und Gomorra (1Mose 18 und 19)

in Bezug auf Israel:

- der 400-jährige Aufenthalt Israels in Ägypten (1Mose 15,13-16; 2Mose 12,40);
- die 40 Jahre dauernde Wüstenwanderung (4Mose 14,33-34);
- die assyrische Gefangenschaft des Nordreiches Israel (1Kön 14,15; Am 5,27);
- die babylonische Gefangenschaft des Südreiches Juda (Jer 20,4-5);
- die Zerstreuung der Juden in alle Welt (5Mose 28,32-37.64-69; Lk 19,41-44);
- die Zerstörung des Tempels in Jerusalem (Dan 9,26; Mt 24,1-2).

in Bezug auf Jesus Christus:

- die Ankündigung der Geburtsstätte des Messias etwa 700 Jahre vorher (Mi 5,1);
  - die Geburt durch eine Jungfrau (Jes 7,14; Mt 1,18-25);
  - das Wirken Jesu in Galiläa (Jes 8,23; Mt 4,12-15);
  - Jesu Einzug in Jerusalem (Sach 9,9; Mt 21,5-11);
  - der Verrat für 30 Silberstücke (Sach 11,12-13; Mt 26,15 und 27,3-10);
- Jesu Leiden und Sterben (Jes 53);

- das Durchbohren seiner Hände und Füße und das Verlosen seiner Kleidung (Ps 22; Joh 19,24-25);
- dass Jesus kein Knochen gebrochen werden sollte (2Mose 12,46; Joh 19,36);
- seine Auferstehung (Lk 9,22; 18,31-33; Jes 53,10-11).

Die Reihe erfüllter Voraussagen ließe sich noch viel weiter fortsetzen. Gewiss wird sich auch das erfüllen, was Gott über die Zukunft gesagt hat. Und mit Sicherheit löst er ein, was er jedem Menschen zugesagt hat, der an ihn glaubt, ihm vertraut und seine Vergebung in Anspruch nimmt.

Auch heute erfüllt sich biblische Prophetie

Dass sich in der Gegenwart bzw. jüngeren Vergangenheit biblische Prophezeiungen erfüllen, zeigen uns besonders zwei Ereignisse, die für jedermann erkennbar sind:

1) Die in alle Welt zerstreuten Juden kommen in Scharen in das Land der Väter zurück. Nach fast 2000 Jahren gibt es wieder einen Staat Israel, der 1948 gegründet werden konnte – unter Zustimmung der Vereinten Nationen. Ein Stück des Planes Gottes ging und geht damit in Erfüllung.

Viele Male wurde diese Rückführung Israels von den biblischen Propheten angekündigt, so z. B. in Hesekiel 34,11-13: *»Denn so spricht Gott, der HERR: ... Wie sich ein Hirte um seine Schafe kümmert, wenn sie sich verirrt haben, so werde ich mich um meine Schafe kümmern und sie aus allen Orten befreien, wohin sie an jenem finsteren, bedrohlichen Tag zerstreut wurden. Ich werde sie aus den Völkern herausführen und aus den Ländern sammeln und in ihr Land zurückbringen. Ich werde sie auf den Bergen von Israel auf die Weide führen, an den Flüssen, und überall dort, wo Menschen im Land leben.«*

In Jesaja 61,4 heißt es: *»Dann werden sie die uralten Ruinen wiederherstellen, und was seit langem verwüstet* *war, wieder aufrichten. Sie werden sowohl die vom Krieg zerstörten Städte wieder aufbauen als auch die Trümmer vergangener Generationen.«*

2) In unserer Zeit wird dieses Volk und dieser Staat besonders von seinen arabischen Nachbarn gehasst und terrorisiert. Auch viele andere Nationen stellen sich gegen Israel. Schließlich werden sie alle Israel kriegerisch angreifen. Gott sagt das schon in Sacharja 14,2 voraus: *»Ich sammle alle Völker zum Kampf gegen Jerusalem.«*

In Psalm 83,3-5.13 heißt es: *»Sieh doch, deine Feinde rebellieren gegen dich* (Jahwe) *und lehnen sich gegen dich auf. Sie verschwören sich gegen dein Volk und schmieden hinterhältige Pläne gegen die, die du beschützt. Sie sagen: ›Kommt, wir wollen das Volk Israel vernichten und die Erinnerung an diese Nation aus dem Gedächtnis der Menschen auslöschen.‹ … denn sie sagten: ›Wir wollen das Land Gottes erobern!‹«*

Wir erleben in unseren Tagen im Nahen Osten einen Konflikt zwischen Arabern und Israel, der menschlich nicht zu lösen ist.

Der Nahostkonflikt und kein Ende?

Der Streit zwischen Israel und den arabischen Nachbarvölkern ist im Grunde schon uralt: Schon vor einigen tausend Jahren, so lesen wir in der Bibel, gab es zwischen ihnen immer wieder Konflikte und Kriege. Obwohl sie ja zum großen Teil zur semitischen Völkerfamilie gehören, also miteinander verwandt sind, fällt es ihnen schwer, zueinander zu finden (siehe Grafik: Die Semiten, Seite 39).

Einerseits geht es um territoriale Ansprüche, die von beiden Seiten erhoben werden. Andererseits ist der Streit auch religiös begründet. (In Ps 83 kommt eine solche Auseinandersetzung besonders deutlich zum Ausdruck. Da geht es sowohl um das Land als auch um ein unterschiedliches Gottesverständnis.)

Um was geht es eigentlich im Nahostkonflikt zwischen Israel und den arabischen Völkern?

Kurz gesagt:

1. Es geht um das Volk Israel.
2. Es geht um das Land Israel.
3. Es geht um die Stadt Jerusalem.
4. Es geht um den Tempelplatz in Jerusalem.
5. Es geht um Gott (Jahwe) und Allah.

In 2. Chronik 6,34-38 werden diese fünf Punkte beim Einweihungsgebet für den ersten Tempel erwähnt:

(Vers 34:)
»Wenn dein Volk (Israel)…«
(wenn es sich im Exil befinden wird)
(Vers 38:)
»und sie beten in Richtung auf ihr Land, das du ihren Vätern gegeben hast…«;
»… auf die Stadt hin, die du erwählt hast«;
»… auf das Haus hin (Tempel)*«;*
»… das ich deinem Namen (Jahwe) *gebaut habe«.*

(zitiert nach Elb)

Gottes Antwort auf das Gebet Salomos macht deutlich, dass *er* in all diesen Streitpunkten der Handelnde ist und eine Lösung bereithält. Auf keinen Fall wird er es zulassen, dass das Volk Israel von den Judenhassern ins Meer getrieben oder gar vernichtet wird, wie es der Palästinenserführer Jassir Arafat (1929–2004) immer wieder verkündigt hat.

Diese Drohung, die Israel ernst nehmen musste und muss, wird von der übrigen Welt kaum beachtet. Im Gegenteil:

Wenn Israel sich militärisch wehrte, wurde es bei den Vereinten Nationen oft genug einseitig als Aggressor angeklagt.

Auch bei der Tötung von Ahmad Yasin (1936–2004) durch israelische Kampfhubschrauber am 22. 03. 2004 wurde Israel in der Presse einseitig von der Welt beschuldigt, Mord mitten im Frieden begangen zu haben und dass eine »gezielte Tötung oder ein Attentat außerhalb des internationalen Rechts nicht gerechtfertigt sei«.

Natürlich ist Töten eine schreckliche Angelegenheit – aber warum beschuldigte man nicht den Getöteten als Mörder? Yasin war kein harmloser alter Mann. Er war Gründer und Chefideologe der radikal islamischen Hamas-Organisation, die in Israel viele Terroranschläge mit Hunderten von Toten verübt hat. Er war ein Mann, der zum Einsatz von muslimischen Männern und Frauen zu Selbstmordattentaten ermunterte. Das Ziel der arabischen Feinde Israels war und ist, die Israeliten aus dem Land ihrer Väter zu vertreiben. Hier zeigt sich ihre Gesinnung, wie sie in Psalm 83,5-8 erwähnt wird:

»Sie sagen: ›Kommt, wir wollen das Volk Israel vernichten und die Erinnerung an diese Nation aus dem Gedächtnis der Menschen auslöschen.‹ Denn sie waren sich einig und haben ein Bündnis gegen dich (Jahwe) *geschlossen – die Edomiter und Ismaeliter, Moabiter und Hagariter, Gebaliter, Ammoniter und Amalekiter und die Völker aus dem Philisterland* (Palästinenser) *und aus Tyrus* (Libanon).«

Das sind die Nachbarvölker Israels, die zum Teil mit Israel (über Abraham) verwandt sind (siehe Grafik »Die Semiten«, Seite 39).

Aber nun wollen wir uns im Einzelnen den fünf Gründen zuwenden, um die es in den Auseinandersetzungen zwischen Israel und den arabischen Nachbarn geht – ja, am Ende wird sogar die ganze Welt in diesen Konflikt mit einbezogen werden.

Die Semiten:

Abstammung und prophetische Aussagen

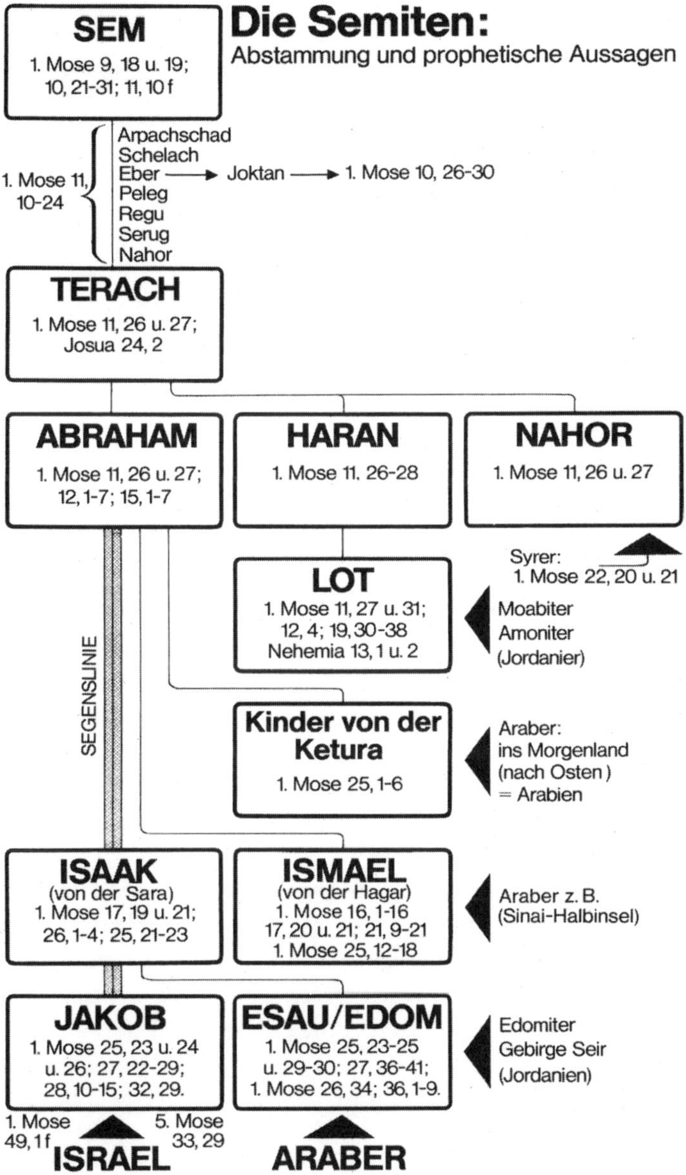

Grafik von Willi Buchwald

I.
Es geht um das Volk Israel

In 1. Chronik 17,21-22 lesen wir: »*Welches andere Volk auf Erden ist wie dein Volk Israel? Welches andere Volk, mein Gott, hast du aus der Sklaverei erlöst und zu deinem eigenen Volk erwählt? Du hast dir einen Namen gemacht, als du dein Volk aus Ägypten gerettet hast. Du hast große und furchterregende Wunder vollbracht und die Völker, die sich ihm in den Weg stellten, vertrieben. Du hast Israel auf ewig zu deinem Volk gemacht*«

A) Israels Erwählung

Den Stammvätern Abraham, Isaak und Jakob wurde von Gott verheißen, dass sie eine große Nachkommenschaft haben sollten, die der Herr segnen wollte, wenn sie im Gehorsam ihm gegenüber leben würden. »*Dann befahl der HERR Abram: ›Verlass deine Heimat, deine Verwandten und die Familie deines Vaters und geh in das Land, das ich dir zeigen werde! Von dir wird ein großes Volk abstammen. Ich will dich segnen und du sollst in der ganzen Welt bekannt sein. Ich will dich zum Segen für andere machen. Wer dich segnet, den werde ich auch segnen. Wer dich verflucht, den werde ich auch verfluchen. Alle Völker der Erde werden durch dich gesegnet werden.‹*« (1Mose 12,1-3); »*Der HERR führte Abram nach draußen und sprach zu ihm: ›Schau hinauf zum Himmel. Kannst du etwa die Sterne zählen?‹ Dann versprach er ihm: ›So zahlreich werden deine Nachkommen sein!‹*« (1Mose 15,5)

1) Die Verheißungslinie geht nur über Isaak

Im Koran wird fälschlich behauptet, dass Gott einen Bund mit Abraham und seinem Sohn Ismael (Sohn von der ägyptischen Magd Hagar) geschlossen hätte (Sure 2,125). In der Bibel wird jedoch klar herausgestellt, dass die Verheißungslinie über den von Gott verheißenen Sohn Isaak (Sohn von seiner Ehefrau Sara) gehen sollte – nicht aber über Ismael: *»Und er* (Abraham) *sagte zu Gott: ›Ja, aber lass Ismael vor dir leben!‹ Gott aber entgegnete ihm: ›Sara, deine Frau, wird einen Sohn bekommen, den sollst du Isaak nennen. Und ich will meinen ewigen Bund mit ihm und seinen Nachkommen bestätigen. Was Ismael betrifft, so will ich deiner Bitte nachkommen. Ich will ihn segnen. ... So werde ich aus seinen Nachkommen ein großes Volk machen. ... Meinen Bund aber schließe ich mit Isaak‹«* (1Mose 17,18-21).

Da Isaak der von Gott gewollte und verheißene Sohn von Abraham und Sara war, wird er in der Bibel der *»einzige Sohn«* genannt (hebr.: *jahid* = der Einzige, Alleinige). Dreimal finden wir bezüglich Isaak diese Bezeichnung:

- **1. Mose 22,2:** Gott sprach: *»Nimm deinen einzigen Sohn Isaak, den du so lieb hast, und geh mit ihm ins Land Morija.«*
- **1. Mose 22,12:** *»Denn jetzt weiß ich, dass du Ehrfurcht vor Gott hast. Du hättest sogar deinen einzigen Sohn auf meinen Befehl hin geopfert.«*
- **1. Mose 22,16** (Elb): *»... deshalb, weil du das getan und deinen Sohn, deinen einzigen, mir nicht vorenthalten hast ...«*

Abraham hatte aber noch weitere Kinder, die wie Ismael nichts mit der Verheißungs- und Segenslinie des Isaak zu tun hatten und von denen ein Teil arabischer Völker abstammt: *»Abraham vermachte seinem Sohn Isaak seinen ganzen Besitz. Den Söhnen seiner Nebenfrauen gab er Geschenke und schickte sie, als er noch lebte, in das Land des*

Ostens, damit sie nicht in der Nähe von Isaak wohnten« (1Mose 25,5-6).

Diese Völker nahmen, obwohl sie Semiten waren, gegenüber Israel meist eine feindliche Haltung ein. Zum Beispiel heißt es in Richter 6,3-4.6: *»Jedes Mal, wenn die Israeliten Getreide aussäten, fielen die Midianiter* (von Ketura, Abrahams zweiter Frau) *und Amalekiter* (von Esau, Jakobs Bruder) *bei ihnen ein. Auch die Völker aus dem Osten griffen Israel an, belagerten das Land und vernichteten die Ernte bis nach Gaza. Sie ließen den Israeliten nichts zu essen übrig und nahmen ihnen alle Schafe, Rinder und Esel weg … Auf diese Weise machten die Midianiter Israel arm.«*

Auch Ismael, der Sohn Abrahams von der Hagar (die eine Ägypterin war, also eine Hamitin) wurde mit seiner Mutter aus dem Haus gewiesen. Gott wollte es so (1Mose 21,9-12). Von Ismael werden in der Bibel negative Charaktereigenschaften berichtet: Er macht sich über andere lustig, war ein Spötter, und der Engel des Herrn sagte über ihn: Er *»wird ungezähmt sein wie ein wilder Esel«* (1Mose 16,12).

In Vers 21 sagt die Bibel, dass Ismael sich mit seiner Mutter in der Wüste Paran (Sinai-Halbinsel) sesshaft machte. Dort nahm er sich eine ägyptische Frau (von Ham, also keine Semitin).

2) Jakob wird »Israel« genannt

Abrahams Enkel Jakob, der Sohn Isaaks, bekam von Gott ebenfalls wunderbare Verheißungen, z. B. in 1. Mose 28,14: *»Deine Nachkommen werden so zahlreich sein wie der Staub der Erde. Sie werden sich ausbreiten nach Osten, Westen, Norden und Süden. Durch dich und deine Nachkommen sollen alle Sippen der Erde gesegnet werden.«*

Auf der Flucht vor Laban hatte Jakob eine Begegnung mit Gott, wobei er seinen neuen Namen erhielt: *»Du sollst nicht länger Jakob heißen … Von jetzt an heißt du Israel. Denn du* *hast sowohl mit Gott als auch mit Menschen gekämpft und gesiegt«* (1Mose 32,29).

Später auf dem Weg nach Bethel, wo Jakob einen Altar bauen wollte, bestätigt Gott den neuen Namen: *»Du sollst nicht mehr Jakob* (= »Fersenhalter« oder »Betrüger«) *heißen, sondern Israel* (= »Gotteskämpfer«)« (1Mose 35,10).

3) Warum und wozu wurde Israel von Gott erwählt?

Israel wurde nicht deshalb erwählt, weil es ein großes Volk war oder gar etwas Besseres als andere Völker von Gott verdient hätte. Es war Gottes großes Erbarmen. Es war Gottes Plan und Absicht. Die Israeliten sollten inmitten von Völkern mit falschen Göttern Jahwes Zeugen sein. Sie sollten ihm allein dienen.

Ein weiterer Grund war, dass diese Erwählung »um der Väter (Abraham, Isaak und Jakob) willen« geschah: *»Weil er eure Vorfahren liebte, hat er euch, ihre Nachkommen, auserwählt und euch selbst mit großer Macht aus Ägypten geführt. Er vertreibt nun Völker, die größer und stärker sind als ihr, um euch in ihr Land zu bringen und es euch zum Besitz zu geben, genauso wie es jetzt der Fall ist. Ihr sollt es heute wissen und es euch zu Herzen nehmen: Der HERR ist Gott im Himmel und auf der Erde und es gibt keinen anderen Gott!«* (5Mose 4,37-39).

»Denn ihr seid ein heiliges Volk für den HERRN, euren Gott. Von allen Völkern der Erde gehört ihr als Volk dem HERRN, eurem Gott. Der HERR hat euch nicht erwählt und hält an euch fest, weil ihr größer oder bedeutender wärt als die anderen Völker – ihr seid sogar das unbedeutendste aller Völker –, sondern weil er euch liebt und weil er das Versprechen halten wollte, das er euren Vorfahren mit einem Eid gegeben hatte.« (5Mose 7,6-8)

Natürlich hat Gott mit der Erwählung Israels gewisse Erwartungen und Forderungen an dieses Volk verbunden: *»Es ist das Volk, das ich mir dazu erschaffen habe, von meinem Ruhm zu erzählen« (Jes 43,21). »Doch ich habe euch versprochen: Ihr werdet ihr Land in Besitz nehmen, ich selbst werde es euch geben: ein Land, in dem Milch und Honig überfließen. Ich bin der HERR, euer Gott, der euch aus allen Völkern ausgesondert hat. Ihr sollt für mich heilig sein, weil ich, der HERR, heilig bin. Ich habe euch aus allen anderen Völkern ausgesondert, damit ihr mir gehört.«* (3Mose 20,24.26)

Dass Gott mit Israel ein besonders inniges Verhältnis haben wollte, wird in zweifacher Weise ausgedrückt:

a) Das Vater-Sohn-Verhältnis

Israel lebte von Josef an 430 Jahre in Ägypten. Hier wurde die Großfamilie zu einem großen Volk, das Gott selbst in das verheißene Land Kanaan führen wollte. Dazu musste Mose als Führer des Volkes zum Pharao gehen und im Auftrag Gottes fordern: *»Israel ist mein erstgeborener Sohn. Ich befehle dir: Lass ihn ziehen, damit er mir dienen kann«* (2Mose 4,22-23).

Auch in Hosea 11,1 spricht Gott vom Vater-Sohn-Verhältnis zu Israel: *»Als Israel jung war, habe ich es in mein Herz geschlossen, und ich habe meinen Sohn aus Ägypten gerufen.«*

Dass dieses Verhältnis auch nach der Zerstreuung Israels und der Rückkehr Israels bleibt, wird in Jeremia 31,7-9 deutlich: *»Der HERR hat sein Volk gerettet, alle, die übrig geblieben sind von Israel! Denn ich werde sie aus dem Norden holen und von den Enden der Erde sammeln.... Denn ich bin wieder ein Vater für Israel geworden, und Ephraim ist mein erstgeborener Sohn.«*

b) Das Ehe-Verhältnis zwischen Jahwe und Israel

Mit diesem Bild wird das immerwährende und innige Verhältnis Gottes zu seinem Volk Israel aufgezeigt. Obwohl Israel oft Gott verließ oder vernachlässigte und oft sogar fremden Göttern huldigte (und damit geistlich Ehebruch beging), gab der Herr dieses Volk nie auf, wie zahlreiche Aussagen der Propheten es beschreiben:

»Man wird nicht mehr ›die Verlassene‹ zu dir sagen und dein Land nicht mehr ›Einöde‹ nennen. Vielmehr wird man dich als ›meine Vorliebe‹ bezeichnen und zu deinem Land ›meine Braut‹ sagen, denn der Herr hat Freude an dir und dein Land wird mit ihm vermählt sein.« (Jes 62,4)

»Denn dein Schöpfer ist dein Ehemann. Sein Name ist HERR, der Allmächtige! Er, der Heilige Israels, ist dein Erlöser, er wird der Gott der ganzen Erde genannt. Denn der Herr hat dich gerufen, als du dasaßt wie eine sitzen gelassene, tief betrübte Frau. ›Wie könnte ich auch die Frau meiner Jugendzeit verschmähen?‹, spricht mein Gott. ›Einen Augenblick habe ich dich verstoßen, doch voll Barmherzigkeit werde ich dich zurückholen.‹« (Jes 54,5-7)

»›Auch wenn Berge weichen und Hügel beben, soll meine Gnade nicht von dir gehen; und der Bund meines Friedens soll niemals wanken‹, spricht der HERR, der Erbarmen mit dir hat.« (Jes 54,10)

»Und ich will dich mir verloben in Ewigkeit, und ich will dich mir verloben in Gerechtigkeit und in Recht und in Gnade und in Erbarmen, ja in Treue will ich dich mir verloben; und du wirst den HERRN erkennen.« (Hos 2,21f; Elb)

Die Verlobung war in alter Zeit ein feierlicher Akt, der durch Zahlung des Brautpreises das Mädchen rechtlich zur Ehefrau bestimmte. So war es auch bei Josef und Maria, die verlobt waren (Mt 1,18). Wenn ein Bräutigam in Israel die Verlobungsgeschenke überreicht hatte, so war die Ehe schon rechtsgültig geschlossen, obwohl die Braut noch nicht bei ihrem zukünftigen Mann lebte. Bei der Hochzeitsfeier wurde die Verlobte dann in das Haus ihres Mannes gebracht. Von diesem Augenblick an war die Eheschließung vollzogen. Wenn nun Jahwe von der Verlobung mit Israel spricht, wird daran deutlich, dass dieses Volk ihm in Liebe und Recht verbunden ist.

B) Ist Israel heute noch Gottes auserwähltes Volk?

Spielt Israel als Volk und Staat in der Heilsgeschichte Gottes für die Zukunft noch eine Rolle? Vielfach wird heute die Meinung vertreten, dass Israel als Volk und Nation keine Verheißung mehr habe, da ja die Kirche Jesu Christi den Platz Israels eingenommen habe. Fälschlicherweise wird die Gemeinde oft als das neue Israel gesehen. Von daher hat sich auch ein gewisser Antisemitismus entwickelt – bis in die christlichen Gemeinden hinein.

Anlass zu solchem Denken geben häufig einige Bibelstellen:

»Das ganze Volk antwortete und sprach: Sein Blut komme über uns und über unsere Kinder!« (Mt 27,25; Elb). Das wird oft als eine Selbstverfluchung Israels gesehen. Aber Jesus hat ihnen am Kreuz vergeben (Lk 23,34)!

In Matthäus 21,43 sagt Jesus zu den Hohepriestern und den Pharisäern, *»… dass das Reich Gottes euch weggenommen wird und ein anderes Volk es bekommt, das gute Früchte bringt.«*

In Apostelgeschichte 13,46 teilen Paulus und Barnabas den neidischen Juden mit: *»Es war nötig, diese Botschaft von Gott zuerst euch Juden zu verkünden. Doch da ihr sie ablehnt und euch damit selbst des ewigen Lebens für unwürdig erklärt, werden wir sie den anderen Völkern brin-*

gen.« Nun zieht man daraus den Schluss, dass die Gemeinde Jesu aus allen Nationen allein Verheißungen von Gott hätte. Sicherlich: Gott hat Israel in tiefe Gerichte geführt, was er auch vorausgesagt hatte. Der Grund dafür lag in der Sünde des Volkes. Doch Israel wurde nur für eine begrenzte, von Gott bestimmte Zeit beiseitegesetzt, wie es etwa 5. Mose 4,25-31 zeigt: *»Angenommen, ihr lebt viele Jahre in dem Land, habt Kinder und Enkel und tut Böses, indem ihr euch irgendwelche Götzenbilder anfertigt. Das missfällt dem Herrn, eurem Gott, und fordert seinen Zorn heraus. Ich rufe heute Himmel und Erde als Zeugen gegen euch auf. Wenn ihr so etwas tut, werdet ihr schnell wieder aus dem Land verschwinden, das ihr erobern werdet, nachdem ihr den Jordan überschritten habt.... Der HERR wird euch unter die Völker zerstreuen... Wenn diese schwere Zeit in ferner Zukunft über euch hereinbricht, werdet ihr schließlich wieder zum HERRN, eurem Gott, zurückkehren und auf seine Worte hören. Denn der HERR, euer Gott, ist barmherzig. Er lässt euch nicht fallen, vernichtet euch nicht und vergisst auch nicht den Bund, den er mit euren Vorfahren schloss.«*

1) Gottes Bund mit Israel bleibt bestehen

In Jeremia 31,35-36 heißt es: *»Der HERR hat die Sonne an den Himmel gesetzt als Licht für den Tag. Er hat den Mond und die Sterne am Himmel in einer festen Ordnung festgesetzt als Lichter für die Nacht. Er wühlt das Meer auf, sodass die Wellen tosen. Sein Name lautet – HERR, der Allmächtige –, und er spricht: ›So gewiss diese festen Ordnungen in der Natur bestehen, genauso gewiss sorge ich dafür, dass die Nachkommen Israels für alle Zeit mein Volk sein werden‹.«* Da Sonne, Mond und Sterne sich immer noch in ihren Bahnen bewegen und Tag und Nacht bestimmen, ist Israel auch immer noch Gottes Volk.

Im Neuen Testament wird die Erwählung Israels und das Bestehen des Bundes mit Gott durch Paulus bestätigt: *Ich frage nun: Hat Gott sein Volk, die Juden, etwa verstoßen? Natürlich nicht! Vergesst nicht, dass ich selbst ein Jude bin, ein Nachkomme Abrahams vom Stamm Benjamin. Nein, Gott hat sein Volk nicht verstoßen, das er von Anfang an erwählt hat« (Röm 11,1-2); »Sind sie so tief gefallen, dass sie hoffnungslos verloren sind? Nein, auf keinen Fall!«* (Röm 11,11).

Nach den Aussagen des Paulus wird Israel mit den ausgebrochenen Zweigen eines Ölbaums verglichen, in den fremde Zweige, das ist die Gemeinde aus den Nationen, von Gott eingepfropft wurden. Die natürlichen Zweige, Israel, werden ebenso wieder eingepfropft werden (Röm 11,17-24). Und dass Israel wegen des Unglaubens nicht für immer beiseitegesetzt worden ist, sondern dass Gott an der Berufung dieses Volkes festhält, wird deutlich in Römer 11,28-29: *»Viele Juden sind jetzt zwar Feinde der guten Botschaft, doch das geschah für euch. Aber aufgrund der Zusagen an Abraham, Isaak und Jakob, sind sie nach wie vor Gottes erwähltes Volk. Denn die Gaben, die Gott gibt und die Berufung, die er ausspricht, bereut er nicht und sie gelten für immer.«*

Der jüdische Religionswissenschaftler Schalom Ben Chorin (1913–1999) sagte in seinem Buch »Weil wir Brüder sind«: »Das heutige Volk Israel empfindet sich als Fortsetzung des biblischen Israels. Es ist das Volk der Bibel, im Lande der Bibel, das wieder die Sprache der Bibel spricht.«

Aber Gott hält nicht nur an der Erwählung Israels und an seinem Bund mit ihm fest. Er hat für dieses Volk zudem einen neuen und besseren Bund vorgesehen. Im Alten Testament spricht Jeremia davon (31,31f), und im Neuen Testament greift der Hebräerbrief dieses Wort auf: *»Es wird ein Tag kommen, spricht der Herr, an dem ich einen neuen Bund mit dem Volk Israel und mit dem Volk Juda schließen werde.... Ich werde ihr Denken mit meinem Gesetz füllen, und ich* *werde es in ihr Herz schreiben. Ich werde ihr Gott sein und sie werden mein Volk sein.«* (Hebr 8,8.10)

Israel wird im tausendjährigen Friedensreich ein besonderes Volk zur Ehre Gottes sein. In Sacharja 9,16 heißt es: *»Wenn dieser Tag kommt, wird der HERR, ihr Gott, sie retten wie ein Hirte seine Herde rettet. Ja, sie werden in seinem Land funkeln wie Edelsteine.«*

2) Israel – das heilige Volk?

Die Juden haben sich selbst nicht diese Bezeichnung gegeben, sondern Gott nennt sie in der Bibel so. Der Grund liegt nicht darin, dass sie immer ein geheiligtes Leben zur Ehre Gottes geführt hätten oder dass sie besser gewesen wären als andere Völker. Gott nennt die Juden »heiliges Volk«, weil er sie für sich zum Eigentum ausgesondert hat, damit sie ihm in Gehorsam und Heiligkeit dienen.

Gott sagte zu Israel:

3. Mose 11,45: *»Ich, der HERR, bin es, der euch aus Ägypten geführt hat, um euer Gott zu sein. Ihr sollt heilig sein, weil ich heilig bin.«*

3. Mose 20,26: *»Ihr sollt für mich heilig sein, weil ich, der HERR, heilig bin. Ich habe euch aus allen anderen Völkern ausgesondert, damit ihr mir gehört.«*

2. Mose 19,5-6: *»Wenn ihr mir nun gehorcht und den Bund haltet, den ich mit euch schließen werde, sollt ihr vor allen anderen Völkern der Erde mein besonderes Eigentum sein, denn die ganze Erde gehört mir. Ihr sollt mir ein Königreich von Priestern, ein heiliges Volk sein.«*

5. Mose 7,6: *»Denn ihr seid ein heiliges Volk für den HERRN, euren Gott. Von allen Völkern der Erde gehört ihr als Volk dem HERRN, eurem Gott.«*

4. Mose 23,9-10: Bileam, der eigentlich im Auftrag des moabitischen Königs Israel verfluchen sollte, musste es segnen – »*ein Volk, das abgesondert lebt und sich nicht zu den anderen Völkern zählt*«.

4. Mose 24,9: »*Gesegnet ist, wer dich segnet, und verflucht ist, wer dich verflucht*«, musste Bileam nach Gottes Willen verkünden.

5. Mose 33,28-29: »*Israel wird in Sicherheit wohnen und die Nachkommen Jakobs für sich allein leben, in einem Land voller Getreide und Wein, auf das der Tau des Himmels fällt. Gesegnet bist du, Israel! Wer ist wie du: ein Volk, das der HERR gerettet hat?*«

3) Das Volk Israel kehrt ins Land der Väter zurück

Bevor Israel sich als eine kleine Zahl, ein »Rest« (Röm 9,27) bekehrt, muss es wieder ins Land der Väter zurückkehren. In der Bibel finden wir für diese Tatsache viele Hinweise:

Jeremia 23,3: »*Die aber, die von meiner Herde übrig geblieben sind, will ich (Jahwe) wieder zusammenbringen. Aus allen Ländern der Erde, in die ich sie vertrieben habe, will ich sie wieder in ihre vertraute Heimat zurückführen.*«

Jeremia 23,8: »*So wahr der HERR lebt, der alle, die zum Volk Israel gehören, aus dem Land im Norden zurückbrachte und aus allen Ländern, in die er sie vertrieben hatte, damit sie wieder in ihrer Heimat leben.*«

Israel, das seit einigen Jahrzehnten wieder einen Staat im »Land der Väter« hat, ist, wie die Bibel es voraussagte, hauptsächlich von Juden aus Osteuropa besiedelt worden (von Israel aus gesehen »das Land des Nordens«).

Zefanja 3,19-20: »*Schau doch! In dieser Zeit werde ich gegen die vorgehen, die dich unterdrückt haben, aber die zugrunde Gerichteten will ich retten und wer vertrieben war, den will ich wieder nach Hause führen.... An jenem Tag werde ich euch sammeln und wieder nach Hause führen. Und dann werde ich euch einen guten Namen geben, einen Ehrennamen unter den Völkern der Erde. Mit euren eigenen*

Augen werdet ihr es sehen, dass ich eurer Schicksal wende. So spricht der HERR!«

Dass es sich bei der Rückkehr ins Land der Väter nicht um das Ende des Exils in Babylon handelt, wird dadurch deutlich, dass Juda und die Nachkommen von den zehn Stämmen des Nordreichs Israel *»aus allen Ecken der Erde«* (vgl. Jes 11,12), also aus der ganzen Welt, kommen werden. *»Dann wird auch eine große Trompete erklingen. Es werden die, die in Assyrien verloren gegangen sind und die, die nach Ägypten verstoßen wurden, kommen, und sich vor dem HERRN auf seinem heiligen Berg in Jerusalem anbetend niederwerfen«* (Jes 27,13); *»Stattdessen werden sie sagen: ›So wahr der HERR lebt, der das Volk Israel aus dem Land im Norden zurückgebracht hat und aus all den anderen Ländern, in die er es vertrieben hatte‹. Denn ich werde sie in das Land zurückbringen, das ich ihren Vorfahren gab. Erst einmal aber schicke ich viele Fischer, die sie fangen sollen ... Ich sende zahlreiche Jäger aus, die sollen sie über alle Berge und Hügel hinweg jagen und in den Höhlen aufstöbern.«* (Jer 16,15-16)

Dies ist ein Bild dafür, wie Gott die Juden, die wahrscheinlich nicht von selbst ins Land der Väter zurückgekehrt wären, durch Verfolgung, sogar Vernichtung, und schließlich durch die zionistische Bewegung ins Land Israel führte und noch führt.

In unserer Zeit erleben wir, wie Gott seine Verheißungen erfüllt, besonders am Volk der Juden. Wenn auch viele Juden nicht im jüdischen oder christlichen Glauben stehen, so handelt Gott doch an ihnen – bis sie gläubig werden. Gott sagte dies schon voraus: *»Wenn diese schwere Zeit in ferner Zukunft über euch hereinbricht, werdet ihr schließlich wieder zum HERRN, eurem Gott, zurückkehren und auf seine Worte hören«* (5Mose 4,30).

Dass die Juden aus der ganzen Welt mit Flugzeugen und mit Schiffen ins Land der Väter einwandern, wird uns z.B. bei Jesaja gezeigt: *»... alle versammeln sich und kommen zu* *dir. Deine Söhne kommen aus fernen Ländern«* (60,4); *»Was kommt da wie eine Wolke geflogen, wie Tauben in ihren Schlag? Es sind Schiffe, die aus Tarsis kommen. Sie sind die ersten Schiffe, die deine Kinder aus der Ferne herbringen«* (60,8-9).

Auch in Hesekiel 37 wird beschrieben, wie Israel zurückkehrt und zum Glauben kommt. Der Prophet sieht ein großes Feld voller Totengebeine. Nach Gottes Willen fügen sich die Knochen wieder ordnungsgemäß zusammen, Fleisch und Adern wachsen darüber, und endlich werden sie durch den Atemhauch Gottes lebendig. Anschließend erklärt Gott dem Propheten: *»Menschenkind, diese Gebeine sind das gesamte Volk der Israeliten. Sie sagen: ›Unsere Knochen sind vertrocknet, für uns gibt es keine Hoffnung mehr, es ist zu Ende mit uns.‹ Deshalb weissage und sag zu ihnen: ›So spricht Gott, der HERR: Seht, ich öffne eure Gräber; ich lasse euch als mein Volk aus euren Gräbern steigen und bringe euch nach Israel zurück. Und wenn ich eure Gräber öffne und euch als mein Volk aus euren Gräbern steigen lasse, dann werdet ihr erkennen, dass ich der HERR bin. Ich gebe euch meinen Geist, damit ihr lebt, und ich bringe euch in euer Land. Dann werdet ihr erkennen, dass ich der HERR es angekündigt und auch ausgeführt habe. Ich, der HERR, habe gesprochen!‹«* (Hes 37,11-14)

Diese und viele andere Verheißungen hatte Gott seinem in alle Welt verstreuten Volk gegeben. Über Jahrtausende hinweg hatte er die Sehnsucht der Juden nach dem Land ihrer Väter wachgehalten. Und endlich gab Gott »grünes Licht« für den Beginn einer Rückkehr, die zunächst nur langsam vonstattenging, da es noch mancherlei Hindernisse zu überwinden galt. In Jesaja 43,5-7 heißt es: *»Fürchte dich nicht, denn ich bin bei dir. Ich werde deine Kinder aus dem Osten holen und dich aus dem Westen sammeln. Zum Norden sage ich: ›Gib her!‹ Und zum Süden: ›Halte niemanden zurück!‹ Bring meine Söhne aus der Ferne, meine Töchter aus allen*

Winkeln der Erde – alle, die nach meinem Namen benannt sind, die ich zu meiner Ehre gemacht habe, die ich gebildet und erschaffen habe.«

In Daniel 12,7 wird gesagt, dass einmal *»die Zerschlagung der Kraft des heiligen Volkes abgeschlossen sein wird«* (Elb), also wird es wieder im Land der Väter wohnen. Außerdem ist das Existenzrecht für Israel im Heilsplan Gottes für die Endzeit vorgesehen: *»Ich soll dir erklären, was deinem Volk in den letzten Tagen zustoßen wird. Diese Vision wird sich erst in fernster Zukunft erfüllen«* (Dan 10,14).

4) Der Rest Israels kommt in der großen Bedrängnis zum Glauben an Jesus Christus

Das in die Heimat zurückgekehrte Israel wird bis zur sichtbaren Wiederkunft Jesu Christi keinen dauerhaften Frieden erleben. Israel muss noch an den Messias (Christus) Jesus gläubig werden, um aus seiner Sünde gerettet zu werden. Denn ohne das Blut Jesu Christi gibt es keine Vergebung, so lesen wir es in Hebräer 9,22: *»... Ohne Blutvergießen gibt es keine Vergebung ...«* und in Vers 26: *»Er kam ein für alle Mal am Ende der Zeiten, um die Macht der Sünde durch seinen Opfertod für uns zu brechen«.*

Jesus Christus ist ja Mittler des neuen Bundes, in den Israel hineingestellt wird (Jer 31,31). Deshalb ist der Glaube an ihn nötig: *»Ein einziges Mal brachte er Blut in jenes Allerheiligste, aber nicht das Blut von Böcken und Kälbern, sondern sein eigenes Blut, durch das er uns die Rettung brachte, die für alle Zeiten gilt«* (Hebr 9,12).

Bis heute aber haben viele Juden Jesus als ihren Retter noch nicht erkannt. Mit denen, die an Jesus glauben, wissen wir uns Christen aus den Nationen eins und sind in Liebe mit ihnen verbunden. Sonst aber will Israel Jesus noch nicht als Retter anerkennen, so wie es Paulus beschreibt: *»Doch die Gedanken der Menschen wurden verfinstert, und bis auf den* *heutigen Tag liegt ein Schleier über ihrem Denken. Wenn das Gesetz des alten Bundes vorgelesen wird, erkennen sie die Wahrheit nicht. Dieser Schleier kann nur durch den Glauben an Christus aufgehoben werden ... Doch wenn sich jemand dem Herrn zuwendet, wird der Schleier weggenommen«* (2Kor 3,14.16).

Die Bibel spricht davon, dass über das Volk Israel noch viel Anfeindungen, Nöte und Kriege kommen werden, besonders in der Zeit des Antichrist, der sieben Jahre regieren wird (Dan 9,24-27). Von der Mitte dieser Jahre bis zum Ende des siebenten währt die große Bedrängniszeit (Drangsal). In dieser Zeit wird der Rest Israels an Jesus Christus gläubig: *»Es wird eine Zeit der Bedrängnis sein, wie es seit Menschengedenken keine vergleichbare gab. Aber jeder einzelne Angehörige deines Volkes, dessen Name im Buch geschrieben steht, wird zu jener Zeit gerettet werden«* (Dan 12,1); »Wann sollen denn diese großen Wunder geschehen? ... daß es eine Zeit und zwei Zeiten und eine halbe Zeit währen soll; und wenn die Zerstreuung des heiligen Volkes ein Ende hat, soll dies alles geschehen« Dan 12,6.7 (LÜ).

In Offenbarung 13,5 lesen wir, dass das Tier (der Antichrist) seine größte Macht ausübt, und zwar 42 Monate (= eine Zeit, zwei Zeiten und eine halbe Zeit). Von dieser Zeit spricht auch Jeremia 30,7: *»Ja, das wird ein furchtbarer Tag werden, wie keiner war oder noch kommen wird, eine Zeit der Not für mein Volk Israel. Doch ich will sie aus dieser Not retten!«*

Hinzu kommt für Israel der Überfall feindlicher Völker, die dieses Volk in große Bedrängnis bringen. Aus dieser misslichen Lage kann sie nur Gott selber befreien, da die ganze Welt gegen Israel zieht. Zur Zeit des Antichrist werden sich Völker zum Krieg gegen dieses Volk aufmachen – von dämonischen Mächten aufgehetzt – und sich in der Jesreel-Ebene (Harmagedon) sammeln: *»Und ich sah drei böse Geister, die wie Frösche aussahen, aus dem Mund des Drachen, des Tieres* *und des falschen Propheten springen. Weil diese Dämonen Zeichen und Wunder taten, veranlassten sie alle Herrscher der Erde, sich an jenem großen Tag Gottes zum Kampf gegen den Allmächtigen zu sammeln.... Und die bösen Geister versammelten alle Herrscher und ihre Heere an einem Ort, der auf Hebräisch Harmagedon genannt wird«* (Offb 16,13-14.16).

Im Buch Hesekiel wird uns in Kapitel 38 und 39 der Angriff der Völker auf Israel geschildert. Offenbar kommt der Feind aus dem äußersten Norden (Russland mit einigen Nachbarstaaten?). Israel wird aber von Gott beschützt, und die Feinde werden total vernichtet. Dadurch erkennt Israel Jahwe als Gott an – und seinen Sohn Jesus Christus und wird an ihn gläubig: *»Von jenem Tag an und für alle Zeit wird das Volk der Israeliten erkennen, dass ich der HERR, ihr Gott, bin«* (Hes 39,22); *»Und ich werde mich nicht mehr von ihnen abwenden, denn ich habe meinen Geist über ihnen ausgegossen, spricht Gott, der HERR«* (39,29).

Auch der Prophet Sacharja spricht in 12,9-10 vom Gläubigwerden Israels in den kriegerischen Auseinandersetzungen mit allen Völkern: *»An jenem Tag wird es mein Ziel sein, alle Völker, die Jerusalem angreifen, zu vernichten. Dann gieße ich einen Geist der Gnade und des Gebets über die Nachkommen Davids und die Bewohner Jerusalems aus. Sie werden auf den schauen, den sie durchbohrt haben«* (= den gekreuzigten und auferstandenen Jesus im Glauben erfassen).

Es wird aber nur ein Rest Israels gerettet werden, der dann Gott in Treue dienen wird: *»›Zwei Drittel der Menschen im Land sollen vernichtet werden und umkommen‹, spricht der HERR. ›Doch ein Drittel soll übrig bleiben. Dieses Drittel will ich durchs Feuer schicken und läutern, so wie man Silber läutert. Ich werde die Menschen prüfen, wie man Gold prüft. Sie werden meinen Namen anrufen und ich werde ihnen antworten. Ich werde sagen: Sie sind mein Volk, und sie werden sagen: Der HERR ist unser Gott‹«* (Sach 13,8-9).

Von dem Rest Israels, der gläubig wird, spricht auch Paulus im Römerbrief: »*Und über Israel rief der Prophet Jesaja aus: ›Auch wenn das Volk Israel so zahlreich wäre wie der Sand am Meer, wird doch nur eine kleine Zahl gerettet werden‹*« (Röm 9,27; siehe Jes 10,22).

Wann wird dieser »Rest« Israels das Heil erfahren? Die Bibel gibt mindestens zwei Anhaltspunkte dafür:

a) In der großen Bedrängnis zur Zeit des Antichrist (Dan 12; Elb):

Vers 1: »*Und in jener Zeit wird Michael auftreten, der große (Engel-)Fürst, der für die Söhne deines Volkes eintritt. Und es wird eine Zeit der Bedrängnis sein, wie sie noch nie gewesen ist, seitdem irgendeine Nation entstand bis zu jener Zeit. Und in jener Zeit wird dein Volk gerettet werden, der, den man im Buch aufgeschrieben findet.*«

Vers 7: »*... und schwor bei dem, der ewig lebt: Zeit, Zeiten und eine halbe Zeit! Und wenn die Zerschlagung der Kraft des heiligen Volkes abgeschlossen sein wird, wird alles dies vollendet werden.*«

Vers 9: »*Denn die Worte sollen geheim gehalten und versiegelt sein bis zur Zeit des Endes.*«

Damit wird Daniel gezeigt, dass

a) eine große Bedrängnis stattfinden wird, in der Israel (»dein Volk«) zum Glauben kommen wird;
b) diese Zeit der Bedrängnis dann stattfinden wird, wenn die Zerstreuung Israels (»des heiligen Volkes«) ein Ende hat;
c) dies alles Israel in der »Zeit des Endes« begegnen soll.

b) Wenn die Vollzahl der Gemeinde erreicht ist und entrückt ist

Von der Entrückung der Gemeinde lesen wir in 1. Thessalonicher 4,16-18. Von der Vollzahl der Gemeinde, die erreicht werden muss, damit anschließend Israel gläubig wird, spricht Paulus in Römer 11,25-28: »*Ihr sollt dieses Geheimnis verstehen, liebe Freunde, damit ihr euch nichts auf eure Klugheit einbildet. Das Herz mancher Juden ist verschlossen, doch das wird nur so lange anhalten, bis die von Gott bestimmte Anzahl von Menschen aus den anderen Völkern zu Christus gefunden hat. Dann wird ganz Israel gerettet werden, wie es schon bei den Propheten geschrieben steht: ›Ein Retter wird aus Jerusalem kommen, und er wird Israel von aller Gottlosigkeit befreien. Dann werde ich einen Bund mit ihnen schließen, wenn ich ihre Sünden wegnehmen werde.‹ Viele Juden sind jetzt zwar Feinde der guten Botschaft, doch das geschah für euch. Aber aufgrund der Zusagen an Abraham, Isaak und Jakob, sind sie nach wie vor Gottes erwähltes Volk.*«

Hier geht es eindeutig um Israel als Volk, das einmal durch den Glauben an Jesus Christus gerettet werden wird, wenn die Vollzahl der Gemeinde Jesu Christi, die nur Gott kennt, erreicht ist. Die Heilsgeschichte Israels ist demnach noch nicht abgeschlossen.

Einen deutlichen Hinweis gibt auch Offenbarung 7,1-8. Hier wird von den 144 000 aus den Stämmen Israels gesprochen, die von Gott versiegelt werden, bevor die großen Gerichte Gottes über die Erde hereinbrechen. Dass in diesem Text mit »Israel« keine besondere christliche Gruppe oder ganz allgemein die Gemeinde Jesu Christi gemeint ist, geht daraus hervor, dass die einzelnen Stämme Israels mit Namen genannt werden: »*Und ich erfuhr, wie viele Menschen das Siegel Gottes erhielten. Es waren hundertvierundvierzigtausend aus allen Stämmen Israels, die das Siegel erhielten: aus Juda zwölftausend, aus Ruben zwölftausend, aus Gad zwölftausend, ...*« (V. 4-5)

C) Missionierung der Juden – ja oder nein?

Nicht nur in jüdischen Kreisen wehrt man sich vehement gegen die Evangeliumsverkündigung unter den Juden, sondern zum Teil auch von christlicher Seite.

Ein Grund dafür ist, dass man meint, die Juden besäßen mit ihrem alttestamentlichen Glauben schon das Heil Gottes. Andererseits wurden die Juden gerade in den »christlichen« Nationen grausam verfolgt, was deutlich macht, dass nicht immer der biblische Glaube die Menschen geprägt hat. Leider wird ja auch Hitler als ein katholischer Christ angesehen – so jedenfalls bei einem Teil der Juden.

Dennoch dürfen wahre Christen niemandem das Evangelium vorenthalten, seien es Muslime, Buddhisten, Animisten oder andere. Ebenso benötigen auch Juden die Botschaft von der vollkommenen Erlösung in Christus. Dies ist keine Aussage aus Besserwisserei oder Überheblichkeit, sondern weil Jesus Christus es will und weil es nötig ist. Das hat mit Antisemitismus nichts zu tun.

Den Juden wird nach den Berichten der Bibel zeitliche Priorität eingeräumt, die Botschaft des Evangeliums zu hören. In Apostelgeschichte 3,25-26 sagt Petrus zu den Juden: *»Ihr seid die Nachkommen jener Propheten, und ihr gehört dem Bund an, den Gott euren Vorfahren verheißen hat. Denn Gott hat zu Abraham gesagt: ›Durch deine Nachkommen werden alle Völker der Erde gesegnet sein‹« (1Mose 22,18) Als Gott seinen Knecht Jesus vom Tod auferweckte, sandte er ihn zuerst zu euch, damit er euch segnet und euch von euren bösen Wegen abbringt.«*

Wer bewusst Christ ist, dem wird es ein Anliegen sein, dass alle Menschen das Evangelium hören – allen voran die Juden. Diese Liebesbotschaft darf ihnen nicht vorenthalten werden.

Für Christen gilt ja auch der Missionsbefehl Jesu gilt immer noch – inklusive der Juden als Adressaten:

Markus 16,15f: *»Geht in die ganze Welt und verkündet allen Menschen die gute Botschaft.«*

Apostelgeschichte 1,8: *»Dann werdet ihr den Menschen auf der ganzen Welt von mir erzählen – in Jerusalem, in ganz Judäa, in Samarien, ja bis an die Enden der Erde.«*

Apostelgeschichte 13,46: *»Da erklärten Paulus und Barnabas: ›Es war nötig, diese Botschaft von Gott zuerst euch Juden zu verkünden.‹«*

Das Evangelium vom Heil ist auch für die Juden nötig

Apostelgeschichte 4,12 bringt es auf den Punkt: *»In ihm* (Jesus) *allein gibt es Erlösung! Im ganzen Himmel gibt es keinen anderen Namen, den die Menschen anrufen können, um errettet zu werden.«* Jesus warnte die Juden damals: *»Deshalb habe ich gesagt, dass ihr in eurer Sünde sterben werdet: Weil ihr nicht an mich als den glaubt, der ich bin, werdet ihr in eurer Sünde sterben«* (Joh 8,24).

Römer 9,2-4: Paulus war um das Heil seiner israelitischen Brüder so besorgt, dass er Folgendes sagte: *»Mein Herz ist erfüllt von tiefem Schmerz und großer Trauer um mein Volk, meine jüdischen Schwestern und Brüder. Ich wäre sogar bereit, für immer verflucht zu sein und von Christus getrennt, wenn ich sie dadurch retten könnte. Sie sind das Volk Israel, das Gott als seine besonderen Kinder erwählt hat«* (Röm 9,2-4).

Paulus macht deutlich, dass man wohl als Jude geboren werden kann, sich zum jüdischen Volk zählen kann und doch Gottes Verheißungen nicht erlangt – wegen des Unglaubens. Kinder der Verheißung sind die im Neuen Testament, die an den verheißenen Messias Jesus glauben: *»Das bedeutet, dass die leiblichen Nachkommen Abrahams nicht zugleich Kinder Gottes sind. Sondern als wahre Kinder Abrahams gelten nur* *die, die nach der Zusage Gottes von ihm abstammen«* (Röm 9,8).

Bei vielen Christen wird leider die falsche Auffassung vertreten, dass die Juden, die ja von Abraham abstammen, automatisch als errettet gelten. Aber Jesus dachte anders und urteilte über ungläubige Juden, die ihn ablehnten: *»Ihr habt den Teufel zum Vater, und ihr tut mit Vorliebe die bösen Dinge, die er tut«* (Joh 8,44).

Das heutige Israel kann sich nicht auf das Gesetz berufen, um Rettung von Sünde und Schuld zu erfahren. Denn Jesus, der Messias, hat längst den neuen Bund für sie aufgerichtet. Nicht die Werke der Menschen führen in die Gemeinschaft mit Gott, sondern Glaube und Gnade.

Jesus macht den ungläubigen Juden klar, dass das ihnen von Gott zugedachte Heil in Christus angenommen werden muss, ansonsten habe es schwerwiegende Folgen: *»Und ich sage euch: Viele Menschen werden aus der ganzen Welt herbeiströmen und mit Abraham, Isaak und Jakob im Himmelreich zu Tisch sitzen. Viele Israeliten dagegen – für die das Reich Gottes eigentlich bestimmt war – werden in die tiefste Dunkelheit hinausgestoßen«* (Mt 8,11-12).

Wenn auch Gesamtisrael erst später an Jesus gläubig wird, so muss ihnen doch schon heute das Evangelium gesagt werden. Wir wollen dem Herrn dafür danken, dass es innerhalb Israels und in der ganzen Welt Juden gibt, die Jesus als ihren Retter kennen. In Israel schätzt man, dass einige Tausend Israelis sich zu Christus bekennen.

D) Das Volk Israel und seine Nachbarn

Wie schon in alter Zeit, so sieht Israel heute sein Verhältnis zu seinen Nachbarvölkern: »*Unsere Nachbarvölker verhöhnen uns, wir sind zum Hohn und Gespött geworden der Menschen, die uns umgeben*« (Ps 79,4). Die Nachbarstaaten Israels stehen zum größten Teil unter muslimischem Einfluss. Und da der Koran die Juden im schlechten Licht sieht (jedenfalls zum größten Teil), ist es kein Wunder, dass in den Moscheen durch judenfeindlich eingestellte Prediger (Imame) die Massen gegen Israel aufgehetzt werden. Dabei erfüllt sich das Psalmwort in unserer Zeit: »... *Gott ... Sieh doch, deine Feinde rebellieren gegen dich und lehnen sich gegen dich auf. Sie verschwören sich gegen dein Volk und schmieden hinterhältige Pläne ... Sie sagen: ›Kommt, wir wollen das Volk Israel vernichten und die Erinnerung an diese Nation aus dem Gedächtnis der Menschen auslöschen.‹ Denn sie waren sich einig und haben ein Bündnis gegen dich geschlossen – die Edomiter und Ismaeliter, Moabiter und Hagariter, Gebaliter, Ammoniter und Amalekiter und die Völker aus dem Philisterland und aus Tyrus. Auch Assyrien hat sich ihnen angeschlossen ... denn sie sagten: ›Wir wollen das Land Gottes erobern!‹*« (Ps 83,2-9.13)

Der Hass auf Israel wurde schon in alter Zeit immer wieder offenbar. Ebenso kann man dies in unserer Zeit beobachten. Das Volk Gottes (Jahwes) wird diesem Hass immer wieder ausgesetzt sein und ebenso die Gemeinde des Neuen Testaments.

Eine Meldung des *Stern* vom 26. Oktober 2005 bringt den Hass muslimischer Völker besonders zum Ausdruck:

Teheran. Der iranische Präsident Mahmud Ahmadinedschad hat zur Zerstörung Israels aufgerufen. »Israel muss von der Landkarte getilgt werden«, sagte er der amtlichen Nachrichtenagentur IRNA zufolge bei einer Konferenz mit dem Titel »Die Welt ohne Zionismus«. »Die islamische Welt wird ihren historischen Feind nicht in ihrer Mitte leben lassen.« Eine Welle palästinensischer Anschläge werde »dieses Brandmal auslöschen«. Viele der 3000 Konferenzteilnehmer, meist konservative Studenten, riefen daraufhin »Tod für Israel« und »Tod für Amerika«.

Der Grund für solchen Hass ist letztlich nicht darin zu finden, dass das Volk Gottes auch Fehler macht, sondern der tiefere Grund besteht darin, dass der Teufel das Volk Gottes hasst. Jesus Christus sagte schon: *»Auf der ganzen Welt wird man euch hassen, weil ihr euch zu meinem Namen bekennt.«* (Mt 24,9). Das wird von denen gesagt, die ihm bewusst folgen und dienen.

Die größte Feindschaft kommt von den muslimischen Führern in den arabischen Staaten. Sie rufen zum sogenannten »Heiligen Krieg« gegen Israel auf. Terroristische Aktionen – auch mit selbstmörderischen Sprengstoffeinsätzen – sollen das Volk Israel zerstören oder vertreiben.

Der Sprecher der Hamas-Organisation, Dr. Mahmoud A-Zahar, sagte einmal in einem Rundfunkinterview: »Solange im Nahen Osten der Judenstaat besteht, wird es keinen Frieden in diesem Gebiet geben.«

Für die Muslime liegt in der Auseinandersetzung mit Israel nicht nur politischer, sondern auch religiöser Zündstoff. Man behauptet, dass »Palästina« dem Islam gehört. Und der Islam duldet keine andere Religion neben sich (wenn er die Übermacht hat). So sind die Juden im heutigen Israel – und sogar in der ganzen Welt – für Muslime Fremdkörper und Gegenstand des Hasses. Und wenn der Islam keinen Judenstaat duldet, wird es schwer sein, einen Friedensvertrag zu schließen.

Die Politiker in der ganzen Welt haben indes bezüglich des Nahostproblems oft eine tendenziös eingefärbte Sicht. Außerdem ist Israel Verleumdungen in den Massenmedien ausgesetzt. Da stellt man es als den großen Aggressor dar, der die kleine Gruppe Palästinenser unterdrückt. Dabei sind es über 200 Millionen Muslime, die gegen ein Volk von 5 Millionen Juden stehen und kämpfen.

Dass Palästinenser (Araber) oft unter dem schlechten Verhältnis mit den Juden leiden, ist tragisch, und sie haben unser Mitgefühl, aber ebenso leiden Juden in diesem Land unter Angst, Verwundungen und Tod.

Die Lösung des Nahostkonflikts

Menschlich gesehen ist die Lage hoffnungslos. Und dennoch sehnen sich Juden und viele Araber nach Frieden und nach einem guten Verhältnis zueinander. Wann wird die Sehnsucht wohl gestillt werden?

Die Bibel zeigt uns den Friedensplan Gottes für die Völker des Nahen Ostens. Die Lösung liegt nicht in der Hand der Politiker. In Römer 3,17 heißt es: »*Den Weg des Friedens kennen sie nicht*«. Es gibt keinen Frieden unter den Menschen, solange nicht der Friedefürst Jesus Christus die Herrschaft auf Erden angetreten hat.

Ein Hindernis für den Frieden im Herzen der Menschen und ebenso für den Völkerfrieden ist die Sünde. Solange der einzelne Mensch nicht durch Jesus Christus zu einer neuen Schöpfung geworden ist (siehe 2Kor 5,17), wird es für ihn schwer möglich sein, mit anderen Menschen im Frieden zu leben.

Ein weiteres Hindernis für den Frieden ist der Teufel, der bis zur sichtbaren Wiederkunft Jesu regieren wird. Er hetzt die Völker gegeneinander auf; er schürt den Hass und schafft Missverständnisse. Erst wenn er durch den wiederkommenden Jesus Christus besiegt und im Abgrund gefangen ist, wird es Frieden geben. Dann folgt das tausendjährige Friedensreich, in dem Israel mit den Völkern in wunderbarem Frieden und Einvernehmen leben wird.

E) Frieden im Nahen Osten – nur zu Gottes Bedingungen

Von den Bedingungen Gottes lesen wir zum Beispiel in Jeremia 12,14-17: »*So spricht der HERR: ›Die Nachbarvölker, die sich an dem Land vergriffen haben, das ich doch meinem Volk Israel versprochen hatte, sollen wissen: Ich werde euch ausreißen, genauso wie ich auch den Stamm Juda ausreißen werde. Doch danach will ich zurückkehren und mit ihnen allen Erbarmen haben. Ich werde sie in ihre Länder zurückbringen, jedes Volk in sein eigenes Erbteil. Und wenn diese Nachbarvölker dann die Lebensweise und den Glauben meines Volkes annehmen, wenn sie lernen, bei meinem Namen zu schwören und zu sprechen: ›So wahr der HERR lebt‹ … dann sollen sie in mein Volk eingegliedert werden. Jedes Volk aber, das mir nicht gehorchen will, reiße ich mitsamt der Wurzel aus und vernichte es. Ich, der HERR, habe gesprochen!*«

Diese Verse zeigen, wie Gott die Völker des Nahen Ostens zum Frieden führen will: Sie müssen sich zu ihm (Jahwe und Jesus) bekehren – zuerst das Volk Israel und dann die Nachbarvölker. Die Einheit des Glaubens an den wahren Gott führt dann in eine gute Gemeinschaft miteinander.

Wenn wir die oben genannten Bibelstellen betrachten, stellen wir Folgendes fest:

a) Gott, Jahwe, spricht von *seinen* Nachbarn. Damit wird deutlich, dass Israel Gottes eigenes Volk ist und das Land Israel sein eigenes Land.
b) Er nennt die Nachbarvölker »böse« (hebr.: *ra*). Gemeint ist ein Bösartigsein im Sinne von: gegen den Willen Gottes handeln.

c) Gott muss diese Nachbarvölker erst erziehen. Dazu gebraucht er als Gericht über sie eine zeitweise Vertreibung aus ihrer angestammten Heimat (Jer 12,14f).
d) Gott will sich aber bald wieder über sie erbarmen und sie in ihr Erbteil und ihre Länder zurückführen. Damit wird deutlich, dass sie von Gott ihr Land zugewiesen bekamen und es wiederbekommen werden. Dazu gehört aber nicht das Land Israels, das Gott ja den Juden zugewiesen hat.
e) Die Nachbarvölker Israels müssen »die Lebensweise Israels« lernen. Das bedeutet, den Glauben Israels anzunehmen. Das heißt, dass der Messias Jesus Christus Mittelpunkt ihrer Anbetung sein wird.
f) Den Nachbarvölkern wird zur Bedingung gestellt, dass sie beim Namen Jahwe schwören (hebr.: *schaba*). Das bedeutet: Sie leisten einen Eid, legen ein Gelübde ab oder bekennen sich zu Jahwe/Jesus und wissen sich ihm verpflichtet. Die Völker also müssen sich bekehren, so wie jeder Mensch, der von Sünde und Schuld gerettet werden will, sich zu Jesus bekehren muss.
g) Wenn sie diese Bedingung erfüllen, so verheißt der Herr, »sollen sie in mein Volk eingegliedert werden«, d. h. sie werden Wohnrecht und Heimat haben. Ähnlich sagt Jahwe in Jesaja 19,22-25: *»Der HERR wird Ägypten auf eine Weise züchtigen, die dem Land Heilung bringt. Die Ägypter werden sich zum HERRN bekehren und er wird sich von ihnen bitten lassen und sie heilen. Dann wird eine Straße von Ägypten nach Assyrien (heute: Irak) führen, sodass sich beide Völker gegenseitig besuchen können und beide werden dem HERRN dienen. Israel wird an diesem Tag als dritter im Bund mit Assyrien und Ägypten (bis heute noch Muslime) dastehen und ein Segen für die Welt sein. Die drei Länder werden zusammengehören und sie werden ein Segen für die Erde sein. Denn der HERR, der Allmächtige, spricht ihnen seinen Segen zu: »Gesegnet sei Ägypten, mein Volk, und Assy-*

rien, das Land, das ich geschaffen habe und Israel, mein besonderes Eigentum!«

Wenn wir den Unterschied im Handeln Gottes an Juden und Arabern sehen, dann heißt das nicht, dass Gott die Araber nicht liebt, sondern wir sehen:

a) Gott macht seine Versprechen wahr, die er seinen Gläubigen, die ihm gehorsam waren, gegeben hatte: Abraham, Isaak und Jakob.
b) Israel als auserwähltes Volk sollte für Gott besondere Verpflichtungen übernehmen.

Die Juden sind nicht »besser« als andere Menschen. Aber Gott hat sie berufen, dass sie seinen Namen groß machen sollten (vgl. Jes 43,21; 49,3; 2Mose 19,5-6; 5Mose 7,6.8).

Ein bewusster Christ wird sich an Israel freuen und ihm Segen wünschen. Er wird aber auch, um Jesu willen, die Araber lieben.

II.
Es geht um das Land Israel

A) Die Rückkehr der Juden

»Ich offenbarte mich ihnen in Ägypten und schwor ihnen mit erhobener Hand: Ich bin der HERR, euer Gott. An jenem Tag schwor ich ihnen mit erhobener Hand, sie aus Ägypten zu führen und in ein Land zu bringen, das ich für sie ausgekundschaftet hatte – ein Land, in dem Milch und Honig überfließen, das beste Land der Welt.«

(Hes 20,5-6)

Israel liegt im Schnittpunkt dreier Kontinente: Europa, Asien und Afrika. Die Bibel sagt dazu in Hesekiel 38,12, dass Israel auf der Mitte der Erde wohnt. Das Land ist lang gestreckt und schmal. An der breitesten Stelle beträgt die Ausdehnung von Ost nach West nur ca. 135 Kilometer. Zum Vergleich: Die Bundesrepublik Deutschland ist 17-mal so groß wie Israel, und Russland ist sogar 810-mal so groß. Dieser kleine Landstrich wurde im Laufe der Geschichte von vielen Völkern bewohnt oder beherrscht: Kanaanitern, Israeliten, Babyloniern, Persern, Griechen, Römern, Arabern, Kreuzfahrern unterschiedlicher Nationen, Mamelucken, Osmanen und Briten.

Weil die Israeliten Gott gegenüber ungehorsam waren, wurden sie aus dem Land, das Gott ihnen verheißen hatte, vertrieben. Dabei wurden sie in alle Welt zerstreut. Diese Zerstreuung sollte aber nach Gottes Willen ein Ende haben. In der Bibel gibt es eine Fülle von Verheißungen Gottes für Israel, dieses Land wieder in Besitz zu nehmen. In der Gegenwart gibt es wieder einen Staat Israel. Die Palästinenser und die arabischen Staaten sprechen hingegen davon, dass die Israelis das Land gestohlen hätten. Doch die Tatsachen sehen anders aus.

1) Die ersten Juden in Palästina

Die wenigen in Palästina lebenden Juden und die ersten Einwanderer begannen um 1860 außerhalb der Stadtmauer Jerusalems ein jüdisches Wohnviertel zu errichten. Nach und nach wurden Siedlungen und Dörfer angelegt, die sich im Laufe der letzten Jahrzehnte zum Teil zu großen Städten entwickelt haben. Jeder Quadratmeter Bau- und Ackerland musste Arabern und Türken, z. B. dem hoch verschuldeten Sultan Abdülhamid II., abgekauft und teuer bezahlt werden. Aber auch das war von den Propheten bereits vorausgesagt worden: *»Ich sammle mein Volk aus allen Ländern, in die ich sie in meinem Zorn, meiner Erbitterung und meiner gewaltigen Wut gejagt habe. Ich will sie hier an diesen Ort zurückbringen, und sie sollen sicher und in Frieden leben. … Ja, man wird wieder Ackerland verkaufen – rechtmäßig, vor Zeugen, für eine festgesetzte Geldsumme und bekräftigt durch Kaufverträge, die man ordnungsgemäß versiegelt – im Gebiet von Benjamin, im Umland von Jerusalem und in den Städten Judas, in den Gebirgsstädten wie auch in den Küstenstädten und in den Städten im Süden. Denn ich will ihr Geschick wieder zum Guten wenden. Ich, der HERR, habe gesprochen!«* (Jer 32,37.44)

2) Israel wird ein Staat

Am Ende des Zweiten Weltkriegs setzte England der Errichtung einer nationalen jüdischen Heimstatt Widerstand entgegen. Jüdische Flüchtlinge, die in Palästina einwandern wollten, wurden zurückgewiesen oder interniert. Daraufhin begann die kleine jüdische Bewegung im Land sich gegen die britische Mandatsherrschaft aufzulehnen. 1947 legte England dieses Problem den Vereinten Nationen vor. Eine aus elf Mitgliedsstaaten gebildete Sonderkommission empfahl die Teilung Palästinas in einen jüdischen und einen arabischen Staat. Jerusalem sollte unter internationale Kontrolle gestellt werden. Am 29.11.1947 billigte die Vollversammlung der Vereinten Nationen diesen Vorschlag mit mehr als der erforderlichen Zweidrittelmehrheit. Von jüdischer Seite wurde diese Entscheidung angenommen, von den Arabern jedoch abgelehnt. In den sechs Monaten bis zur Beendigung des britischen Mandats kam es zu Ausschreitungen der Araber gegen die Juden. Diese setzten sich mit Hilfe ihrer Widerstandsorganisationen, vor allem der Hagana, zur Wehr.

Nach jahrzehntelangen Mühen und Kämpfen kam es schließlich am 14. Mai 1948 zur Gründung des Staates Israel. Wieder ging ein Stück biblischer Prophetie in Erfüllung.

Israelis und Araber (Palästinenser) ringen um ihre Rechtsansprüche, dieses Land zu besitzen. Schon vor der Gründung des Staates Israel gab es Überfälle auf israelische Siedlungen. So kam es danach zu verschiedenen Kriegen, in denen die arabischen Angreifer sogar in hundertfacher Überzahl waren. Israel konnte aber aus seinem Land nicht wieder vertrieben werden.

Die arabischen Staaten sehen Israel als Fremdkörper an, weil die Israeliten eine parlamentarische Demokratie, eine andere Religion und einen anderen Gott haben. Bis zum Friedensvertrag zwischen Israel und Ägypten wurde das Existenzrecht Israels bestritten. Immer wieder wurde die Forderung der radikalen palästinensischen Führer laut: »Werft die Juden ins Meer!«

Arabische Politiker, die einen Konsens mit Israel suchten, wurden als Verräter abgestempelt. Der ägyptische Präsident Anwar as-Sadat, der in Camp David ein Abkommen mit Israel unterzeichnete, wurde 1981 während einer Parade von einem islamistischen Soldaten der ägyptischen Armee erschossen.

Der Großmufti von Jerusalem, Ekrima Sa'id Sabri, erklärte, dass die Grenze Palästinas vom Jordan bis zum Mittelmeer reiche.[5] Für Israel sei darin kein Platz mehr.

Das Land Israel wurde übrigens erst durch die Römer (unter Kaiser Hadrian) in »Palaestina« (römische Provinz) umbenannt. Dieser Name wurde von den Philistern abgeleitet, die ca. vom 12. bis zum 8. vorchristlichen Jahrhundert nur den heutigen Gazastreifen mit fünf Städten bewohnten. Danach ist das Volk der Philister vermutlich untergegangen bzw. hat sich mit anderen Völkern vermischt.

B) Staat Israel und/oder Palästinenserstaat?

In Israel ist die Meinung innerhalb der Bevölkerung darüber gespalten, zu welchem Preis Friede mit den arabischen Nachbarn angestrebt werden soll. Die Frage stellt sich: »Soll Israel einen Teil des Landes für Frieden hergeben?« Schon einmal zur Zeit des Alten Testaments wurde Israel dazu aufgefordert: *»Der König von Ammon antwortete Jeftahs Boten: ›Als die Israeliten aus Ägypten hierher kamen, haben sie mir das Land vom Arnon bis zum Jabbok und hinunter bis zum Jordan weggenommen. Gib dieses Land freiwillig zurück‹«* (Ri 11,13). Der Richter Jeftah lehnte natürlich ab mit dem Hinweis, dass Gott sie in dieses Land geführt habe. Daraufhin kam es zum Krieg, in dem Gott den Israeliten Sieg schenkte.

Auch heute wollen palästinensische Führer die Israelis vertreiben – wenn dies auch in der Weltöffentlichkeit oft nicht mehr so gesehen wird.

Im August 1998 veröffentlicht die Fatah (die größte Gruppe der PLO) im Internet eine Homepage. Dort stellt sie ihre Verfassung vor, in der zur Zerstörung Israels aufgerufen wird, z. B. unter der Überschrift »Goals« (Ziele) Artikel 12: »Die vollständige Befreiung von Palästina und die Ausrottung der zionistischen wirtschaftlichen, politischen, militärischen und kulturellen Existenz« sowie unter der Überschrift »Method« Artikel 19: »... dieser Kampf wird nicht enden, bis der zionistische Staat zerstört und Palästina vollständig befreit ist.«[6]

Wohin aber sollten die Juden dann gehen?

C) Was sagt Gott in der Bibel über dieses Land und über seine Zukunft?

Wem gehört das Land denn nun wirklich, und wer soll darin wohnen?

1) Es ist das Land des HERRN (Jahwes)

3. Mose 25,23: *»... denn es gehört* mir.«
Joel 1,6: *»Ein riesiges, mächtiges Heer ist in* mein *Land eingefallen.«*
Joel 2,18: *»Da erfasste den HERRN Leidenschaft für* sein *Land ...«*
Hesekiel 36,5: *»Gegen Edom ... weil sie* mein *Land in Besitz genommen haben.«*

2) Es wird das »Land Israels« genannt (auch für die Endzeit)

1. Mose 40,15: Josef sagte: *»Denn ich wurde aus meiner Heimat, dem* Land der Hebräer, *entführt.«*
1. Samuel 13,19: *»In jener Zeit gab es im ganzen* Land Israel *keinen Schmied«*

2. Könige 5,2 (Elb): »*Und die Aramäer waren auf Raub ausgezogen und hatten aus dem* Land Israel *ein junges Mädchen gefangen weggeführt ...*«

Hesekiel 11,17: »*... und gebe euch das* Land Israel *wieder*« (so Jahwe zu Israel).

Hesekiel 20,42: »*... wenn ich euch in das* Land Israel *geführt habe*« (so Jahwe zu Israel).

Hesekiel 37,12(Elb): »*... und bringe euch ins* Land Israel« (so Jahwe zu Israel).

Hesekiel 38,18: »*Wenn Gog ins* Land Israel *einfällt ...*«

Matthäus 2,19-21: In Ägypten sagte der Engel zu Josef: »*Steh auf und bring das Kind und seine Mutter zurück ins* Land Israel ...«

3) Jahwe teilt den Völkern ihr Wohngebiet zu

5. Mose 32,8: »*Als der Höchste den Völkern ihren Erbbesitz zuwies, als er die Menschen voneinander trennte, setzte er die Grenzen zwischen den Völkern fest, gemäß der Zahl der Israeliten.*«

Apostelgeschichte 17,26: »*Aus einem einzigen Menschen hat er alle Völker der ganzen Welt hervorgebracht. Er hat im Voraus festgelegt, welche aufsteigen und welche stürzen sollten, und er hat ihre Grenzen festgelegt.*«

So musste z. B. auch Deutschland nach dem Zweiten Weltkrieg den Verlust seiner Ostgebiete hinnehmen und bis 1989 auch die Teilung Deutschlands. Gott wollte es so, das können wir aus den beiden oben zitierten Bibelstellen entnehmen.

4) Jahwe teilte Israel das Land zu

a) Gott selbst plante die Einnahme Kanaans durch das Volk Israel

So sagte Gott auch dem Stammvater Abraham voraus, dass seine Nachkommen 400 Jahre in Ägypten wohnen sollten, um zu einem großen Volk zu werden und danach Kanaan einzunehmen (1Mose 15,13-16 und 18).

Unter Moses Nachfolger Josua zog Israel über vierhundert Jahre später ins Land Kanaan ein: *»So gab der HERR den Israeliten das ganze Land«* (Jos 21,43).

b) Gott beschreibt das verheißene Land für Israel

5. Mose 8,7-9: *»Denn der HERR, euer Gott, bringt euch in ein gutes Land. Dort gibt es Flüsse, Seen und Quellen …«*

5. Mose 26,9: *»Er brachte uns an diesen Ort und gab uns dieses Land, in dem Milch und Honig überfließen.«*

Hesekiel 20,6: *»… das beste Land der Welt.«*

c) Gott versprach den Erzvätern Israels das Land Kanaan für immer

Abraham

1. Mose 13,15: *»Dieses ganze Land, das du siehst, werde ich dir und deinen Nachkommen* für immer *zum Besitz geben.«*

1. Mose 17,8: *»Ja, ich will dir und deinen Nachkommen das ganze Land Kanaan, in dem du jetzt als Fremder lebst,* für immer *geben.«*

Hier wird deutlich gesagt, was Gottes Wille ist:

1. Gott teilt den Nachkommen Abrahams (das ist Israel) das Land zu.

2. Es soll nicht mit anderen geteilt werden, sondern Israel soll das ganze Land Kanaan erhalten.
3. Es soll für Israel ein ewiger Besitz sein (von Generation zu Generation).
4. Gottes Bund mit Israel soll ein ewiger Bund sein und bleiben (trotz des Exils).

Die Nachfolgelinie dieses Bundes geht nicht über Abrahams Sohn Ismael, der eine ägyptische Mutter hatte, sondern über Isaak und Jakob (siehe 1Mose 17,19-21).

Abraham hatte von seiner zweiten Frau Ketura (1Mose 25) und von seinen Nebenfrauen auch noch Kinder. Diese erhielten vom Vater keinen Erbbesitz im Land Kanaan, weil Gott es so wollte. Sie wurden mit Geschenken bedacht und zogen noch zu Lebzeiten Abrahams fort von Isaak Richtung Osten (Arabien). Ismael zog mit seiner Mutter zur Sinai-Halbinsel und wohnte in der Wüste Paran (1Mose 21).

Also haben die arabischen Völker am Land Kanaan kein Anrecht gehabt – und das ist bis heute so, denn Gott und Abraham teilten dieses Land für immer Isaaks Nachkommen zu.

Isaak
Auch Isaak wurde der Erbbesitz (das Land Kanaan) bestätigt:

> **1. Mose 26,3:** Gott sagte zu Isaak: *»Ich werde dir und deinen Nachkommen alle diese Länder geben.«*

Jakob
Auch Abrahams Enkel Jakob bekam besondere Verheißungen und die Zusage, dass seine Nachkommen das Land Kanaan als Erbbesitz erhalten sollten. Jakob, der den neuen Namen »Israel« erhielt (1Mose 35,10), hatte zwölf Söhne, von denen die zwölf Stämme Israels abstammen und die als Volk Israel endlich das Land Kanaan einnahmen und besiedelten.

Dem jungen Jakob wurde, als er sich auf der Flucht vor seinem Bruder Esau nach Mesopotamien befand, von Gott zugesagt: *»Das Land, auf dem du liegst, werde ich deinen Nachkommen geben«* (1Mose 28,13; vgl. 35,12).

Josef

Josef glaubte, dass die Verheißungen, die bezüglich der zukünftigen Heimat für Israel an seine Vorfahren gegeben worden waren, sich erfüllen würden: *»Gott wird euch ganz bestimmt aus diesem Land führen. Er wird euch in das Land zurückbringen, das er Abraham, Isaak und Jakob mit einem Eid versprochen hat«* (1Mose 50,24).

Mose

Als Mose nach seiner Flucht vor dem Pharao bei seinem Schwiegervater am Sinai die Schafe hütete, hatte er eine Gottesbegegnung, bei der Gott seinen Namen »Jahwe« kundtat. Hier bekam Mose auch den Auftrag das Volk Israel ins gelobte Land zu führen (2Mose 3,16f).

Wie Gott selber den Weg in das verheißene Land bahnt, wird auch an folgender Stelle deutlich, als Israel sich schon auf der Wüstenwanderung befand: *»Ich werde einen Engel vor euch her senden …«* (2Mose 33,2).

Auch die Grenzen des verheißenen Landes werden schon von Gott festgelegt. Für die kanaanitischen Völker sollte es in diesem Land keinen Platz mehr geben, was der Herr auch bei anderen Gelegenheiten ausdrücklich verlangte: *»Ich gebe euch das Gebiet vom Roten Meer bis zum Mittelmeer und von der Wüste bis zum Euphrat. Die Bewohner dieses Landes werde ich in eure Hand geben, sodass ihr sie vertreiben könnt«* (2Mose 23,31).

Josua

Auch Josua, der Nachfolger des Mose, wurde beauftragt, das Land Kanaan einzunehmen. Gott sprach zu ihm nach vierzig Jahren der Wüstenwanderung: »*Geh nun zusammen mit meinem Volk über den Jordan in das Land, das ich den Israeliten gebe*« (Jos 1,2).

5) Gott selbst führte Israel ins verheißene Land

2Mose 13,21: »*Der HERR selbst zog vor ihnen her: am Tag in einer Wolkensäule, um ihnen den Weg zu zeigen, und nachts in einer Feuersäule, um ihnen zu leuchten.*«
Psalm 78,52.54: »*Sein eigenes Volk aber führte er wie eine Herde Schafe und leitete es sicher durch die Wüste. Er brachte sie bis an die Grenze seines heiligen Landes ...*«

Interessant ist, dass auch der Koran die Landzuteilung für Israel bestätigt (Sure 7,137): »Und zum Erbe gaben Wir dem Volk, das für schwach erachtet war, den Osten und Westen der Erde, die Wir gesegnet hatten, und erfüllt ward das schöne Wort deines Herrn an den Kindern Israel, darum, daß sie standhaft geblieben.«
Dennoch wollen die Nachbarvölker das Volk Israel aus dem Land vertreiben. Aber Gott selbst wird ein hartes Gericht über diese ergehen lassen und sie tief demütigen und ihnen schließlich mit Gnade begegnen, wenn sie sich ihm unterordnen.

6) Die Vertreibung Israels aus dem verheißenen Land

Im Jahre 955 v. Chr. wurde durch den König Salomo der erste jüdische Tempel eingeweiht. Nach 1. Könige 6,1 war es das 480. Jahr nach dem Auszug aus Ägypten. Demnach gingen die Israeliten um das Jahr 1440 v. Chr. auf die 40-jährige Wanderschaft, und seit ca. 1400 v. Chr. lebten sie im verheißenen Land, das nach biblischen Aussagen von Milch und Honig überfloss – ein Bild für Wohlstand und Segnungen in jeder Hinsicht. Bei bewusster Abwendung von Gott und seinen Geboten aber drohte Gott mit Gericht über Israel.

a) Gottes Warnungen an Israel schon vor der Einnahme des Landes

Besonders warnte Gott vor Gräuelsünden, die die von Israel vertriebenen Kanaaniter getrieben hatten, wie homosexuelle Sünden, Sodomie und Götzendienste, Morde etc.: *»Deshalb sollt ihr das Land, in dem ihr wohnt und in dem auch ich wohne, nicht verunreinigen«* (4Mose 35,34); *»Das Land wird euch sonst ausspucken, weil ihr es verunreinigt«* (3Mose 18,28).

b) Gottes Gerichtsandrohung für Israel, wenn sie in der Sünde verharren würden

Immer wieder stellen sich Menschen die Frage: Wie kann Gott so furchtbare Dinge zulassen, die in der Welt geschehen, wie Kriege, Unglücke etc.? Die Antwort darauf ist nicht leicht. Aber letztlich, so zeigt es die Bibel, sind es die sündigen Menschen, die einander schlimme Dinge zufügen und unter denen Menschen leiden. Gott lässt es zu, damit wir zu ihm umkehren und ihn ehren.

In der Geschichte der Völker kann man erkennen, wie heilig Gott ist. Viele sind aus ihren Gebieten vertrieben, ja sogar vernichtet worden. Gott ließ auch zu, dass die deutschen Ostgebiete an andere Völker abgetreten werden mussten und 12 Millionen Menschen ihre Heimat verloren. Grund war doch auch die Sünde des deutschen Volkes: Gottlosigkeit, Verehrung neuer Götter und Verachtung anderer Völker. Besonders durch den Holocaust an den Juden wurde Deutschland schuldig. Es ist Gottes Gnade, dass es uns heute verhältnismäßig gut geht.

Auch in Israels Geschichte ließ der Herr immer wieder Gerichtszeiten zu, wenn es Gott verließ. So kündigte es schon

Mose an: »*Ich weiß, dass ihr es nach meinem Tod schlimm treiben und den Weg, den ich euch gewiesen habe, verlassen werdet. Am Ende der Zeit wird euch das Unglück treffen*« (5Mose 31,29).

c) Die Androhung der Teilung des Reiches Israels

Zunächst wurden die zwölf Stämme Israels von Josua, den verschiedenen Richtern und dem Propheten Samuel geführt. Als Samuel alt geworden war, forderte Israel von ihm, einen König über sie einzusetzen. Samuel lehnte zunächst mit logischen Argumenten ab, besonders damit, dass hohe Steuern auf sie zukommen würden (1Sam 8). Aber das Volk weigerte sich, auf die Stimme Samuels zu hören, und sie sprachen: »*Wir wollen wie die Völker um uns herum sein. Unser König soll über uns herrschen und unsere Schlachten führen*« (1Sam 8,20).

Schließlich gab Gott ihnen Saul zum König, dessen Nachfolger der berühmte David wurde. Davids Sohn Salomo war der dritte König Israels. Er machte zunächst in seiner Herrschaft einen guten Anfang und lebte nach Gottes Willen. Später aber, als er alt wurde, übertrat er Gottes Gebot, das als Gesetz für den König gedacht war (5Mose 17,17). König Salomo hielt diese Gebote Gottes nicht mehr ein, fiel in Sünde und tat darüber keine Buße: »*Er hatte 700 Frauen und 300 Nebenfrauen, und sie beeinflussten sein Herz. Als Salomo alt geworden war, hatten seine Frauen ihn so weit gebracht, dass er ihre Götter anbetete. Er vertraute nicht länger allein auf den Herrn, seinen Gott, wie sein Vater, König David, es getan hatte. Salomo betete Astarte, die (Fruchtbarkeits-) Göttin der Sidonier, an und Milkom, den abscheulichen Gott der Ammoniter. Und so tat Salomo etwas, was dem HERRN missfiel; er hielt sich nicht mehr ausschließlich an den HERRN*« (1Kön 11,3-6).

Gott ließ diesen Ungehorsam Salomos nicht durchgehen. »*Der HERR wurde zornig über Salomo, weil sein Herz sich vom*

HERRN, dem Gott Israels, abgewandt hatte« (1Kön 11,9). Gott drohte mit der Teilung des Volkes Israels.
Dieses Wort erfüllte sich im Jahre 926 v. Chr.: Rehabeam, ein Sohn Salomos, sollte sein Nachfolger werden. Als er dann aber in Sichem zum König proklamiert werden sollte, lehnten zehn Stämme ihn ab und wählten Jerobeam zum König. Der Grund war, dass Rehabeam in arroganter Weise eine größere Steuerforderung an das Volk ankündigte (1Kön 12). So kam es zur Teilung Israels: in das Nordreich Israel mit zehn Stämmen und das Südreich Juda mit den Stämmen Juda und Benjamin.

d) Gericht Gottes über das Nordreich Israel
Im Nordreich führte König Jerobeam bald den Götzendienst ein, indem er Gott in zwei Stierbildern darstellen ließ. Der Grund war, dass er nicht wollte, dass sein Volk nach Jerusalem ging, um dort (im Konkurrenzstaat Juda) Gott anzubeten.

Der Götzendienst gewann mehr und mehr die Oberhand und führte unweigerlich zum Gericht Gottes über dieses Volk. Gott drohte durch die Propheten mit einer Wegführung nach Assyrien (heute Irak).

In Amos 5,27 sagt Gott zum Nordreich Israel: *»So werde ich euch bis über Damaskus hinaus gefangen wegführen«* (Elb) und in 7,11: *»... und das Volk Israel wird ins Exil gehen müssen, in ein Land fern von seiner Heimat.«*

Jesaja sagt sogar voraus, durch wen die Wegführung in die Gefangenschaft erfolgen wird: durch den König von Assyrien (Jes 7,17.20).

Im Jahr 722 v. Chr. war es dann soweit. In 2. Könige 18,9-11 lesen wir: *»... griff König Salmanassar von Assyrien Samaria an und belagerte die Stadt. Drei Jahre später ... fiel Samaria. Danach führte der König von Assyrien die Israeliten nach Assyrien ...«*

Von hier aus haben sich Israeliten in die ganze Welt zerstreut. Eine offizielle Rückführung ins Land der Väter hat es bisher nicht gegeben.

e) Gericht über das Königreich Juda (70-jährige Gefangenschaft in Babylon)

Ungefähr 130 Jahre später ließ Gott das Südreich Juda in die babylonische Gefangenschaft führen. Der Grund war die Gottlosigkeit im Volk. Die Propheten, die das Volk zur Buße und Umkehr aufriefen, wurden nicht gehört. Deshalb geschah die Gerichtsandrohung Gottes: »*Das ganze Volk von Juda will ich in die Gewalt des babylonischen Königs geben*« (Jer 20,4).

Für Juda sollte die Gefangenschaft in Babylon auf 70 Jahre begrenzt sein: »*Israel und die umliegenden Länder werden dem König von Babel 70 Jahre lang als Knechte dienen müssen*« (Jer 25,11).

Die erste Wegführung von Juda erfolgte 597 v. Chr. und die zweite im Jahre 586 v. Chr. Dabei wurde von den Babyloniern auch der erste Tempel in Jerusalem zerstört.

Jeremia klagte in Klagelieder 4,12-13: »*Kein König auf Erden – ja kein Mensch auf der ganzen Welt – hätte geglaubt, dass Jerusalems Feinde jemals durch die Stadttore eindringen würden. Und doch geschah genau das – wegen der Sünden der Propheten und den Vergehen der Priester, die das Blut der Gerechten unter ihnen vergossen haben.*«

Jeremia beschreibt den Zustand Israels nach beiden Vertreibungen in einem Bild (Jer 50,17): »*Die Israeliten sind wie Schafe, die von Löwen in alle Richtungen auseinandergetrieben wurden. Zuerst hat der König von Assyrien ihnen Bisswunden zugefügt* (die Wegführung durch die Assyrer im Jahr 722 v. Chr.). *Dann kam der babylonische König Nebukadnezar und hat sie bis auf ihre Knochen abgenagt*« (die Wegführung nach Babel, 587 v. Chr.).

Von diesem Bild her wird die Vision Hesekiels besser verständlich:

»Die Hand des HERRN kam über mich, und der Geist des HERRN führte mich hinaus und trug mich in ein Tal, das mit Totengebeinen angefüllt war. ... diese Gebeine sind das gesamte Volk der Israeliten. Ich hole die Israeliten aus allen Völkern heraus, zu denen sie gekommen sind« (Hes 37,1.11.21).

Der Zusammenhang macht deutlich, dass Israel wieder ins Land der Väter zurückkehren soll. Gott hatte den Juden also Hoffnung auf eine Rückkehr gegeben. Als die 70 Jahre um waren, erhielten die ersten Juden von dem herrschenden Perserkönig Kyrus die Genehmigung, nach Israel zurückzukehren und den zweiten Tempel zu bauen (siehe die Bücher Esra und Nehemia).

f) Die Zerstreuung in alle Welt durch die Römer

Für kurze Zeit lebten die Juden wieder in einer gewissen Unabhängigkeit in ihrem eigenen Land. Bald aber gerieten sie wieder unter die Fremdherrschaft verschiedener ausländischer Machthaber. So lebte Jesus zur Zeit der römischen Besatzung in Israel.

In den drei Jahren seines Dienstes erfuhr er viel Ablehnung und Hass, besonders von der führenden Schicht des Volkes. Man nagelte ihn schließlich ans Kreuz. Dadurch wurde der Zorn Gottes herausgefordert.

Schon beim Einzug Jesu in Jerusalem weist Jesus auf das kommende Gericht hin, das über das jüdische Volk und somit auch über die Stadt Jerusalem kommen würde. In Lukas 19,41-44 lesen wir: *»Als sie sich jedoch Jerusalem näherten und Jesus die Stadt vor sich liegen sah, begann er zu weinen. ›Wie sehr wünschte ich, du würdest noch heute den Weg des Friedens finden. Doch nun ist es zu spät, und der Friede bleibt dir fremd. Nicht mehr lange, und deine Feinde werden einen Wall rings um dich aufschütten, dich einkreisen und gegen dich vorrücken. Sie werden dich und deine Kinder dem Erdboden gleichmachen und keinen Stein auf dem an-*

deren lassen, weil du die Gelegenheit, die Gott dir geboten hat, nicht ergriffen hast‹«, und in Lukas 21,23-24: *»Denn im Land wird große Not herrschen, und Unheil wird über dieses Volk kommen. Die Menschen werden mit dem Schwert getötet oder als Gefangene in die ganze Welt verschleppt werden. Und Jerusalem wird erobert und dem Erdboden gleichgemacht werden von den fremden Völkern, bis ihre Zeit zu Ende ist.«*

Im Jahr 70 n. Chr. besiegte der römische Feldherr Titus, der später Kaiser wurde, die gegen Rom aufständischen Juden. Dabei wurde der zweite Tempel zerstört und Jerusalem in Schutt und Asche gelegt. Der Geschichtsschreiber Flavius Josephus berichtet in seinem Buch »Der jüdische Krieg«, dass 1,1 Millionen Juden ihr Leben lassen mussten und 97 000 in die Sklaverei geführt wurden.

Davon spricht Gott schon prophetisch im Alten Testament, wo er furchtbare Strafen wegen Sünde und Unbeugsamkeit androht: »... *ich werde euch verabscheuen. Ich werde eure Städte in Trümmer legen und eure Heiligtümer einreißen ... Ja, ich selbst werde euer Land verwüsten. Eure Feinde, die dann darin wohnen, werden darüber entsetzt sein. Ich werde euch unter die Völker zerstreuen und euch mit gezücktem Schwert forttreiben. Euer Land wird zur Wüste und eure Städte werden zu Trümmerhaufen«* (3Mose 26,30-33).

In 5. Mose 28,15f beschreibt Gott das Gericht, das über Israel kommen sollte – und das sich bis hin zum Holocaust in schrecklicher Weise erfüllte. Auch andere Stellen im Alten Testament weisen auf die Vertreibung des Volkes Israel aus seinem Land hin: *»Ich zerstreue dich unter die Völker und versprenge dich in alle Länder und mache ein Ende mit der Unreinheit, die bei dir herrscht. Und dann, wenn du durch deine eigene Schuld entehrt vor den Augen der Völker dastehst, wirst du erkennen, dass ich der HERR bin« (Hes 22,15-16); »Und wie sie nicht hörten, wenn ich sie rief, so* *hörte ich sie nun nicht, wenn sie mich riefen, spricht der HERR, der Allmächtige. Ich zerstreute sie unter Völker, die sie nicht kannten. Nach ihnen wurde ihr Land so öde, dass niemand mehr hindurchzog. So haben sie das einst so schöne Land zur Wüste gemacht«* (Sach 7,13-14).

Die vertriebenen Juden fühlten sich in den fremden Ländern nie richtig zu Hause. Immer wieder wurden sie verfolgt, obwohl sie die Staatsangehörigkeit in ihren neuen Wohngebieten besaßen. Gott wollte, dass sie einmal wieder in das Land ihrer Väter zurückkehren sollten. In der Gegenwart erleben wir, dass sich sein prophetisches Wort darin erfüllt, dass der neue Staat Israel besteht und jährlich Tausende Juden in das Land einwandern.

7) **Israel kehrt ins Land der Väter zurück**

Aus der babylonischen Gefangenschaft wurde Juda nach 70 Jahren wieder heimgeführt. Aber für die zehn Stämme Israels, die von den Assyrern weggeführt wurden, gab es keine offizielle Rückkehr, ebenso wenig wie für die von den Römern in alle Welt zerstreuten Juden und deren Nachkommen.

Aber auch diese sollten nicht für immer im Exil bleiben. Durch viele Prophezeiungen gab der Herr auch diesen Nachkommen Hoffnung auf Rückkehr ins Land der Väter. Die folgenden Bibelstellen machen deutlich (in Aussagen und Kontext), dass es sich nicht um die längst geschehene Rückführung aus Babylon handelt, sondern sich auf die Endzeit bezieht. Dazu wird von Gott verheißen, dass die Israeliten wieder »in ihrem Land« wohnen sollen.

a) Einige Verheißungen Gottes zur Rückkehr

Sacharja 10,10: *»Ich will sie aus Ägypten zurückbringen und aus Assyrien sammeln ...«*

Jeremia 31,16: *»Deine Kinder werden aus dem Land des Feindes zu dir zurückkehren ...«*

5. Mose 30,3: »*Er* (der Herr) *wird sich euer erbarmen und euch wieder aus allen Völkern sammeln, unter die er euch verstreut hat.*«

Jesaja 43,5-6: »*Ich werde deine Kinder aus dem Osten holen und dich aus dem Westen sammeln. Zum Norden sage ich: ›Gib her!‹ Und zum Süden: ›Halte niemanden zurück!‹*«

Jesaja 11,12: »*Er wird das zerstreute Volk von Juda aus allen Ecken der Erde holen.*«

Jesaja 60,21: »*Dein Volk wird nur aus Gerechten bestehen* (später im tausendjährigen Friedensreich). *Sie werden das Land für immer besitzen, denn sie sind ein Spross meiner Pflanzung, das Werk meiner Hände, um mich zu verherrlichen.*«

Jesaja 57,13: »*Wer sich aber in mir* (Jahwe) *birgt, wird das Land besitzen und meinen heiligen Berg erben.*«

Die Rückkehr Israels und die Einnahme des Landes, das den Erzvätern Israels versprochen worden war, hat nichts mit Machtanspruch und Unterdrückung anderer Völker zu tun, sondern es geschieht nach dem Willen Gottes.

Dass insbesondere die Juden Osteuropas das neue Israel aufbauen sollten, wird in der Bibel vorausgesagt. Die zionistische Bewegung – und natürlich auch die Verfolgung unter Hitler und Stalin – haben die Einwanderung beschleunigt: »*Dann werden auch die Stämme Juda und Israel gemeinsam aus dem Land im Norden zurückkehren in das Land, das ich schon euren Vorfahren gegeben habe, damit es für immer euer Erbe sei. Ich hatte es mir so gut gedacht, wie meine eigenen Kinder wollte ich euch behandeln. Dieses herrliche Land, das wertvollste der ganzen Welt, wollte ich euch schenken*« (Jer 3,18-19).

Bis heute wandern Tausende von Juden allein aus Russland ins Land ihrer Väter ein. Geografisch von Israel als Mittelpunkt der Erde (Hes 5,5) aus gesehen, liegt Osteuropa im Norden.

Vom »herrlichen Land« oder wörtlich dem »Land der Zierde« oder »der Herrlichkeit« spricht auch Hesekiel 20,6 und Daniel 11,16.41. Damit ist das Land Israel gemeint. Hesekiel spricht ebenso von der Rückkehr Israels ins Land Israel:

»... Ich ... gebe euch das Land Israel wieder« (11,17) und: *»Sie werden dann wieder in ihrem Land wohnen, das ich meinem Knecht Jakob gegeben habe. Sie sollen in Sicherheit darin wohnen, Häuser bauen und Weingärten anlegen«* (28,25-26).

Wie man schon aus Hesekiel 47,16-17 herauslesen kann, wird sich auch das Gebiet des Libanon innerhalb der Grenzen Israels befinden. Aber auch Sacharja, der besonders das endzeitliche Israel aufzeigt, spricht davon: *»Ich will sie aus Ägypten zurückbringen und aus Assyrien* (die Richtung, in die die zehn Stämme 722 v. Chr. vertrieben wurden) *sammeln und wieder in Gilead und im Libanon ansiedeln. Es wird sich gar nicht genügend Platz für sie finden lassen!«* (Sach 10,10).

Die Verteilung der Wohngebiete für die einzelnen Völker liegt letztlich nicht an der Macht oder Ohnmacht dieser Völker, wenn es auch, mit unseren Augen beobachtet, so aussehen mag. Gott selbst setzt die Grenzen fest – und er ist ein gerechter Gott – auch wenn das viele Menschen nicht so sehen und empfinden. So hat Gott auch die Grenzen der Völker des Nahen Ostens für die Zukunft festgelegt – und es wird so allen zum Segen sein.

b) Unter welchen Umständen kehrt Israel zurück?

Die im Exil lebenden Juden hatten im Lauf der Jahrhunderte immer wieder unter Verfolgung zu leiden. So furchtbar diese Pogrome auch waren – besonders der Holocaust: Gott benutzte sie, um die Juden wieder in das Land der Väter zurückzubringen. Aber Gott gebrauchte auch Männer der zionistischen Bewegung, in der Theodor Herzl[7] eine besondere Rolle spielte, die das Land der Väter neu einnehmen sollten. So ging auch die Prophezeiung Jeremias in Erfüllung:

»›Erst einmal aber schicke ich viele Fischer, die sie fangen sollen‹, spricht der HERR. ›Ich sende zahlreiche Jäger aus, die sollen sie über alle Berge und Hügel hinweg jagen und in den Höhlen aufstöbern.‹« (Jer 16,16).

Sogar mit welchen Verkehrsmitteln die Juden aus aller Welt ins Land der Väter zurückkehren sollen, wird von Gott durch Jesaja vorausgesagt: *»Was kommt da wie eine Wolke geflogen, wie Tauben in ihren Schlag?«* (Damit sind wohl die Flugzeuge gemeint.) *»Es sind Schiffe, die aus Tarsis kommen. Sie sind die ersten Schiffe, die deine Kinder aus der Ferne herbringen«* (Jes 60,8-9).

So kamen die aus den Konzentrationslagern befreiten Juden z. B. mit dem alten Schiff »Exodus« in Israel an, wo die britische Mandatsverwaltung ihnen Schwierigkeiten machte.

Die Einwanderung der Juden ins Land der Väter war abenteuerlich und mit viel Entbehrungen und Kämpfen verbunden. Ab Ende des 19. Jahrhunderts bis Anfang des Zweiten Weltkrieges wanderten sie in Palästina (wie dieses Gebiet damals hieß) ein. Sie siedelten auf dem Land, das sie von arabischen und türkischen Besitzern erworben hatten. Sie haben es nicht etwa gestohlen, wie vielfach behauptet wird.

c) Das heutige Israel wird im Land der Väter an Jesus Christus gläubig

Das Land, das heute umkämpft ist, und der Staat Israel, der seit 1948 besteht, sind von Gott gewollt – auch wenn heute von der Heiligkeit dieses Volkes nicht viel zu sehen ist. Gott hat die Juden in dieses Land geführt, um sie hier zum Glauben zu bringen. Gott benutzt dazu Kriegsereignisse (vgl. Sach 12,10; Hes 39,28-29; die Kapitel müssen im Zusammenhang gelesen werden).

Das Volk Israel, das einmal in ihrem Land zum Glauben an Jesus Christus kommen wird, wird das Land der Väter für immer behalten. Fünfmal wird in der folgenden Bibelstelle (Hes 37,25-28) gesagt, dass es *für immer* (ewig = hebr.: *ad olam*) in diesem Land wohnen wird: »*Sie werden in dem Land leben, das ich meinem Diener Jakob gegeben habe und wo ihre Vorfahren gelebt haben. Sie und ihre Kinder und Enkel werden* für immer *darin leben, und mein Diener David wird* für immer *ihr Fürst sein. Ich schließe einen Friedensbund mit ihnen,* ein ewiger Bund *mit ihnen wird es sein. Ich werde sie bewahren und vermehren und meinen Tempel* für immer *unter ihnen errichten. Ich selbst will bei ihnen wohnen. Ich werde ihr Gott sein und sie werden mein Volk sein. Und wenn mein Tempel* für immer *in ihrer Mitte steht, werden die Völker erkennen, dass ich der HERR bin, der Israel heiligt.*«

d) Das verwüstete Land wird wieder fruchtbar

Schon heute kann man sehen, wie sich das Land in Israel verändert hat. Vieles, was während der Zerstreuung versumpft oder versteppt war, wurde vom israelitischen Volk urbar gemacht. Städte wurden aufgebaut und eine Infrastruktur wurde geschaffen, sodass auch die arabischen Mitbürger Vorteile bekamen. Überall sieht man die neu erbauten, oft prächtigen Wohnhäuser. Auf diese neue Blüte weisen die Propheten eindrücklich hin:

Hesekiel 36,6.8: »*Deshalb weissage über das Land Israel und sag zu den Bergen und Hügeln, den Bächen und Tälern: ›So spricht Gott, der HERR: ... Ihr aber, ihr Berge von Israel, werdet für mein Volk der Israeliten eure Zweige sprießen lassen und eure Frucht tragen – denn ihre Rückkehr lässt nicht mehr lange auf sich warten!*‹«

Verse 35-36: »*Die Leute sagen dann: Dieses verwüstete Land ist zu einem Garten Eden geworden! Die Städte, die verödet und verwüstet waren und in Trümmern lagen, haben starke Mauern und sind wieder bewohnt! Dann werden die Völker, die rings um dich her übrig geblieben sind, erkennen, dass ich, der HERR, die Ruinen wieder aufgebaut und die Wüste bepflanzt habe.*

Denn ich, der HERR, habe es verheißen, und ich tue es auch.«

Jesaja 41,17-20: *»Ich, der Gott Israels, werde sie nicht im Stich lassen. Ich werde auf kahlen Höhen Flüsse entspringen lassen und in den Tälern Quellen öffnen. In den Wüsten werden Teiche entstehen. Das trockene, verdorrte Land wird Wasserquellen bekommen. Ich werde in der Wüste Zedern, Akazien, Myrten und wilde Olivenbäume wachsen lassen und Zypressen, Ulmen und Pinien in der Steppe pflanzen. Dadurch sollen alle sehen und erkennen, merken und verstehen, dass der HERR, der Heilige Israels, dies bewirkt und geschaffen hat.«*

Israel ist seit Jahren schon so weit, dass viele Produkte in viele Länder exportiert werden, besonders Früchte und Blumen. In der Zeit des großen Friedensreiches wird die ganze Welt davon profitieren: *»Dann wird Jakob Wurzeln schlagen. Israel wird Knospen und Blüten tragen und die ganze Erde mit seiner Frucht erfüllen!«* (Jes 27,6)

e) Israels Wiederentstehung wird für die Endzeit vorausgesagt

Dass die Zerstreuung Israels einmal zu Ende gehen wird, hat Daniel schon vorausgesagt: *»… und wenn die Zerstreuung des heiligen Volkes ein Ende hat, soll dies alles geschehen«* (Dan 12,7; LÜ). Und der Engel Gottes, der Daniel den Heilsplan Gottes für das Volk Israel mitteilte, sagte zu ihm: *»Ich soll dir erklären, was deinem Volk in den letzten Tagen zustoßen wird. Diese Vision wird sich erst in fernster Zukunft erfüllen«* (Dan 10,14).

Auch der Prophet Hesekiel spricht von der Existenz Israels im Land der Väter, das von verschiedenen Feinden überfallen, aber durch Gott wunderbar gerettet wird. Jahwe spricht zu dem feindlichen Heerführer Gog aus Magog:

»Nach langer Zeit wirst du dann deinen Auftrag erhalten. Am Ende der Zeit wirst du in ein Land kommen, dessen Volk sich vom Krieg erholt hat und das aus vielen Völkern gesammelt wurde, dort auf den Bergen von Israel, die lange verwüstet waren. Aus vielen Völkern wurden die Menschen zurückgebracht. Und sie wohnen alle in Sicherheit« (Hes 38,8).

Auch das Neue Testament weist darauf hin, dass das Exil Israels und die Schmach Jerusalems ein Ende hat: *»Und Jerusalem wird erobert und dem Erdboden gleichgemacht werden von den fremden Völkern, bis ihre Zeit zu Ende ist«* (Lk 21,24).

In der Endzeit, nach der »Zeit der Nationen« und der Gemeinde Jesu, spielt Israel als gläubiges Volk wieder eine wichtige Rolle: in der Völkergemeinschaft und in der Anbetung Gottes und seines Sohnes Jesus Christus: *»Das Herz mancher Juden ist verschlossen, doch das wird nur so lange anhalten, bis die von Gott bestimmte Anzahl von Menschen aus den anderen Völkern zu Christus gefunden hat. Dann wird ganz Israel gerettet werden«* (Röm 11,25-26).

f) Gottes (Jahwes) inniges Verhältnis zu dem Land Israel

In Jesaja 62,4 wird uns das innigste Verhältnis Jahwes zu Israel in der Zukunft gezeigt: *»Man wird nicht mehr ›die Verlassene‹ zu dir sagen und dein Land nicht mehr ›Einöde‹ nennen. Vielmehr wird man dich als ›meine Vorliebe‹ bezeichnen und zu deinem Land ›meine Braut‹ sagen, denn der HERR hat Freude an dir und dein Land wird mit ihm vermählt sein.«*

Alle Völker, die Israel das Land wegnehmen wollen, begehen »Ehebruch« gegenüber Gott und Israel.

g) Die zukünftigen Grenzen Israels

Sichere Grenzen und ein gutes Verhältnis mit den Nachbarvölkern wird Israel erst haben, wenn Jesus Christus wiedergekommen ist. Dann wird Israel an ihn glauben und ebenso Menschen anderer Völker. Dann wird Jesus Christus Friedenskönig sein. *»Er ist unser Friede«* (Eph 2,14; Elb). *»… auch der Kriegsbogen wird zerstört. Euer König wird den Völkern den Frieden verkündigen. Seine Herrschaft wird sich von Meer zu Meer und vom Euphrat bis zu den Enden der Erde erstrecken«* (Sach 9,10)

Auch zu den im Lande lebenden Fremden werden die Israelis ein gutes Verhältnis haben. Sie werden sie wie Einheimische behandeln und ihnen gleiche Rechte zugestehen. Hesekiel, der im Kapitel 47 von den zukünftigen Grenzen des Staates Israel spricht, weist in Vers 22 darauf hin: *»Ihr sollt es als Erbbesitz für euch und für die Ausländer, die sich euch angeschlossen haben und Kinder bei euch bekommen haben, durch das Los verteilen. Sie sollen wie Einheimische sein unter den Israeliten und wie die Stämme von Israel einen Erbbesitz durch das Los erhalten.«*

Übrigens: Israel war auch ein Fremdling (hebr. *ger*) im Land Ägypten und hat dort in einem ihm zugewiesenen Land 430 Jahre gelebt – was Abraham schon vorausgesagt wurde (1Mose 15,13).

Es ist gewiss nicht »heilsnotwendig«, dass man weiß, wo die zukünftigen Grenzen Israels einmal verlaufen werden. Ich halte an dieser Stelle jeden Streit für verfehlt. Trotzdem ist es interessant, über die Frage nach den Grenzen Israels anhand der Aussagen nachzudenken, die die Bibel darüber macht. Vielleicht kann das auch denen helfen, die um die Existenz des heutigen Israel besorgt sind. Als Israel sich z. B. nach dem Jom-Kippur-Krieg aufgrund eines Abkommens etwa 30 Kilometer aus der Suezkanalzone zurückziehen musste, meinten manche, dass Israel damit eigenes Territorium aufgegeben habe. Denn häufig wird auch die Meinung vertreten, dass sich das Israel zugesagte Gebiet vom Nil oder vom Suezkanal bis an den Euphrat erstrecken müsse. Damit würde es ganz Jordanien, Syrien und einen großen Teil des Irak einschließen.

Ich finde eine solche Auffassung durch die Aussagen der Bibel nur zum Teil bestätigt.

In 4. Mose 34,3-15 gab Gott Mose den genauen Grenzverlauf des verheißenen Landes an. In diesem Zusammenhang wird der Bach Ägyptens erwähnt. Damit konnte natürlich nicht der Suezkanal gemeint sein, aber auch nicht der Nil. Dagegen sprechen u. a. folgende Gründe:

1. Israel hätte dann ja schon während seines Aufenthaltes von 430 Jahren in Ägypten im verheißenen Land gewohnt. Die Israeliten waren dort aber Fremdlinge (1Mose 15,13). Das Land Goschen, das ihnen unter der Herrschaft Josefs zugewiesen worden war, befand sich ja östlich des Nil-Deltas. Auch hätte sich Israel nach dem Durchzug durchs Schilfmeer schon im Land der Verheißung befunden. Das Volk musste jedoch noch 40 Jahre auf der Sinai-Halbinsel umherziehen, ehe es östlich des Toten Meeres nach Norden wanderte, bei Jericho den Jordan überquerte und von dort aus das Land einnahm.
2. Die Gebietsgrenze des am weitesten südlich angesiedelten Stammes Juda verlief nach der Landverteilung durch Josua (Jos 15,1ff) von der Südspitze des Toten Meeres im Bogen südwestlich über die Steige Akrabbim (Skorpionensteig) im heutigen Negeb nach Kadesch-Barnea und zum Bach Ägyptens. Das südlichste Grenzgebiet Judas war der Negeb.
3. Zur Zeit Salomos, unter dessen Herrschaft Israel seine größte Ausdehnung erlangte, erstreckte sich die Grenze vom Euphrat bis zum Bach Ägyptens (1Kön 5,1). Den südlichen Sinai jedoch beherrschte Salomo nicht.
4. Das Sinaigebiet ist kein Land, in dem »Milch und Honig fließt«, wie Gott es verheißen hatte. Die dort ansässigen Beduinen führen ein kärgliches Leben.

Der Bach Ägyptens war ein alter Grenzfluss zwischen Ägypten und Kanaan. Heute ist er ein ausgetrocknetes Flussbett, das den

Namen Wadi el-Arisch führt und bei dem Ort El-Arisch, 80 Kilometer südwestlich von Gaza, ins Mittelmeer mündet.

Wir können uns im Blick auf die künftigen territorialen Grenzen Israels nur an den Ankündigungen und Verheißungen orientieren, die Gott dem Volk gegenüber immer wieder gemacht hat: *»Ich gebe euch das Gebiet vom Roten Meer bis zum Mittelmeer und von der Wüste bis zum Euphrat«* (2Mose 23,31).

Noch genauere Angaben finden sich in 4. Mose 34,2-12: *»Gib den Israeliten folgende Anweisungen: ›Wenn ihr nach Kanaan kommt, das Land, das euch als Erbe zufallen wird, dann sollen folgende Grenzen gelten: Die Südseite eures Landes soll bei der Wüste Zin beginnend an Edom entlang verlaufen. Die südliche Grenze soll im Osten am Toten Meer beginnen, südlich vom Aufstieg von Akrabbim ihre Richtung ändern und nach Zin hinüber verlaufen. Sie soll südlich von Kadesch-Barnea weitergehen und sich von dort nach Hazar-Addar bis hinüber nach Azmon ziehen. Von Azmon soll sie sich zum Bach von Ägypten wenden und am Mittelmeer enden. Die Küste des Mittelmeeres soll eure westliche Landesgrenze bilden;... Das soll eure nördliche Grenze sein: Ihr sollt sie vom Mittelmeer bis zum Berg Hor ziehen. Sie soll von dort nach Hamat, durch Zedad und nach Sifron verlaufen und in Hazar-Enan enden.... Die östliche Grenze sollt ihr von Hazar-Enan nach Schefam ziehen. Dann soll sie hinab nach Ribla östlich von Ajin verlaufen und von dort weiter, bis sie auf die Abhänge am Ostufer des Sees Genezareth trifft. Dann soll sie weiter am Jordan entlangführen und am Toten Meer enden. Dies sind die Grenzen eures Landes auf allen Seiten.‹«*

Auch Hesekiel erhält im Blick auf die Grenzen des Landes von Gott Anweisungen: *»Das Land für die zwölf Stämme Israel soll nach folgenden Anweisungen aufgeteilt werden: Der Stamm Josef soll zwei Teile erhalten. Ihr bekommt es als Erbe, einer wie der andere. Ich habe mit erhobener Hand geschworen, es euren Vorfahren zu geben, und jetzt fällt es* *euch als Erbteil zu. Die Nordgrenze eures Landes soll vom Mittelmeer bis nach Hetlon verlaufen, dann weiter bis nach Zedad, Hamat, Berota und Sibrajim, das zwischen dem Gebiet von Damaskus und dem Gebiet von Hamat liegt, und bis Hazar-Enan an der Grenze von Hauran. Damit verläuft die Grenze vom Meer bis nach Hazar-Enan. Die Gebiete von Damaskus und Hamat liegen nördlich davon. Dies ist die Nordgrenze. Die Ostgrenze verläuft mit dem Jordan als Grenze zwischen Hauran und Damaskus und zwischen Israel und Gilead bis zum östlichen Meer und weiter bis nach Tamar. ... Die Südgrenze soll von Tamar bis zu den Wassern von Meribat-Kadesch verlaufen und dann dem Lauf des Bachs von Ägypten bis ans Mittelmeer folgen. Auf der Westseite soll das Mittelmeer selbst eure Grenze sein bis gegenüber von Hamat«* (Hes 47,13-20).

Beim Vergleich dieser Angaben ist zu berücksichtigen, dass sich einige bei Hesekiel erwähnte Ortsbezeichnungen heute nicht genau bestimmen lassen. Insgesamt weisen die biblischen Angaben darauf hin, dass Israel im Lauf der endzeitlichen Entwicklung bedeutende territoriale Ausweitungen bevorstehen. Auf jeden Fall wird das Volk einmal in sicheren Grenzen wohnen und mit seinen Nachbarn in Frieden leben (Jes 19,21-25).

Auch der Prophet Obadja zeigt auf, dass der Jahwe für Israel Gebietsansprüche geltend macht: *»Auf dem Berg Zion aber wird es Rettung geben; er wird eine heilige Stätte sein. Und das Haus Jakob wird sein Erbe wieder in Besitz nehmen. Dann wird das Haus Jakob ein Feuer sein und das Haus Josef eine Flamme, und das Haus Esau wird zu Stroh. Sie werden es anstecken und verbrennen; es wird keine Überlebenden im Haus Esau geben. Denn der HERR hat gesprochen! Dann werden sie das Südland* (Negeb), *das Gebirge von Esau, und das Tiefland* (hebr.: »Schefela«, der Küstenstreifen zwischen Jaffa und Gaza), *das Gebiet der Philister, besetzen. Sie werden die Felder von Ephraim* (nördlich von Jerusalem) *und Sa-*

maria (so wurde das Gebiet der zehn Stämme Israels bezeichnet) *erobern. Und die Bewohner von Benjamin werden das Land Gilead* (Landschaft östlich des Jordan) *einnehmen. Die Zerstreuten des Heeres aus Israel werden das kanaanitische Land bis nach Zarpat erobern. Die Gefangenen aus Jerusalem, die in Serafad sind, werden sich wieder in den Dörfern des Südlandes* (Negeb) *ansiedeln. Auf den Berg Zion werden Retter* (Befreier) *ziehen, um über das Gebirge von Esau zu richten. Und der HERR wird König sein!«* (Obd 17-21)

Besonders der Schluss macht deutlich, dass dies für die Zeit des großen Friedensreiches gesagt ist.

Auch die Golanhöhen werden zu Israel gehören. In der Bibel ist Golan mit Baschan identisch, z. B in Josua 20,8: *»Golan in Baschan, im Stammesland von Manasse«*. Hier befand sich eine der Zufluchtsstätte für Totschläger; oder in 1. Chronik 6,56: *»Golan in Baschan ... mit dem dazugehörigen Weideland«*.

Von diesen Golanhöhen beschossen die Syrer immer wieder die israelischen Siedlungen am See Genezareth. Eine Generation Israels ist dort in Luftschutzbunkern groß geworden.

In einem Angriffskrieg der Syrer 1967 gewann jedoch Israel diese Golanhöhen und annektierte sie für sich. Seitdem herrscht für die jüdische Bevölkerung Ruhe in dem Gebiet.

Natürlich fordert Syrien seit Jahren diese Höhen wieder für sich zurück. Ohne die Rückgabe des Golan an Syrien scheint es weder Versöhnung noch Frieden zwischen den beiden Völkern zu geben.

Militärisch ist der Golan für Israel wichtig. Auch für die Landwirtschaft ist dieses Gebiet bedeutend, weil die Bäche von dort auch den See Genezareth speisen, Israels größtes Wasserreservoir.

Dieses Gebiet Golan/Baschan und die angrenzenden Gebiete werden in der Bibel Israel für die Zukunft zugesprochen: *»HERR, weide dein Volk, die Herde deines Erbteils, als ein Hirte. Sie leben abgesondert in der Wildnis auf dem Karmel.*

Lass sie wieder in Baschan und Gilead weiden, so wie es früher war« (Mi 7,14).

Auch Jeremia spricht von den verheißenen Gebieten für den Rest Israels, der von Sünde reingewaschen sein wird – wenn die Israeliten an Jesus gläubig geworden sind: *»›Dann bringe ich Israel wieder zurück auf seine gute Weide. Auf dem Berg Karmel und in Baschan soll es wieder weiden, und im Gebirge Ephraim und in Gilead soll es sich satt fressen. In jenen Tagen und zu jener Zeit‹, spricht der HERR, ›wird man zwar genau schauen, ob Israel sich etwas zuschulden kommen lassen hat, man wird aber nichts finden können. Man wird auch in Juda danach suchen. Aber auch dort wird keine Schuld mehr zu finden sein. Denn ich habe dem Rest des Volkes, den ich gerettet habe, vergeben‹«* (Jer 50,19-20).

Die Golan-Hochebene (Baschan) wurde u. a. auch von Riesen (hebr.: *refaim*) bewohnt. Israel besiegte beim Einzug in Kanaan dieses Volk und nahm das Gebiet in Besitz (5Mose 3,10-13). Dieses Gebiet wird zu Israel gerechnet. Auch wird Jahwe dort wohnen (weil es sein Land ist): *»Ein Berg Gottes ist der Berg Baschans, … Ja, der Herr wird dort wohnen für immer«* (Ps 68,16-17; Elb).

Die Bibel macht auch deutlich, dass in Zukunft kein fremdes Volk die Bergregionen Israels beanspruchen und beherrschen soll. Besonders wird das deutlich bei Hesekiel:

Hesekiel 36,1-2: *»… weissage über die Berge von Israel und sag: ›Ihr Berge von Israel, hört das Wort des HERRN! So spricht Gott, der HERR: Deine Feinde haben gesagt: Ha! Jetzt gehören uns die Höhen auf ewig!‹«*

Hesekiel 36,5-8: *»So spricht Gott, der HERR: In feurigem Eifer habe ich gegen die restlichen Völker und gegen ganz Edom* (südliches Jordanien) *geredet, weil sie mein Land in Besitz genommen haben, um das Weideland voll Schadenfreude und Verachtung auszuplündern. Deshalb weissage über das Land Israel … Deshalb,* *sprich*t *Gott, der Herr, schwöre ich euch mit erhobener Hand, ... Ihr aber, ihr Berge von Israel, werdet für mein Volk der Israeliten eure Zweige sprießen lassen und eure Frucht tragen – denn ihre Rückkehr lässt nicht mehr lange auf sich warten!«*

Hesekiel 36,9-11: *»Seht, ich komme zu euch und wende mich euch wieder zu. Ihr werdet bestellt und besät werden. Ich werde die Menschen bei euch zahlreich machen und das ganze Volk von Israel vermehren, und die Städte sollen wieder bewohnt und die Ruinen wieder aufgebaut werden. ... Ich werde dafür sorgen, dass ihr wieder bewohnt seid wie früher.«*

Hesekiel 36,28: *»Und ihr sollt in dem Land leben, das ich euren Vorfahren gegeben habe. Ihr werdet mein Volk sein, und ich will euer Gott sein.«*

III.
Es geht um die Stadt Jerusalem

»Jerusalem ist eine herrliche Stadt, in wunderbarer Schönheit angelegt. Alle Stämme Israels – die Stämme des HERRN – kommen als Pilger hierher. Sie kommen, um den Namen des HERRN zu loben.«
(Ps 122,3-4)

A) Eine umkämpfte Stadt

Obwohl der Name Jerusalem »Stadt des Friedens« bedeutet, war sie bisher immer eine umkämpfte Stadt, die vielfach unter fremder Herrschaft leben musste. Jebusiter, Ägypter, Babylonier, Griechen, Römer, Perser, Kreuzritter, Türken und Engländer, nur um die bekanntesten Besatzer zu erwähnen, übten hier ihre Macht aus.

Im Jahr 1980 ist Jerusalem vom israelischen Parlament zur »ewigen Hauptstadt Israels« erklärt worden. Die Folge war ein Aufschrei in aller Welt. Denn diese Stadt sollte nach dem Willen vieler Politiker in der Welt eine internationalisierte Stadt werden, so wie es schon der Begründer des Zionismus, Theodor Herzl, vorgeschlagen hatte. »Wir exterritorialisieren Jerusalem, das niemandem und allen gehören wird, der heilige Ort, den alle Gläubigen gemeinsam haben. Das große Kondominium der Kultur und Sittlichkeit.«[8]

In jüngster Zeit fanden sich christliche und islamische Theologen im Orient-Haus in Jerusalem zu einer Konferenz zusammen. Sie sprachen sich dafür aus, dass Jerusalem (die Altstadt) ganz den Arabern gehören sollte. Man verurteilte die Besetzung des Heiligen Landes und der Heiligen Stadt durch die Israelis.

Selbst der israelische Oppositionsführer Schimon Peres war bei den Verhandlungen in Oslo bereit, Jerusalem als eine symbolische Welthauptstadt unter die Kontrolle der Vereinten Nationen zu stellen. Damit meinte der liberale Politiker, das Jerusalem-Problem lösen zu können.

Obwohl Jerusalem in der Geschichte nie eine arabische (palästinensische) Hauptstadt war – auch nicht während des zweitausendjährigen Exils des Volkes Israel –, fordert man heute von Seiten der Araber einen Palästinenserstaat mit Hauptstadt Jerusalem. Hass und Terror sollen den Judenstaat zermürben und zur Aufgabe zwingen. Israel aber muss sich wehren und steht deswegen oft vor der UNO als Angeklagter da. Peter Scholl-Latour, Journalist und Nahostexperte, stellte fest: »Das Jerusalem-Problem scheint unlösbar.«

Der blinde Sheikh Ahmad Yasin, der wegen des Aufhetzens junger Palästinenser zum Selbstmord-Terror in Israel von den Israelis getötet wurde, drohte noch vor seinem Tod hasserfüllt: »Wir werden um Jerusalem einen großen Weltbrand entfachen.« Ebenso zeigte sich der Hass des Friedensnobelpreisträgers Jassir Arafat, ehemals Vorsitzender der Palästinensischen Autonomiebehörde, bei seiner Drohung im Jahr 2003: »Unser palästinensisches Volk ist zur Befreiung Jerusalems bereit, die Hälfte seiner Menschen zu opfern, denn uns allen wurde von Allah die Pflicht auferlegt, Al-Kuds, das heilige Jerusalem, vor dem Ungeheuer in Gestalt der Juden zu retten.« Eine weitere Aussage und Drohung Arafats: »Wer immer die Tatsache, dass Jerusalem die alleinige Hauptstadt des palästinensischen Staates sein wird, nicht akzeptiert, der soll zur Hölle fahren, und wer auch nur einen Teil Palästinas und Jerusalems besetzt, ruft damit den Heiligen Krieg aus.«

Falsche Behauptungen der führenden Muslime sollen den Anspruch des Islam und der Palästinenser auf Jerusalem untermauern. Das iranische Staatsoberhaupt Ajatollah Ali

Chamene'i erklärte: »Jerusalem war immer eine muslimische Stadt, deshalb müssen wir sie von den Juden befreien.«

Die Geschichte jedoch beweist, dass dies nicht stimmt. Lange bevor durch Mohammed im 7. Jahrhundert n. Chr. die Religion des Islam mit seiner politischen Machtentfaltung entstand, wurde in Jerusalem Gott Jahwe – nicht Allah – von Israel angebetet. Und das war Gottes Wille. Psalm 132,13-14 sagt dazu: *»Denn der HERR hat Jerusalem erwählt, er hat es sich ausgesucht, um dort zu wohnen. Er sprach: ›Dies ist mein Haus, in dem ich für immer wohnen will. Hier will ich mich niederlassen, denn dies ist der Ort, den ich mir ausgesucht habe.‹«*

Bis heute aber ist Jerusalem noch ein Streitobjekt zwischen Israel und den Palästinensern. Gott selber lässt es zu diesem Konflikt um die Heilige Stadt kommen. So ist in Sacharja 12,2-3 vorausgesagt: *»Seht, ich mache Jerusalem zu einem Becher – alle Völker ringsum, die daraus trinken, sollen taumeln. ... An jenem Tag mache ich Jerusalem für alle Völker zu einem Laststein. Alle, die versuchen ihn aufzuheben, werden sich schwer daran verletzen. Und alle Nationen der Erde sollen sich gegen Jerusalem versammeln.«*

In Vers 2 sind zunächst die arabischen (und muslimischen) Nachbarländer Israels gemeint, die in einem rauschähnlichen Zustand um Jerusalem kämpfen.

Auch Israel musste wegen seiner Sünde den Taumelkelch nehmen, der als Gericht für dieses Volk gedacht war. In Jesaja 51 tröstet Gott nun sein Volk mit den Worten: *»Du hast den Taumelkelch bis auf den Grund geleert«* (Vers 17); *»Ich nehme den betäubenden Becher, den Kelch meines Zorns, aus deiner Hand. Du sollst daraus nicht länger trinken müssen. Nun setze ich diesen Kelch denjenigen an die Lippen, die euch gequält haben«* (Verse 22-23).

Aber nicht nur die arabischen Nachbarstaaten Israels eifern um Jerusalem, sondern die ganze Welt (alle Nationen) wird in diesen Konflikt hineingezogen (Sach 12,3). Wir sehen heute, wie selbst die UN-Organisation viele Konflikte in der Welt nicht zu lösen vermag – und erst recht nicht das Jerusalem-Problem. Das wird erst durch den wiederkehrenden Jesus Christus gelöst werden. Aber vorher muss, durch die kriegerischen Auseinandersetzungen hindurch, Israel zum Glauben an den Messias Jesus Christus kommen (Sach 12,9-10).

B) Der Name »Jerusalem«

Der Name »Jerusalem« wird in der Bibel weit über 600 Mal erwähnt. Der hebräische Name lautet *Jeruschalajim.* Er bedeutet »Gründung des Friedens« (vom hebr. Wort *schalom* = »Frieden«).

Zur Zeit Abrahams lebte hier der Priesterkönig Melchisedek. Damals hieß die Stadt *Salem*, ebenfalls von *schalom* abgeleitet.

In 1. Mose 14,18-19 lesen wir: *»Melchisedek, der König von Salem und ein Priester des höchsten Gottes, brachte ihm Brot und Wein. Melchisedek segnete Abram mit dem folgenden Segen: »Gesegnet sei Abram durch den höchsten Gott, den Schöpfer des Himmels und der Erde.«*

Auf alten Tontafeln fand man in babylonischer Keilschrift den Namen Jerusalems als *Urusalim.* Und in alten assyrischen Schriften den Namen *Urusalimmu.*

Als Israel von Ägypten ins Land Kanaan einzog, hieß die Stadt *Jebus.* Dieser Name kommt von den Jebusitern, die Nachkommen von Noahs Sohn Ham sind und in 1. Mose 10,16 erwähnt werden. Eine Zeit lang wohnten die Angehörigen des Stammes Juda in der Stadt mit den Jebusitern zusammen: *»Die Jebusiter, die in der Stadt Jerusalem lebten, konnte der Stamm Juda jedoch nicht vertreiben; daher leben die Jebusiter dort bis heute zusammen mit den Angehörigen Judas«* (Jos 15,63).

In Richter 19,10 wird erklärt, dass Jebus identisch mit Jerusalem ist. Erst König David nahm für Israel die Stadt Jebus ein und machte sie zur Hauptstadt Israels (ca. 1000 v. Chr.). In 2. Samuel 5,6f wird berichtet, dass David die Burg Zion zum Herrschersitz erwählte und sie als »Stadt Davids« bezeichnete. Bald wurde der Name »Zion« für ganz Jerusalem gebraucht. Im Jahre 1996 feierte Israel das 3000-jährige Jubiläum seiner Hauptstadt.

Als unter Simon Bar Kochba, der von Rabbi Akiba zum Messias ausgerufen wurde, die Juden nochmals einen Aufstand gegen die Römer wagten, wurden sie von den Truppen Kaiser Hadrians im Jahr 135 n. Chr. besiegt. Die überlebenden Juden wurden in alle Welt zerstreut. Das Betreten Jerusalems wurde ihnen verboten. Unter dem Namen *Aelia Capitolina* wurde die Stadt eine römische Militärkolonie.

Den Juden aber blieb Jerusalem stets im Herzen wie schon vorher in der babylonischen Gefangenschaft.

In Psalm 137,5-6 heißt es: »*Wenn ich dich jemals vergesse, Jerusalem, soll meine rechte Hand gelähmt werden. Meine Zunge soll mir am Gaumen kleben, wenn ich nicht mehr an dich denke, wenn Jerusalem nicht mehr meine höchste Freude ist.*«

Gott ließ damals durch Jeremia den im Exil lebenden Juden sagen: »*Vergesst den Herrn nicht, auch wenn ihr in einem Land fern der Heimat lebt. Erinnert euch immer daran, dass eure Heimat in Jerusalem ist*« (Jer 51,50).

An jedem Passahfest seit der Zerstörung des Tempels durch die Römer im Jahr 70 n. Chr. sprechen die Juden beim religiösen Festmahl, dem Seder-Abend, die rituellen Worte »Nächstes Jahr in Jerusalem« (hebr.: *leschana haba be`Jeruschalajim*).

Bei den Arabern und Muslimen wird Jerusalem mit *Al-Kuds* bezeichnet, was soviel wie »die Heilige« bedeutet.

Obwohl im Urtext des Korans namentlich Jerusalem nicht ein einziges Mal erwähnt wird, sind Ausleger des Korans der Meinung, dass Mohammed dennoch einen Bezug zu Jerusalem gehabt haben soll. Deshalb sehen sie diese Stadt nach Mekka und Medina als ihren drittheiligsten Ort an. Im Koran heißt es in Sure 17,1: »Preis dem, der Seinen Diener des Nachts entführte von der heiligen Moschee zur fernsten Moschee.« Die islamische Tradition hat später interpretiert, dass es sich bei der fernsten Moschee um die Al-Aqsa-Moschee (wörtlich: »fernste Moschee«) in Jerusalem gehandelt habe. Diese wurde aber erst ein knappes Jahrhundert später erbaut. Überhaupt gab es in dieser Zeit in Palästina keine Muslime und mithin keine Moschee. Allerdings hat Jerusalem im Islam schon früh die Bedeutung einer heiligen Stadt erlangt.

Mit einem negativ klingenden Decknamen wird Jerusalem in der Endzeit zur Zeit des Antichrist bedacht. Hier werden die zwei predigenden Zeugen Gottes vom Antichrist getötet. In Offenbarung 11,8 heißt es: *»Und ihre Leichname werden in der großen Stadt auf der Straße liegen – in der Stadt, die ›Sodom‹ und ›Ägypten‹ genannt wird, in der Stadt, in der ihr Herr gekreuzigt wurde.«*

Jerusalem wird z. B. in Matthäus 27,53 als »Heilige Stadt« bezeichnet, weil sie Jahwes Wohnort sein will. Leider aber geht es zurzeit in ihr nicht so geheiligt zu. Selbst unter christlichem Gewand konnte hier die Sünde regieren. Die Zuspitzung des Bösen in Jerusalem findet dann zur Zeit des Antichrist, dem »Sohn der Sünde«, statt. Erst wenn dieser von Jesus besiegt ist und Christus im tausendjährigen Friedensreich herrscht, wird diese Stadt mit Recht eine heilige Stadt genannt werden. Jerusalem wird dann noch mit zusätzlichen Namen bedacht. So steht in Jeremia 3,17: *»Zu der Zeit wird man ganz Jerusalem als* ***Thron des HERRN*** *bezeichnen. Dann werden alle Völker in dieser Stadt zusammenkommen und mich anbeten. Sie werden nicht weiterhin das tun, was ihr böser Wille ihnen eingibt zu tun.«* Oder in Hesekiel 48,35: *»Und von diesem Tag an soll der Name der Stadt sein: Hier ist der HERR* (hebr.: *Jahwe Schamma*).« Der Name »Allah« und der Islam werden dann vergessen sein.

Wenn nach Gottes Plan diese Welt zerstört wird (2Petr 3), dann wird auch die Stadt Jerusalem auf Erden – nachdem die Stadt Gottes ihren Zweck erfüllt hat – vergehen. Gott schafft einen neuen Himmel und eine neue Erde, so lesen wir in Offenbarung 21. In Vers 2f beschreibt der Seher Johannes das neue Jerusalem: »*Und ich sah die heilige Stadt, das neue Jerusalem, von Gott aus dem Himmel herabkommen ...*«

Ab Vers 9 wird diese, dann ewig bestehende Stadt, wirklich die Stadt des Friedens sein, weil Gott und Jesus Christus bei den darin wohnenden Erlösten leben. Schon Abraham sehnte sich danach: »*Abraham konnte so handeln, weil er auf eine Stadt mit festem Fundament wartete, deren Bauherr und Schöpfer Gott selbst ist*« (Hebr 11,10).

C) Jerusalems Erwählung durch Jahwe

> *»Groß ist der HERR und sehr zu loben in der Stadt unseres Gottes, hoch auf seinem heiligen Berg gelegen!« (Ps 48,2)*

Ursprünglich war Jerusalem eine heidnische Stadt. Gott selber sagt in Hesekiel 16,3: »*So spricht Gott, der HERR, zu Jerusalem: ›Dein Ursprung und deine Abstammung sind das Land Kanaan! Dein Vater war Amoriter, deine Mutter Hetiterin!*‹«

Aber dennoch ist der Herr der Gründer Jerusalems, wie es in Jesaja 14,32 gesagt ist: »*Sagt ihnen, dass der HERR Jerusalem gegründet hat und dass sein bedrängtes Volk dort Zuflucht findet*«.

Gott hat diese Stadt entstehen lassen, um sich darin anbeten zu lassen. Hier sollte und soll auch in Zukunft sein

Name – der Name Jahwe und sein Sohn Jesus Christus – angebetet werden. In 2. Chronik 6,6 wird dem Volk Israel Gottes Wille in dieser Hinsicht mitgeteilt. *»Aber Jerusalem habe ich erwählt, dass mein Name dort sei«* (Elb).

Die Erwählung Jerusalems als Hauptstadt und die Erwählung Davids zum König Israels stehen in einem engen Zusammenhang: *»… um meines Dieners David und um Jerusalems, meiner erwählten Stadt, willen«* (1Kön 11,13).

Jerusalem blieb auch während der babylonischen Gefangenschaft der Ort, in dessen Richtung gebetet wurde. Daniel 6,11 berichtet über Daniels Gebetspraxis: *»Daniel wusste, dass dieses Gesetz vom König erlassen worden war. Er ging in das obere Stockwerk seines Hauses, wo er die Fenster, die nach Jerusalem zeigten, immer geöffnet hielt. Trotz des Verbotes kniete er sich nieder, dankte und lobte Gott und flehte ihn an, wie er es auch sonst dreimal täglich machte.«*

Den Grund seines Betens Richtung Jerusalem finden wir in 2. Chronik 6,36-39: *»Wenn sie gegen dich sündigen – denn welcher Mensch wäre ohne Sünde? – dann wirst du vielleicht zornig sein über sie und sie ihren Feinden ausliefern, die sie in ein fremdes Land verschleppen, es sei nah oder fern. … Wenn sie sich dann von ganzem Herzen und von ganzer Seele im Land ihres Exils, in das sie gebracht wurden, wieder dir zuwenden und* zu dem Land *hingewandt beten, das du ihren Vorfahren geschenkt hast,* und zu dieser Stadt, *die du erwählt hast,* und zu diesem Haus, *das ich zur Ehre deines Namens gebaut habe, dann höre ihre Gebete im Himmel, wo du wohnst.«*

Interessant ist, dass, wenn Muslime z. B. auf dem Tempelplatz zu Allah beten, sie sich in Richtung Mekka verneigen, wo ihr höchstes Heiligtum, die Kaaba steht: Den Rücken aber weisen sie der Stelle auf dem Tempelplatz zu, wo einst das jüdische Heiligtum stand.

Auch nach der babylonischen Gefangenschaft sieht Gott Jerusalem als seine erwählte Stadt. Als der Teufel den aus dem

Exil zurückgekehrten Hohenpriester Jeschua vor Gott verklagte, sprach Gott diesen frei: »*Und der HERR sprach zum Satan: ›Ich, der HERR, weise deine Klagen zurück, Satan. Ja, der HERR, der Jerusalem erwählt hat, weist deine Klagen zurück*‹« (Sach 3,2).

Nach der sichtbaren Wiederkunft Jesu Christi wird seine Herrschaft im Tausendjährigen Friedensreich über die ganze Welt gehen – von Jerusalem aus. Schon der Engel Gabriel sagte bei der Geburtsankündigung Jesu in Lukas 1,32-33: »*Er wird groß sein und Sohn des Allerhöchsten genannt werden. Gott, der Herr, wird ihn auf den Thron seines Vaters David setzen. Er wird für immer über Israel herrschen, und sein Reich wird niemals untergehen!*« Der Thron Davids stand ja bekanntlich in Jerusalem. Also wird auch Jesus Christus einmal von dort aus regieren.

Ungefähr 1100 Jahre lang war Jerusalem die Hauptstadt des Reiches Israel bzw. Juda (von 965 v. Chr. bis 70 n. Chr.). Danach waren die Juden fast 2000 Jahre in alle Welt zerstreut. In der Gegenwart kehren sie aus der Zerstreuung in das Land ihrer Väter zurück. Jerusalem ist nun wieder die Hauptstadt Israels. Eine Stadt, die heiß umstritten und von den umliegenden Völkern begehrt ist. Aber die Verheißungen Gottes bleiben für Israel bestehen. »*Denn der HERR hat Jerusalem erwählt, er hat es sich ausgesucht, um dort zu wohnen. Er sprach: ›Dies ist mein Haus, in dem ich für immer wohnen will. Hier will ich mich niederlassen, denn dies ist der Ort, den ich mir ausgesucht habe*‹« (Ps 132,13-14).

D) Jerusalem – Heilsmittelpunkt Gottes auf Erden

»Ich habe euch meine Gerechtigkeit nahegebracht, sie ist nicht fern. Meine Rettung wird sich nicht verzögern. Ich bringe Jerusalem Rettung und schenke Israel meine Herrlichkeit.«

(Jes 46,13)

Diese Verheißung hat der Jahwe für Israel gegeben, und zwar durch Jesaja, der ca. 700 Jahre vor Christus gelebt hat.

Nun behaupten muslimische Führer, dass ihnen von Allah Jerusalem zugesprochen worden sei. Allah aber ist nicht der Gott der Bibel. Außerdem ist der Islam erst im 7. Jahrhundert n. Chr. entstanden (also 1400 Jahre nach Jesaja). Aber immer wieder wird von islamischer Seite die Ansicht vertreten, dass es keinen historischen Beweis gäbe, der den Anspruch der Juden auf die Stadt Jerusalem und das Land Israel untermauern könnte.

So erklärte etwa der Mufti von Jerusalem, Ekrima Sa'id Sabri, das Oberhaupt der islamischen Religionsgemeinschaft im Gebiet der Palästinenser: »Allah hat uns Muslimen Jerusalem gegeben, als Abraham Ismael opfern sollte. Es war nicht Isaak, der geopfert werden sollte, sondern Ismael, nach Abraham Stammvater der Muslime, denn der Koran ist älter als die Bibel.«

Hier werden zwei Lügen verbreitet: Erstens ist die Bibel viel älter als der Koran. Das Alte Testament wurde lange Zeit vor Christus fertig gestellt, der Koran aber erst im 7. Jahrhundert n. Chr. Zweitens sollte nicht Ismael auf dem Berge Morija geopfert werden, sondern Isaak. Ismael war von der Magd Hagar geboren. Er wurde noch zu Lebzeiten Abrahams von ihm weggeschickt (1Mose 21,9f). Gott wollte, dass Isaak (dessen Mutter Sara war) Erbe und Segensträger wird (Vers 12b).

In 1. Mose 22,2.12 wird Isaak als der einzige legitime, von Gott verheißene Sohn bezeichnet. Und dieser Sohn sollte Abraham auf dem Gebirge Morija opfern, wo später der Tempel gebaut werden würde.

Nachdem Abraham Glaubensgehorsam gezeigt hatte, befahl Gott nicht den Sohn, sondern einen Widder als Schlachtopfer zu bringen. Damit beginnt Gottes Heilshandeln an diesem Ort, der mit Jerusalem identisch ist.

Schon rein geografisch könnte man Jerusalem als Mittelpunkt der Erde bezeichnen. Israel liegt ja im Schnittpunkt dreier Kontinente: Asien, Afrika, Europa. Auch in Hesekiel 5,5 können wir lesen: »*So spricht Gott, der HERR: ›Dies ist Jerusalem. Ich habe es mitten unter die Völker und die Länder ringsherum gesetzt.*‹«

Dazu noch ein Wort aus Hesekiel 38,12b: »*... ein Volk ..., das aus vielen Völkern zusammengeführt wurde. ... und wohnt am Nabel der Erde*«.

Besonders aber ist Jerusalem besonders Mittelpunkt des göttlichen Heilshandelns:

- Hier hatte Abraham für Gott seinen Sohn Isaak (letztlich innerlich) geopfert. Dies ist eine Vorschattung auf das, was Gott mit seinem Sohn Jesus Christus in Jerusalem auf Golgatha geschehen ließ.
- Hier hat König David (Jesu irdischer Vorfahr) gelebt, regiert und Gott gedient (ca. 1000 Jahre v. Chr.).
- Hierher hat David die Stiftshütte (Vorläuferin des Tempels) geholt. Hier wurden Jahwe die Opfer gebracht, und sein Name wurde hier verehrt und angebetet.
- In Jerusalem standen die Tempel Jahwes, die jeweils von den Feinden zerstört wurden (586 v. Chr. durch die Babylonier unter Nebukadnezar und 70 n. Chr. durch die Römer).
- In dieser Stadt Jerusalem (im Tempel) hat Jesus schon als Zwölfjähriger mit den Schriftgelehrten diskutiert (Lk 2,41f), und als Erwachsener hat er hier gepredigt.

- Hier litt Jesus und wurde schließlich ans Kreuz genagelt und in ein Grab gelegt.
- Hier ist Jesus auch auferstanden.
- Vom Jerusalemer Ölberg aus ist er in den Himmel aufgestiegen.
- In Jerusalem wurde der Heilige Geist ausgegossen.
- Auch ist direkt danach die Gemeinde Jesu Christi entstanden (Apg 2).
- Auf dem Ölberg wird Jesus Christus wiederkommen (Sach 14).
- In Jerusalem wird Jesus Christus als König regieren (Lk 1,31-33).
- Alle Völker werden nach Jerusalem kommen, um hier den wahren Gott anzubeten: »*Doch alle Überlebenden aus den Völkern, die Jerusalem angegriffen haben, sollen jedes Jahr nach Jerusalem hinaufziehen, um den König, den allmächtigen HERRN, anzubeten …*« (Sach 14,16).

Der Name »Allah« wird dann nicht mehr genannt werden. Der Islam wird vergessen sein, da die Völker den Einen anbeten, der mit diesem Namen genannt werden will. Es ist der HERR (Jahwe) und sein Sohn Jesus Christus, der Träger dieses erhabenen Gottesnamens ist. In Sacharja 14,9 steht: »*Und der HERR wird König über die ganze Erde sein. An jenem Tag wird der HERR der einzige Gott sein und sein Name allein wird angebetet werden*«.

Auch in Jeremia 12,16 wird deutlich, dass nur der eine Name Gottes gültig sein wird: »*Und wenn diese Nachbarvölker dann die Lebensweise und den Glauben meines Volkes annehmen, wenn sie lernen, bei meinem Namen zu schwören und zu sprechen: ›So wahr der HERR lebt‹ … ›dann sollen sie in mein Volk eingegliedert werden‹*«.

E) Jerusalem – der Thron des HERRN

Der Königsthron in Israel wurde und wird auch später in der Bibel »Thron des HERRN« (Jahwes) genannt. So in 1. Chronik 29,23: *»So bestieg Salomo den Thron des HERRN anstelle seines Vaters David«*. Die Königin von Saba, die Salomo besuchte, sprach diese anerkennenden Worte: *»Der HERR, dein Gott, sei gepriesen, der Freude hat an dir und hat dich auf den Thron gesetzt, damit du in seinem Namen herrschst«* (2Chr 9,8).

Im tausendjährigen Friedensreich, in dem Jesus Christus die Herrschaft ausübt, wird Jerusalem als Thron des Herrn bezeichnet, so in Jeremia 3,17: *»In jener Zeit wird man Jerusalem den Thron des HERRN nennen, und alle Nationen werden sich zu ihr versammeln wegen des Namens des HERRN in Jerusalem.«* (Elb)

Die Herrschaft Jesu Christi möchte Satan aber verhindern. Er selbst will herrschen – auch von Jerusalem aus, wo der Antichrist einmal sieben Jahre sein Unwesen treiben wird (Dan 9,27). Wie einst Luzifer den Thron Gottes im Himmel einnehmen wollte und Gott es ihn nicht gelingen ließ, so versucht er auch den Thron Gottes auf Erden, Jerusalem, einzunehmen – deshalb der Kampf um die Stadt Jerusalem!

Im Bild des Königs zu Babel wird in Jesaja 14,12-14 vom Sturz Luzifers berichtet: *»Wie bist du doch vom Himmel herabgestürzt, du strahlender Stern* (lat.: Luzifer), *Sohn des Morgens! Du wurdest jäh auf die Erde geschleudert, du Völkerbezwinger! Denn du dachtest dir: ›Ich werde zum Himmel aufsteigen und mir einen Thron über den Sternen Gottes machen. Ich werde weit im Norden auf dem Berg der Versammlung sitzen. Ich werde in die Wolken aufsteigen und mich dem Höchsten gleichmachen.‹«*

Satans Kampf um den Heilsmittelpunkt Gottes (Jahwes) auf Erden – Jerusalem – wird noch zunehmen. Vor der Wiederkunft Jesu Christi wird eine satanische Dreieinigkeit alle

Völker zum Krieg gegen Israel aufhetzen (Offb 16,12-16): der Drache (= der Teufel), das Tier (= der Antichrist) und der falsche Prophet. Die ganze Welt wird sich dann aufmachen, sich bei Harmagedon (in der Jesreel-Ebene) sammeln, um dann gegen Jerusalem vorzugehen. Jesus Christus aber kommt dann Israel zu Hilfe (Sach 14,2ff).

Sogar noch nach der tausendjährigen Gefangenschaft Satans im Abgrund (Offb 20,1ff) versucht er, nun zum letzten Mal, Jerusalem einzunehmen. Aber er und alle Angreifer werden zur ewigen Strafe in den Feuersee geworfen.

Wer diese biblischen Tatsachen kennt, versteht auch besser, worum es bei den Auseinandersetzungen im Nahen Osten geht.

F) Beten für Jerusalem

»Ich freute mich, als sie zu mir sagten:
›Wir wollen zum Haus des HERRN gehen!‹
Nun stehen wir hier
in deinen Toren, Jerusalem.
Jerusalem ist eine herrliche Stadt,
in wunderbarer Schönheit angelegt.
Alle Stämme Israels – die Stämme des HERRN –
kommen als Pilger hierher.
Sie kommen, um den Namen des HERRN zu loben,
wie das Gesetz es vorschreibt.
Hier stehen die Throne,
von denen Recht gesprochen wird,
die Throne des Königshauses David.
Betet um Frieden für Jerusalem!
Gut gehen soll es allen, die dich lieben.
Friede herrsche in deinen Mauern, Jerusalem,
und Wohlstand in deinen Palästen.

Um meiner Familie und meiner
Freunde willen sage ich:
›Friede sei mit dir.‹
Um des Hauses des HERRN willen, unseres Gottes,
will ich dein Bestes suchen, Jerusalem.

(Ps 122)

Jerusalem wird einmal eine wirklich heilige Stadt und eine Stadt des Friedens sein, wenn der Herr König sein wird. Heil und Segen, an dem alle Völker teilhaben werden, wird dann von ihr ausgehen: »*Wegen Zion kann ich nicht schweigen. Wegen Jerusalem werde ich nicht ruhen. Ich werde nicht aufhören, bis ihre Gerechtigkeit wie die Morgenröte anbricht und ihr Heil wie eine brennende Fackel leuchtet. Die Völker werden dann deine Gerechtigkeit sehen und alle Könige deine Herrlichkeit. Man wird dich bei einem neuen Namen nennen, den der HERR aussuchen wird*« (Jes 62,1-2).

Bis es aber so weit ist, werden die Gläubigen von Gott aufgefordert, sich betend für die Stadt und ihre Bewohner einzusetzen! In Jesaja 62,6-7 sagt Gott: »*O Jerusalem, ich habe Wächter über deine Mauern gestellt, die fortdauernd bei Tag und Nacht nicht schweigen werden. Ihr, die ihr den HERRN an seine Zusagen erinnert, gönnt euch keine Ruhepause. Lasst dem HERRN keine Ruhe, bis er Jerusalem wieder gegründet und auf der ganzen Welt zum Lobpreis gemacht hat.*«

IV.
Es geht um den Tempelplatz in Jerusalem

»Groß ist der HERR und sehr zu loben in der Stadt unseres Gottes, hoch auf seinem heiligen Berg gelegen!«

(Ps 48,2)

Der Tempelberg in Jerusalem hat eine lange Geschichte, die mit dem jüdischen Volk eng verknüpft ist. Dies wird jedoch von muslimischer Seite bestritten. Der Mufti von Jerusalem, Ekrima Sa'id Sabri, stellte die Behauptung auf, dass es auf dem Tempelplatz und auch in ganz Jerusalem keinen einzigen Stein gäbe, der auf eine jüdische Vergangenheit hinweisen würde. Archäologische Funde und alte Schriften beweisen aber das Gegenteil. Besonders die Bibel als Gottes Wort macht das deutlich. Eine Fülle von Aussagen bestätigt die jüdische Vergangenheit dieses Berges. (Den Tempelberg nennen die Araber *Haram al-Sharif* = das erhabene Heiligtum.)

Auch der Koran, das heilige Buch des Islam, gibt, wie bereits ausgeführt, in seinem Urtext keinen Hinweis auf den Tempelplatz in Jerusalem.

Es gibt sogar Christen, die die Ansprüche der Muslime auf das Gebiet Jerusalems und des Tempelberges akzeptieren. Anscheinend kennen sie weder die historischen Hintergründe noch die biblischen Aussagen. Das ganze Alte Testament spricht vom jüdischen Tempel, der auf diesem Berg stand. Auch im Neuen Testament wird der Tempel als Mittelpunkt des geistlichen Lebens der Juden gezeigt. Jesus war ja als Mensch ein Jude. Schon als 12-jähriger Junge sagte er zu seinen Eltern, als diese ihn gesucht hatten: »*Ihr hättet doch wissen müssen, dass ich im Haus meines Vaters bin*« (Lk 2,49).

Allah ist nicht der Vater Jesu Christi. Denn der Koran behauptet an einigen Stellen, dass Allah keinen Sohn hat. Wenn Jesus von seinem Vater sprach, dann meinte er immer Jahwe, der auch der Gott Israels genannt wird.

Nun hat es Gott aber wegen des Ungehorsams Israels zugelassen, dass es seit fast 2000 Jahren diesen jüdischen Tempel nicht mehr gibt. Gott lässt es auch zu, dass auf dem Platz, wo sein Heiligtum stand, ein fremder Gott angebetet wird, aber auch dieser Zustand wird sich nach dem Plan Gottes ändern. Jahwe verheißt in Micha 4,1-2 für die Endzeit: »*Aber in den letzten Tagen wird der Tempelberg alle anderen Berge an Größe und Höhe überragen. Es werden dann Menschen aus allen Nationen zu ihm herbeiströmen. Viele Völker werden sich auf den Weg machen und einander zurufen: ›Kommt, wir wollen auf den Berg des HERRN steigen, zum Tempel des Gottes Israels. Dort wird er uns seine Wege lehren, damit wir so leben, wie er es möchte.‹*«

Mit diesen Aussagen wird deutlich gemacht, dass nicht ein Gott namens Allah auf dem Tempelberg verehrt wird, sondern allein der Gott Israels.

A) Die Geschichte des Tempelberges in Jerusalem und die verschiedenen Tempel Jahwes

1) Die Stiftshütte (oder «Zelt der Begegnung«)

Dieser transportable Tempel wurde mit ins verheißene Land genommen und stand zunächst in Silo und in Gibeon, wo auch der junge Salomo opferte (1. Könige 3). Erst König David holte die Bundeslade nach Jerusalem und stellte sie in ein neu erbautes Zelt (1Chr 15).

2) Der Tempel Salomos in Jerusalem

Nach Gottes Willen sollte Israel alle heidnischen Götterbilder, Altäre und Orte der Götterverehrung vernichten. Sein Volk sollte nicht auf diese Art und Weise dem Herrn dienen. Gott selbst wollte einen Ort bestimmen, wo sein Heiligtum stehen sollte: *»Bringt eure Opfer auf keinen Fall an irgendeinem beliebigen Ort dar, sondern ausschließlich an dem Ort, den sich der Herr zu diesem Zweck in einem eurer Stammesgebiete auserwählen wird. Dort sollt ihr eure Brandopfer darbringen und all das tun, was ich anordne«* (5Mose 12,13-14).

Nun kam eines Tages der Wunsch bei David auf, dem Herrn einen Tempel zu bauen. Als er davon dem Propheten Nathan erzählte, war dieser zunächst begeistert und sagte: *»Verwirkliche, was du vorhast, denn Gott ist mit dir«* (1Chr 17,2). Doch Gott offenbarte Nathan, dass es nicht seinem Willen entsprach, dass David den Tempel bauen sollte. Nathan musste also zum König gehen und ihm Gottes Plan mitteilen. *»Er* (Salomo) *ist es, der ein Haus zu Ehren meines Namens bauen wird«* (1Chr 22,10).

David sollte indessen am Tempelbau aber nicht unbeteiligt sein, er durfte dafür vorsorgen:

- Er sollte den Tempelplatz finden und kaufen (2Sam 24,1-25; 1Chr 21,1-30; 22,1). Der Tempelplatz ist die Dreschtenne des Jebusiters Arauna.
- Gott gab David durch den Geist den Plan für den Tempel (1Chr 28,11f). So hatte Salomo das Modell, nach dem er bauen konnte.
- David besorgte das Baumaterial und die Handwerker (1Chr 22,1-5; 29,1-5).

Die Dreschtenne Araunas, die nun vergrößert wurde, lag auf dem Berg Morija, wo seinerzeit Abraham seinen Sohn Isaak opfern sollte (1Mose 22,1f).

In 2. Chronik 3,1 lesen wir: »*So begann Salomo mit dem Bau des Hauses des HERRN auf dem Berg Morija in Jerusalem, wo der HERR seinem Vater David erschienen war. Es wurde auf dem Land des Jebusiters Arauna errichtet, an dem Ort, den David dafür bestimmt hatte.*«

Der Architekt des Tempels hieß Hiram und stammte aus Tyrus (1Kön 7,13-14).

In 1. Könige 6,1 lesen wir, dass mit dem Bau des Tempels 480 Jahre nach dem Auszug aus Ägypten begonnen wurde. Die Bauzeit dauerte sieben Jahre (1Kön 6,38). Im Jahr 955 v. Chr. wurde der Tempel dann feierlich eingeweiht (1Kön 8).

Gott antwortete auf das Einweihungsgebet Salomos: »*Ich habe dieses Haus, das du erbaut hast, erwählt, sodass dort für immer mein Name wohnen wird. Meine Augen werden darüber wachen und ich werde mit meinem Herzen dort sein*« (1Kön 9,3).

Gott aber warnte Israel auch vor Abfall im Glauben und Götzendienst. Er drohte die Vertreibung Israels und die Zerstörungen des Tempels an (1Kön 9,6-9).

Nachdem der Tempel 370 Jahre bestanden hatte, wurde er durch die babylonischen Truppen Nebukadnezars im Jahr 587 v. Chr. zerstört. Das Volk Juda wurde für 70 Jahre in die babylonische Gefangenschaft geführt. In Jeremia 25 wird dieses Strafgericht angekündigt, und in 2. Könige 25 wird über die Zerstörung des Tempels und die Wegführung Judas berichtet.

Die vertriebenen Juden, die kein Heiligtum mehr besaßen, beteten im Exil in Richtung Jerusalem und Tempelberg (siehe Dan 9,20).

3) Der zweite Tempel – nach der babylonischen Gefangenschaft

Nachdem die Babylonier von Medo-Persien besiegt worden waren und die siebzigjährige Gefangenschaft der Juden zu Ende ging, gebrauchte Gott den König Kyrus von Persien als Werkzeug für eine Rückkehr ins Land der Väter.

Er ließ schriftlich in seinem ganzen riesigen Reich bekannt machen: *»So spricht Kyrus, der König von Persien: ›Der HERR, der Gott des Himmels, hat mir alle Königreiche der Erde gegeben. Nun hat er mich dazu bestimmt, ihm in Jerusalem in Juda ein Haus zu errichten. Wer unter euch seinem Volk angehört – sein Gott sei mit ihm! – soll nach Jerusalem in Juda hinaufziehen, um das Haus des HERRN, des Gottes Israels, zu bauen. Denn er ist der Gott, der in Jerusalem wohnt«* (Esra 1,2-3).

Kyrus machte also deutlich, dass der eine und wahre Gott in Jerusalem Jahwe ist, und dies ist Teil der *jüdischen* Geschichte des Tempelplatzes, nicht der muslimischen.

Interessant ist auch, dass bereits Jesaja in Kapitel 44,28 König Kyrus ca. 180 Jahre im Voraus nennt: *»Ich bin der HERR, der zu Kyrus ›mein Hirte‹ sagt. Alles, was ich will, wird er ausführen. Ich bin der Herr, der zu Jerusalem spricht: ›Werde wieder aufgebaut!‹ und zum Tempel: ›Werde wieder neu gegründet!‹«*

Im Buch Esra wird ab Kapitel 3 vom Bau des zweiten Tempels berichtet. Die jüdischen Verantwortlichen für dieses Projekt waren der Hohepriester Jeschua und Serubbabel, der der Enkel des judäischen Königs Jojachin war.

Es wird aber auch berichtet, dass das Bauvorhaben seitens der Widersacher Judas stark behindert wurde, und zwar durch die Menschen, die die Assyrer im Gebiet der vertriebenen zehn Stämme Israels angesiedelt hatten (2Kön 17) und später als Samaritaner bezeichnet wurden (Vgl. Esra 4).

Zunächst wollten diese sich am Tempelbau beteiligen: »*Wir möchten mit euch bauen, denn wie ihr halten auch wir uns zu eurem Gott*« (Esra 4,2). Die verantwortlichen Juden aber lehnten dies ab, weil Gott jede heidnische Verbindung untersagt: »*Es steht euch nicht zu, mit uns das Haus unseres Gottes zu bauen. Wir allein werden das Haus für den HERRN, den Gott Israels, bauen, wie König Kyrus von Persien es uns aufgetragen hat*« (Esra 4,3).

Auch in unserer heutigen Zeit geht der Trend dahin, dass viele Christen die Gemeinde Jesu Christi mit Hilfe Ungläubiger, Andersgläubiger und mit den Methoden und dem Geist der Welt bauen wollen. In 1. Johannes 2,15 wird aber gewarnt: »*Hört auf, diese Welt und das, was sie euch anbietet, zu lieben!*« Und in 2. Korinther 6,14.16 werden die Christen zur Absonderung von dem angehalten, was dem Herrn zuwider ist: »*Macht nicht gemeinsame Sache mit Ungläubigen. Und welche Gemeinschaft kann zwischen dem Tempel Gottes und Götzenbildern bestehen?*«

Trotz der Behinderungen durch Judas Widersacher wurde der zweite Tempel schließlich fertig gestellt: »*Sie bauten und vollendeten, wie der Gott Israels es geboten hatte … Dann wurde das Haus Gottes zur Freude der Israeliten, der Priester, der Leviten und der anderen Verbannten geweiht*« (Esra 6,14.16).

Diese Einweihung des zweiten Tempels, der nicht so groß und schön war wie der erste (Esra 3,12), geschah am dritten Tag des Monats Adar 515 v. Chr., genau 70 Jahre nach der Zerstörung des ersten Tempels.

Die Bundeslade war anscheinend nicht mehr vorhanden, demnach war das Allerheiligste im Tempel wohl leer. Auch erschien die Herrlichkeit Gottes nicht wahrnehmbar wie bei der Einweihung der Stiftshütte. Über drei Jahrhunderte vergingen nun, in denen die Juden im zweiten Tempel ihre Gottesdienste abhielten, bis im Jahr 169 v. Chr. Antiochus IV. Epiphanes von Syrien Jerusalem einnahm, den Tempel entweihte und plünderte. So kann man es in den Apokryphen in 1. Makkabäer 1 nachlesen. Er schaffte die jüdischen Gottesdienste ab, gebot, heidnische Gebräuche anzunehmen, und befahl, Schweinefleisch zu opfern, was Gott dem Volk Israel verboten hatte. Der Tempel in Jerusalem wurde dem Zeus Olympios geweiht, und die heidnischen Besatzer verkehrten in ihm mit Huren (2. Makkabäer 6).

Während dieser Zeit von 175 bis 164 v. Chr. opponierte der Priester Mattathias aus Modin mit einigen Getreuen gegen die Fremdherrschaft des Antiochus IV. Epiphanes (der als ein Vorläufer des Antichrist angesehen werden kann). Nach dem Tod des Mattathias setzten seine fünf Söhne den Kampf fort. Unter ihnen tat sich besonders Judas hervor, der »Makkabäus« (= »Hammer«) genannt wurde. Ihm gelang es, Jerusalem zu befreien. Danach ließ er im Jahr 165 v. Chr. den Tempel wieder für Jahwe weihen. Dieses Tempelweihfest wurde noch zur Zeit Jesu gefeiert (Joh 10,22).

Als die Römer 63 v. Chr. Jerusalem eroberten, betrat ihr Feldherr Pompeius das Allerheiligste im Tempel, ließ aber den Tempelschatz unberührt.

Herodes der Große (der Kindermörder von Bethlehem) starb im Jahre 4 v. Chr. Er war Idumäer (Edomiter) von Geburt und hatte eine Vorliebe für griechische Kultur und prachtvolle Bauten. Er ließ den Tempel nach und nach umbauen und vergrößern. In Johannes 2,20 steht, dass dies innerhalb von 46 Jahren geschah. Die alte Burg »Baris« aus der Makkabäerzeit, die direkt an das Tempelgebiet angrenzte, wurde ebenso umgebaut und erhielt den Namen »Antonia«, zu Ehren des römischen Feldherrn Marcus Antonius.

Jesus Christus hat in den Hallen des Tempels oft sein Evangelium verkündigt. In Markus 14,49 sagt Jesus zu denen, die ihn im Garten Gethsemane gefangen nahmen: »*Warum habt ihr mich nicht im Tempel festgenommen? Ich war doch jeden Tag dort und habe gelehrt.*« Und bei der Vertreibung der Händler aus dem Tempel tadelte er: »*In der Schrift steht:*

›Mein Haus soll ein Ort des Gebets sein‹, aber ihr habt eine Räuberhöhle daraus gemacht!« (Mt 21,13 in Bezugnahme auf Jer 7,11). Auch die Apostel und die ersten Christen trafen sich anfangs im Tempel zur Wortverkündigung: »*Gemeinsam beteten sie täglich im Tempel zu Gott«* (Apg 2,46).

Doch auch die Zeit des zweiten Tempels sollte zu Ende gehen. Jesus sagt ein furchtbares Gericht über die Stadt Jerusalem und den zweiten Tempel voraus. Der Grund war die Ablehnung Jesu als Messias. In Lukas 13,34 sagt er klagend und mit tiefem Schmerz im Herzen: »*Jerusalem, Jerusalem, du Stadt, die Propheten tötet und die Boten Gottes steinigt! Wie oft wollte ich deine Kinder sammeln, wie eine Henne ihre Küken unter ihren Flügeln birgt, aber du wolltest es nicht zulassen. Und nun sieh doch: Dein Haus wird veröden. Und du wirst mich nicht wieder sehen, bis du selbst rufst: ›Gepriesen sei, der da kommt im Namen des Herrn!‹«*

Als die Jünger zusammen mit Jesus eine Tempelbesichtigung vorgenommen hatten, sprach er zu ihnen: »*Seht ihr diese Gebäude? Ich versichere euch: Sie werden alle zerstört werden, sodass kein Stein auf dem anderen bleibt«* (Mt 24,2).

Im Jahre 70 n. Chr. erfüllte sich Jesu Voraussage buchstäblich. Als die Juden einen Aufstand gegen die römische Besatzungsmacht inszenierten, wurden sie durch den Feldherrn Titus, der bald danach römischer Kaiser wurde, besiegt. Dabei wurde der Tempel verbrannt, die Mauern der Stadt zerstört. Über eine Million Juden wurden getötet und 97 000 in die Sklaverei verkauft.

Der Zeitzeuge Flavius Josephus hat dies alles in seinem Buch »Der jüdische Krieg« niedergeschrieben. Und in Rom kann man auf dem Titusbogen des Forum Romanum die bildliche Darstellung der Wegführung der Juden mit den Tempelgeräten betrachten.

Nach dem zweiten jüdischen Aufstand der Juden unter Bar Kochba (132-135 n. Chr.) ließ Kaiser Hadrian auf dem Tempelplatz einen Jupitertempel errichten. Kein Jude durfte mehr die Stadt und den Platz betreten. Daniel hat schon ca. 600 Jahre zuvor diese Katastrophe für die Juden angekündigt (Dan 9,26).

An die Zerstörung des Tempels in Jerusalem erinnert man sich heutzutage bei jeder jüdischen Hochzeitszeremonie, bei der der Mann ein leeres Glas auf den Fußboden legt und zertritt.

Jerusalem erlebte nach dem Jahr 70 n. Chr. noch einige wechselnde Herrschaftsperioden. Im Jahr 637 wurde die Stadt von den Arabern eingenommen. Die Kreuzfahrer kamen 1099; ihnen entriss Sultan Saladin 1187 Jerusalem wieder. Nach wiederum wechselnden Herrschaftsverhältnissen stand die Stadt ab 1517 dann unter türkischer (osmanischer) Herrschaft, bis die Engländer sie 1917 eroberten und bis zur Gründung des Staates Israel im Jahr 1948 ihr Mandat für Jerusalem ausübten.

Unter arabisch-muslimischer Herrschaft wurde von 687 bis 691 der Felsendom erbaut, der nach Mekka und Medina für die Muslime als drittwichtigstes Heiligtum gilt. Auf demselben Platz, wo einst der Tempel stand, wurde von 709 bis 715 die Al Aqsa-Moschee errichtet.

Für die Juden aber blieb nur die die so genannte Klagemauer, von den Juden »Westliche Mauer« genannt, für ihre gottesdienstlichen Zwecke übrig. Sie gehört zur Umfassungsmauer des alten Tempelbezirks und hat mit dem Tempelgebäude selbst keine Verbindung. An dieser Klagemauer wurde und wird besonders der Verlust des jüdischen Tempels beweint. Seit 1967, als die Hauptstadt von Jerusalem von den Israelis erobert wurde, ist sie zu einem geistlichen Mittelpunkt des Judentums geworden.

Unter der jordanischen Herrschaft über Ost-Jerusalem von 1948 bis 1967 war den Juden sogar der Zugang zur Klagemauer versperrt.

B) Geheiligte Menschen als Tempel Gottes

Bis in die Gegenwart hinein mussten die Juden ohne ein Tempelgebäude auskommen. Jesus sagte dies voraus und kündigte etwas Neues dabei an. In Johannes 4,21-22; LÜ sagt Jesus zu der samaritanischen Frau in der Stadt Sychar: »*Jesus spricht zu ihr: Glaube mir, Frau, es kommt die Zeit, daß ihr weder auf diesem Berge noch in Jerusalem den Vater anbeten werdet. Ihr wißt nicht, was ihr anbetet; wir wissen aber, was wir anbeten; denn das Heil kommt von den Juden.*«

Mit dem Heil meint Jesus sich selbst und stellt sich dieser Frau (in den Versen 25 und 26) als Messias (Christus) vor. Seine Gemeinde, die er gründet, benötigt kein Gebäude als Heilsmittelpunkt. In den Versen 23 und 24 sagt er: »*Aber die Zeit kommt, ja sie ist schon da, in der die wahren Anbeter den Vater im Geist und in der Wahrheit anbeten. Der Vater sucht Menschen, die ihn so anbeten. Denn Gott ist Geist; deshalb müssen die, die ihn anbeten wollen, ihn im Geist und in der Wahrheit anbeten.*«

Durch den Heiligen Geist wohnt, nach dem Neuen Testament, Gott bei den Gläubigen. In Epheser 1,13 wird deutlich gemacht, wer den Heiligen Geist erhält und wie man ihn bekommt: »*Und nun habt auch ihr die Wahrheit gehört, die gute Botschaft, dass Gott euch rettet. Ihr habt an Christus geglaubt, und er hat euch mit dem Siegel seines Heiligen Geistes, den er vor langer Zeit zugesagt hat, als sein Eigentum bestätigt.*«

Es sind nun Menschen, die Tempel und Wohnung Gottes sind:

1) Jesus sah seinen Leib als Tempel Gottes

In Johannes 2,19f sprach Jesus von dem »Tempel seines Leibes«, der durch den Tod am Kreuz zerstört werden, aber nach drei Tagen wieder auferstehen sollte, was sich dann auch so erfüllte. In 2. Korinther 5,19 lesen wir: »*Gott war in Christus*« und in Kolosser 2,9: »*Denn in Christus lebt die Fülle Gottes in menschlicher Gestalt*«.

2) Der Leib des Christen als Tempel Gottes

1. Korinther 6,18-19: »Deshalb haltet euch fern von aller Unzucht! Keine andere Sünde hat so große Auswirkungen auf den Körper wie diese, denn Unzucht ist eine Sünde gegen den eigenen Körper. Oder wisst ihr nicht, dass euer Leib ein Tempel des Heiligen Geistes in euch ist, der in euch lebt und euch von Gott geschenkt wurde? Ihr gehört nicht euch selbst.«

1. Korinther 3,16-17: »*Erkennt ihr denn nicht, dass ihr der Tempel Gottes seid und dass der Geist Gottes in euch wohnt? Gott wird jeden ins Verderben stürzen, der diesen Tempel verdirbt. Denn Gottes Tempel ist heilig, und ihr seid dieser Tempel.*«

3) Die Gemeinde Jesu Christi als Tempel Gottes

Epheser 2,21: »*Dieser Eckstein* (Christus) *fügt den ganzen Bau zu einem heiligen Tempel für den Herrn zusammen.*«

1. Petrus 2,5: »*Und nun lasst euch von Gott als lebendige Steine in seinen geistlichen Tempel einbauen.*«

Erst wenn die Gemeinde Jesu aus allen Nationen zu ihrem Herrn Jesus Christus entrückt ist und Gott sich besonders seinem Volk, den Juden, zuwendet, wird es in Jerusalem wieder einen Tempel geben.

C) Ein jüdischer Tempel in antichristlicher Zeit?

Unter den orthodoxen Juden ist die Sehnsucht nach einem neuen Tempel in Jerusalem groß. In der Altstadt von Jerusalem kann man als Besucher im »Tempelinstitut« Geräte und Kleider für den Dienst in einem neuen Tempel betrachten. Auch soll es kleine Gruppen unter den Ultra-Orthodoxen geben, die Tieropfer eingeführt haben, obwohl ein Tempel noch nicht vorhanden ist. Viele hoffen, dass durch ein Erdbeben oder eine andere Katastrophe die Gebäude des Islam auf dem Tempelberg zerstört werden, damit sie dann den dritten Tempel errichten können. Vor Jahren sah sich der australische Christ Dennis Michael Rohan als Werkzeug Gottes und setzte die Al-Aqsa-Moschee in Brand, der jedoch wieder gelöscht wurde. Auch hat in der Vergangenheit die orthodox-jüdische Gruppe der »Getreuen des Tempelberges« eine symbolische Grundsteinlegung für einen neuen Tempelbau vorgenommen. Ihr Führer Gerschon Salomon verkündigte: »Es ist die größte Sünde unserer Zeit, den dritten Tempel nicht zu bauen.«

Andere religiöse Juden meinen, dass der Messias den Tempel errichten müsste und auch die dazugehörige Priesterschaft erwählen und einsetzen würde.

Viele Christen sind der Meinung, dass erst im Tausendjährigen Reich der dritte Tempel bestehen würde. Andere lehnen die Lehre vom Tausendjährigen Reich generell ab und somit auch die Erwartung eines neuen Tempels für die Juden. Sie sind der Meinung, dass es genüge, wenn Israel an Jesus glauben würde.

Wer sich einige Bibelstellen im Alten und im Neuen Testament näher betrachtet, müsste eigentlich zur Feststellung kommen, dass es zur Zeit des Antichrist einen dritten Tempel geben muss.

Schon heute befassen sich religiöse Juden mit dem Plan und dem Bau eines dritten Tempels. In der *Jerusalem Post* veröffentlichte Arutz Sheva einen Artikel mit folgendem Inhalt, der in der Zeitschrift »Christen für Israel« (Nr. 157) wiedergegeben wurde:

»Nach 1600 Jahren wurde in Israel wieder der Hohe Rat, Sanhedrin, gegründet. Er besteht wie zu alter Zeit aus 71 Mitgliedern, alles Rabbiner. Als ihr Vorsitzender *Nassi* (neutestamentlich »Hohepriester«) wurde der international anerkannte Talmud-Gelehrte und Israel-Preisträger Adin Steinsaltz gewählt. Sie decken das gesamte theologische Spektrum des heutigen Judentums ab.

Der Sanhedrin ist jedoch nicht mit dem heutigen Oberrabbinat in Israel identisch, an dessen Spitze zwei Oberrabbiner stehen. Er versteht sich vielmehr im biblischen Sinne als oberste jüdische Rechts- und Religionsbehörde für alle Juden der Welt.

Der Sanhedrin wurde erstmals zur Zeit Moses auf Weisung Gottes einberufen: ›Der Herr sprach zu Mose: Versammle mir 70 Männer unter den Ältesten Israels und führe sie zum Stiftszelt. Dort sollen sie sich aufstellen‹ (4Mose 11,16; Übersetzung im Originalzitat). Zur Zeit des Neuen Testaments gehörten neben Mitgliedern der Hohenpriesterfamilie Schriftgelehrte, Sadduzäer und Pharisäer zum Hohen Rat. Im Prozess gegen Jesus spielte er eine bedeutende Rolle: Er verhörte Jesus und forderte von Pilatus seinen Tod. Mit der Vertreibung (Exil) der meisten Juden löste er sich 425 n. Chr. auf.

Seine Entstehung heute hat die Wiederbelebung des jüdischen Glaubens zum Ziel, unter anderem die Vorbereitung für den Bau des dritten jüdischen Tempels. Der Sanhedrin berief ein Forum von jüdischen Architekten und Ingenieuren und beauftragte es, mit der Planung für den Neubau des jüdischen Heiligtums zu beginnen. Gleichzeitig rief er das jüdische Volk weltweit auf, durch geeignete Maßnahmen ›nach dem Vorbild König Davids‹ dafür Vorbereitungen zu treffen.«

In Daniel 9,24-27 wird von 70 Jahrwochen berichtet, die das Volk Israel und die Stadt Jerusalem betreffen. Eine Jahrwoche zählt sieben Jahre. Der Textzusammenhang ergibt, dass die Zeit vom Befehl zum Wiederaufbau Jerusalems (ca. 458 v. Chr.) bis zum Tod des Gesalbten (griech.: Christus, hebr.: Messias) 69 Jahrwochen umfasst. Dabei ist berücksichtigt, dass das Geburtsjahr Jesu etwa sieben Jahre vor der Zeitrechnung liegt. Die 70. Jahrwoche ist die Zeit des Antichrist, die noch in der Zukunft liegt. Zwischen der 69. Woche und der 70. Woche liegt die Zeit der Gemeinde, in der wir leben.

Die sieben Jahre des Antichrist werden uns in der Bibel in zwei Hälften gezeigt: je dreieinhalb Jahre oder 42 Monate bzw. 1260 Tage.

a) Die erste Hälfte der antichristlichen Zeit (dreieinhalb Jahre)

- Der Antichrist stellt sich Israel als Messias vor. Viele in Israel werden an ihn glauben (Joh 5,43).
- Er schließt einen Bund mit Israel (Dan 9,27).
- Er lässt zu, dass die Juden Gott Schlacht- und Speisopfer darbringen, das er aber in der zweiten Hälfte wieder verbietet (Mt 24,15; Dan 9,27).
- In Offenbarung 11,1f wird ein Tempel (Gebäude) vermessen.
- Ebenso wird von einem Altar gesprochen.
- Der äußere Vorhof des Tempels soll nicht vermessen werden.
- In diesem Zusammenhang wird die heilige Stadt Jerusalem genannt.

Mit dem vorgenannten Tempel, in den sich der Antichrist dann setzt, kann die Gemeinde Jesu nicht gemeint sein, denn sie hat weder Schlachtopfer noch Altar oder Vorhof. Es handelt sich aber um einen jüdischen Tempel, den Gott durch sein wundervolles Handeln entstehen lässt.

- In der ersten Hälfte der Zeit des Antichrist predigen noch die zwei Zeugen des Herrn (Offb 11,3), und zwar 1260 Tage lang (= dreieinhalb Jahre).
- Es ist auch eine Zeit des Scheinfriedens. In 1. Thessalonicher 5,3 wird gesagt: »*Wenn die Menschen sagen: ›Überall herrschen Frieden und Sicherheit‹, dann wird die Katastrophe ... plötzlich über sie hereinbrechen*«.

b) Die zweite Hälfte der antichristlichen Zeit (ebenfalls dreieinhalb Jahre)

- Der Antichrist bricht den Bund (Vertrag) mit den Juden (Dan 9,27).
- Er schafft Schlachtopfer und Speisopfer ab.
- Ein Gräuelbild der Verwüstung wird dann im Heiligtum (Tempel) stehen (Dan 9,27; Mt 24,15; 2Thess 2,4).
- In der zweiten Hälfte der antichristlichen Zeit, die auch als dreieinhalbjährige Bedrängnis oder Drangsal- bzw. Trübsal bezeichnet wird, tötet der Antichrist die zwei Zeugen des Herrn in Jerusalem (Offb 11,7).

Die Gemeinde Jesu müsste in dieser Zeit schon entrückt sein, denn

a) die große Bedrängnis ist die Angst in Jakob (Israel), so lesen wir es in Jeremia 30,7.
b) In Offenbarung 10,6-7 gibt es einen weiteren Hinweis: »*Gott wird nicht länger warten. Sondern wenn der siebte Engel seine Posaune erklingen lässt, wird Gottes verborgener Plan erfüllt werden*«.

Mit dem Geheimnis Gottes ist hier die Entrückung der Gemeinde Jesu Christi (alle Wiedergeborenen) gemeint. In 1. Korinther 15,51-52 wird darauf Bezug genommen: *»Aber lasst mich euch ein wunderbares Geheimnis sagen, das Gott uns offenbart hat. Nicht jeder von uns wird sterben, aber wir werden alle verwandelt werden. Das wird in einem kurzen Moment geschehen, in einem einzigen Augenblick, wenn die letzte Posaune ertönt.«*

Zur Zeit des Antichrist wird es also, nach biblischem Zeugnis, einen jüdischen Tempel in Jerusalem geben, in den der Gottlose dann sein Gräuelbild setzen wird.

D) Der Tempel im tausendjährigen Friedensreich

Sechs Mal wird in Offenbarung 20,1ff von tausend Jahren gesprochen. Jesus Christus ist dann Herrscher auf Erden. Der Teufel wird während dieser Zeit von Gott »im Abgrund« gefangen gehalten. Es ist die Zeit des verheißenen großen Friedensreiches, dessen Zustand im Alten Testament von verschiedenen Propheten beschrieben wird.

Da der HERR (Jahwe) als der Einzige in dieser Zeit angebetet wird, und zwar in Jerusalem, steht dort auch sein Thron (Sach 14,9; Jer 3,17), und auch ein Tempel wird dort stehen: *»Doch alle Überlebenden aus den Völkern, die Jerusalem angegriffen haben, sollen jedes Jahr nach Jerusalem hinaufziehen, um den König, den allmächtigen Herrn, anzubeten und das Laubhüttenfest zu feiern. ... An jenem Tag wird auf den Schellen der Pferde geschrieben stehen: ›Dem HERRN geweiht.‹ Und die Kochtöpfe im Tempel des HERRN werden ebenso heilig sein wie die Becken neben dem Altar«* (Sach 14,16.20).

In Markus 11,17 lesen wir, wie Jesus Christus darauf hinweist und dabei Jesaja 56,7 zitiert: *»Mein Haus soll ein Ort des Gebets für alle Völker sein«.*

In Hesekiel 40-48 wird dieser Tempel beschrieben, ebenso seine Gottesdienstordnungen (Hes 43,10-11). Eine Bundeslade wird es aber demnach im Allerheiligsten nicht mehr geben, da Israel jetzt Jesus Christus angenommen hat und im neuen Bund mit Gott steht. *»Und weiter sprach der HERR: ›Und wenn euer Land dann wieder dicht bewohnt ist, werdet ihr euch nicht mehr nach der früheren Zeit zurücksehnen, als ihr noch die Bundeslade des Herrn besessen habt. Ihr werdet sie nicht vermissen, ja, ihr werdet nicht einmal mehr an sie denken; es wird auch nie wieder eine neue Bundeslade gebaut werden. Zu der Zeit wird man ganz Jerusalem als Thron des HERRN bezeichnen. Dann werden alle Völker in dieser Stadt zusammenkommen und mich anbeten‹«* (Jer 3,16.17).

Der Islam mit seinem Gott Allah und auch alle anderen Religionen werden vergessen sein. Die Völker haben dann den wahren Gott erkannt.

Hesekiel beschreibt nicht nur das Tempelgebäude, sondern auch, wie die Herrlichkeit (hebr.: *kabod*) des Gottes Israels von Osten her in den Tempel einzieht. Auf der Ostseite des Tempelbezirks liegt das »Goldene Tor«, außerhalb davon sind Gräber von Muslimen. Sie sollen den Einzug eines jüdischen Messias verhindern.

Aber der Messias kann nicht aufgehalten werden. Jesus Christus wird vom Ölberg, der östlich vom Tempelberg liegt, wiederkommen, wie Sacharja 14,4f beschreibt: *»An jenem Tag stehen seine Füße auf dem Ölberg* (von wo er in den Himmel aufgenommen wurde), *der im Osten Jerusalems liegt. Und der Ölberg wird sich in der Mitte spalten und ein sehr breites Tal freigeben, das von Osten nach Westen verläuft ...«* und ebenso Hesekiel 43,2.4.7: *»Da kam aus dem Osten die Herrlichkeit des Gottes von Israel. Sie klang wie das Rau-*

schen von gewaltigen Wassermassen. Und die Erde erstrahlte von seiner Herrlichkeit. ... Und die Herrlichkeit des HERRN zog durch das Osttor in den Tempel ein. ... Und er sagte zu mir: ›Menschenkind, dies ist der Ort, wo mein Thron steht und wo ich meine Fußsohlen hinsetze; hier werde ich für alle Zeit mitten unter dem Volk der Israeliten wohnen‹« (vgl. auch Sach 14,7).

Es kann nur Jesus Christus sein, der mit dieser Herrlichkeit Gottes gemeint ist. Vom Tempel aus werden nicht nur die Menschen aller Nationen durch das Wort des Herrn beeinflusst, sondern auch die Natur erfährt Veränderungen, z.B. das Tote Meer: *»Dann brachte der Mann mich zurück zum Eingang des Tempels. Dort sah ich, wie unter der Schwelle des Tempels Wasser hervorströmte und nach Osten floss ... Da sagte er zu mir: ›Dieses Wasser fließt Richtung Osten in die Araba und mündet dort ins Tote Meer. Wenn es hineinfließt, heilt es das Wasser des Toten Meeres. Alles, was sich regt und bewegt, wohin das Wasser kommt, wird leben. Es wird sehr viele Fische geben, denn dieses Wasser kommt dorthin und macht das Salzwasser gesund. Wohin dieses Wasser fließen wird, dort wird alles leben. Von En-Gedi bis nach En-Eglajim werden Fischer am Ufer des Toten Meeres stehen und fischen. Man wird dort die Netze aufspannen. Alle Arten von Fischen werden es erfüllen, so zahlreich wie im Mittelmeer. Doch die Teiche und Lachen daneben werden nicht gereinigt werden; sie sollen der Salzgewinnung dienen«* (Hes 47,1.8-11).

Mit dieser Aussage vom heilenden Wasser, das vom Tempel von Jerusalem her fließen wird, steht Hesekiel nicht allein. Sacharja 14,8 sagt dazu: *»An jenem Tag* (wenn Jesus zur Herrschaft kommt) *wird Leben spendendes Wasser aus Jerusalem fließen, die eine Hälfte zum Toten Meer, die andere Hälfte zum Mittelmeer – im Sommer wie im Winter«* und Joel 4,18: *»An jenem Tag werden die Berge von süßem Wein triefen und die Hügel von Milch überfließen. Und alle Bäche* *in Juda werden Wasser führen. Aus dem Haus des HERRN wird eine Quelle entspringen und das Tal der Akazien* (Schittim) *bewässern.«*

Manche Bibelausleger deuten diese Stellen als einen Hinweis auf die neue Erde. Aber Offenbarung 21,1 sagt doch: *»Und auch das Meer war nicht mehr da.«* Also kann nur das Tote Meer, das wir heute kennen, mit seinem realen Ort En-Gedi gemeint sein.

Auch der Prophet Haggai spricht von einem Tempel, der in Friedenszeiten in Jerusalem stehen wird. Sein Anspruch hat mit der Wiederkunft Jesu zu tun: *»›In Kürze werde ich den Himmel und die Erde noch einmal erschüttern, sodass Meere und Festland beben werden. Die Völker werde ich aufrütteln und die Schätze aller Nationen werden kommen. Ich werde dieses Haus mit Herrlichkeit erfüllen‹, spricht der Herr, der Allmächtige. ... ›Die künftige Herrlichkeit dieses Hauses wird größer sein als seine vergangene Herrlichkeit‹, spricht der HERR, der Allmächtige. An diesen Ort werde ich Frieden bringen‹«* (Hag 2,6.9).

Dass es im tausendjährigen Friedensreich einen Tempel geben wird, zu dem viele Völker ziehen, sagt uns auch Jesaja 2,2-4: *»In den letzten Tagen wird der Berg, auf dem das Haus des HERRN steht, zum wichtigsten Gipfel werden und sich über alle anderen Berge erheben. Alle Völker werden zu ihm strömen. Scharenweise werden sie herbeikommen und sagen: ›Kommt, wir wollen auf den Berg des HERRN, zum Haus des Gottes Israels, gehen. Dort wird er uns seine Wege lehren, damit wir auf seinen Pfaden gehen.‹ Denn dann wird die Lehre (hebr.: torah) des HERRN von Zion ausgehen und sein Wort von Jerusalem. Der HERR wird zwischen den Nationen richten und unter vielen Völkern Recht sprechen. Schwerter werden zu Pflugscharen und Speerspitzen zu Winzermessern umgeschmiedet werden. Keine Nation wird mehr gegen eine andere ziehen und sie werden nicht mehr lernen Krieg zu führen‹«.*

E) Der Tempel Gottes im Himmel

Dass es einen Tempel im Himmel gibt, sehen wir schon beim Bau der Stiftshütte. Das Urbild (hebr.: *tabnit*) wurde Mose von Gott gezeigt (2Mose 25,9). Auch Jesaja spricht von einem himmlischen Tempel, in dem er den Herrn auf dem Thron sieht: »*Er* (Jahwe) *saß auf einem hohen Thron und war erhöht und der Saum seines Gewandes füllte den Tempel*« (Jes 6,1).

David sagt in 2. Samuel 22,7: »*Doch in meiner Not betete ich zum HERRN und schrie zu meinem Gott um Hilfe. Da erhörte er mich in seinem Heiligtum, mein Schreien drang durch bis an sein Ohr.*«

Auch das Neue Testament spricht von einem himmlischen Tempel. So wird in Offenbarung 7,15 von der Erlösten der unzählbaren Schar gesagt: »*Deshalb stehen sie nun vor dem Thron Gottes und dienen ihm Tag und Nacht in seinem Tempel*« (griech.: *naos*). Während der antichristlichen Zeit kommen göttliche Strafgerichte aus dem Tempel, der sich im Himmel befindet: »*Dann wurde im Himmel der Tempel Gottes geöffnet, und die Lade seines Bundes (das Urbild) war in seinem Tempel zu sehen*« (Offb 11,19).

In der Endzeit wird Gott die Gottlosen mit fürchterlichen Gerichten strafen, da sie dem Evangelium Jesu Christi gegenüber ungehorsam waren. Die sieben Engel mit den Zornesschalen kommen aus dem Tempel Gottes im Himmel: »*Dann blickte ich auf und sah, dass der Tempel im Himmel – das Heiligtum im Zelt Gottes – weit geöffnet wurde! Die sieben Engel, welche die Schalen der sieben Plagen trugen, kamen aus dem Tempel… Und eines der vier lebendigen Wesen reichte jedem der sieben Engel eine goldene Schale, gefüllt mit dem schrecklichen Zorn Gottes*« (Offb 15,5-7).

F) Kein Tempel mehr auf der neuen Erde

Nach Offenbarung 21,22 gibt es auf der neuen Erde in dem neuen Jerusalem kein Tempelgebäude mehr: *»Kein Tempel war in der Stadt zu sehen, denn der Herr, Gott, der Allmächtige, und das Lamm* (= Jesus Christus) *sind ihr Tempel«.*

V.
Es geht um Jahwe oder Allah

»In seinen Tagen wird der Gerechte blühen, und Fülle von Heil wird sein, bis der Mond nicht mehr ist. Und er möge herrschen von Meer zu Meer und vom Strom bis an die Enden der Erde. Vor ihm sollen sich beugen die Bewohner der Wüste … Und alle Könige sollen vor ihm niederfallen, alle Nationen ihm dienen. … Sein Name soll ewig sein; vor der Sonne soll aufsprossen sein Name; und in ihm wird man sich segnen; alle Nationen sollen ihn glücklich preisen. Gepriesen sei Gott, der HERR, der Gott Israels. Er tut Wunder, er allein! Und gepriesen sei sein herrlicher Name in Ewigkeit!«

(Ps 72,7-19, Elb)

Wer heute Israel bereist und nach Jerusalem kommt, hört von den Minaretten mit Lautsprechern verstärkt zu allen Gebetszeiten den Ruf der Muslime: »Allah ist größer …« Und auf dem Platz, auf dem bis 70 n. Chr. der Tempel Jahwes stand, wird der für Juden und Christen fremde Gott Allah verehrt. Doch biblische Prophezeiungen geben den jüdischen wie christlich Gläubigen Hoffnung auf das Kommen des Messias und auf die Zeit der Anbetung des biblischen Gottes. Natürlich will die muslimische Seite verhindern, dass der Gott der Bibel wieder Einfluss gewinnt.

Genau genommen geht es in den Auseinandersetzungen zwischen Israel und den Palästinensern nicht nur um Jahwe oder Allah, sondern auch um Jesus Christus oder Mohammed und um die Wahrheit der Bibel oder die Aussagen des Korans.

Nach dem alttestamentlichen Glauben der Juden und dem daraus entstandenen Christentum kam im 7. Jahrhundert n. Chr. eine neue Religion auf: der Islam. Seine Namensbedeutung »Unterwerfung« galt aber nicht mehr dem biblischen Gott Jahwe, sondern einem Gott mit dem Namen Allah.

Mohammed, ihr Gründer, lebte von 570 bis 632 n. Chr. Damals beteten die arabischen Stämme u. a. am schwarzen Stein (Kaaba) bei Mekka viele Götter an. Es sollen über 300 gewesen sein. Als nun Mohammed von Juden und Christen die biblische Botschaft hörte, wandte er sich von der Vielgötterei ab und erwählte sich den als Mondgott verehrten Allah, der zuvor gemeinsam mit vielen anderen Göttern angebetet wurde, zum einzigen Gott.

Von seinen Anhängern verlangte er folgendes verhältnismäßig einfache Glaubensbekenntnis: »Es gibt keinen Gott außer Allah – und Mohammed ist sein Gesandter«.

Diesem Gott schreibt Mohammed im Koran einige Eigenschaften zu, die auch von dem biblischem Gott Jahwe gesagt werden: Allmacht, Allwissenheit, Barmherzigkeit etc. Viele Menschen sind von daher der Ansicht, dass es sich in der Bibel und im Koran um denselben einen Gott handle, den Juden, Christen und Muslime gemeinsam verehren. Wer aber beide Bücher genau vergleicht, wird bald erkennen, dass sie sehr verschieden von Gott reden.

Mohammed behauptet im Koran (der ja erst 600 Jahre nach Jesu Wirken entstanden ist), dass die Bibel verfälscht worden sei und er nun als nachfolgender Prophet Gottes Wort neu und wahr bringen müsse. In Sure 5,48 heißt es: »Und Wir sandten hinab zu dir (Mohammed) das Buch (Koran) in Wahrheit«. Und nach Mohammeds Angaben in Sure 61,6 soll Jesus gesagt haben, dass nach ihm noch einer kommen wird, der »Ahmad« (Mohammed) heißen wird.

Nun sagt Jesus, dass Himmel und Erde vergehen werden, aber nicht sein Wort (Mt 5,18; 24,35). Auch sagt die Bibel, dass Gott in diesen letzten Tagen durch seinen Sohn zu uns geredet hat (Hebr 1,1-2).

Die Bibel ist Gottes Wort, das durch den Geist Gottes von ungefähr 40 Schreibern niedergeschrieben wurde und deren Aussagen wunderbar übereinstimmen. Mohammed aber hat im Koran biblische Wahrheiten entstellt und verfälscht. Der Koran ist letztlich ein antichristliches Buch, weil es die Gottheit Jesu Christi leugnet und sein am Kreuz erworbenes Heil verwirft.

In Psalm 2,1-2 lesen wir: »*Warum toben die Völker vor Zorn? Warum schmieden sie vergebliche Pläne? Die Könige der Erde lehnen sich auf, die Herrscher der Welt verschwören sich gegen den HERRN und seinen Gesalbten (= Christus).*«

A) Der Gott der Bibel – Jahwe

1) Sein Name

Als Mose die Schafe seines Schwiegervaters Jitro hütete, sprach Gott zu ihm aus einem brennenden Busch und stellte sich namentlich vor (2Mose 3,15): »*Und er* (Gott) *fügte hinzu: ›Sag ihnen: Der HERR* (hebr. *Jahwe*)*, der Gott eurer Vorfahren – der Gott Abrahams, der Gott Isaaks und der Gott Jakobs – hat mich zu euch gesandt. Das ist mein Name für alle Zeiten; alle kommenden Generationen sollen mich so nennen.*«

Die Bibel redet von Gott oft, auch ohne seine(n) Namen zu gebrauchen. Im Hebräischen verwendet sie dazu drei Wörter: *el, eloah, elohim*, im Griechischen *theos*.

Um den wahren Gott von anderen Göttern zu unterscheiden, wird er in der Bibel oft genauer bezeichnet, z. B.: »*Gott deines Vaters*« (1Mose 46,3); »*Gott Abrahams, Isaaks und*

Jakobs« (2Mose 3,6); *»der Gott der Hebräer«* (2Mose 5,3); *»Gott Israels«* (Jos 7,13).

Neben diesen Bezeichnungen hat Gott auch einen Eigennamen: Jahwe, der infolge ängstlicher Befolgung von 2. Mose 20 – von den Juden zwar mit den (konsonantischen) Schriftzeichen J-H-W-H geschrieben, aber so gelesen und ausgesprochen wurde, als ob das Wort *adonai* = »Herr« daständе. Demzufolge übertrug schon die Septuaginta (= LXX; die altgriechische Übersetzung des Alten Testaments; durch hellenistische Juden in Alexandria enstanden) den Namen Jahwes mit dem griechischen Wort *Kyrios* = »Herr«. In der Lutherbibel und anderen Übersetzungen finden wir oft die Schreibweise HERR in Großbuchstaben für den Gottesnamen »Jahwe«; mit »Herr« in normaler Schreibweise wird dann in diesen Bibeln der Begriff *adonai* gekennzeichnet.

Im Neuen Testament wird der Name Jahwe nicht gebraucht. Die griechische Bezeichnung *kyrios* = »Herr« wird verwendet (z. B. in Mk 5,19; Lk 16; Apg 8,24). Sonst wird im Neuen Testament nur von Gott (griech.: *theos*) gesprochen, häufig mit dem Zusatz, »der Vater Jesu Christi« (Röm 15,6). Jesus spricht oft nur vom »Vater« (aramäisch: *Abba*). Auch die Urgemeinde betete zum »Vater« = *Abba* (Röm 8,15).

Einige Namen Gottes, die wir in der Bibel finden:

Jahwe: Ich bin, der ich bin (1Mose 4,26; 2Mose 3)
Elohim: »Am Anfang schuf Gott (hebr. elohim) Himmel und Erde« (1. Mose 1,1).
In 1. Mose 1,26 spricht Gott von sich im Plural: »Lasst uns Menschen machen« oder »Wir wollen...«.
Es ist wohl ein Hinweis auf den dreieinigen Gott.
El Schaddai: Der allmächtige Gott (1Mose 17,2; 28,3; 2Mose 6,3)
Adonai: Der HERR = »Adonai Jahwe« (Am 3,7)
Jahwe-Olamim: Jahwe der Urzeiten (Jes 51,9; Mi 5,1.2)
Jahwe-Jireh: Jahwe sieht (1Mose 22,14)

Jahwe-Nissi: Jahwe, mein Siegeszeichen (2Mose 17,15)
Jahwe-Schalom: Jahwe ist Friede (Ri 6,24)
Jahwe-Schamma: Jahwe ist hier (Hesekiel 48,35)
Jahwe-Zebaoth: Jahwe der Heerscharen (1Sam 1,3.11)
El Eljon: Gott der Höchste (1Mose 14,18-19; 4Mose 24,16; Dan 3,26)

Im Alten Testament sehen wir, dass Gott nicht nur mit Titeln wie »Gott« und »Herr« genannt werden wollte, sondern auch mit seinem Namen. Er wollte nicht, dass er mit anderen Gottheiten verwechselt wird. Mit dem Gottesnamen waren auch seine Autorität und seine Ehre verbunden. Er selbst sagt in Jesaja 42,8: »*Ich bin der HERR* (= Jahwe); *das ist mein Name! Ich werde meine Herrlichkeit keinem anderen überlassen. Ich werde das Lob, das mir zukommt, nicht mit Götzen teilen*«.

Der Rabbiner Philip S. DeVries, der im Frühjahr 1944 im Konzentrationslager Bergen-Belsen umgekommen ist, schrieb in seinem Buch »Jüdische Riten und Symbole« (Fourier-Verlag, Wiesbaden): »Der Überlieferung zufolge betrat der Hohepriester vor der Opferhandlung das Allerheiligste, was ihm nur am großen Versöhnungstag (Yom Kippur) gestattet war. Als er das Allerheiligste verließ, rief er der gespannt wartenden Menge das Bibelwort zu: ›*Denn an diesem Tag geschieht eure Entsühnung, dass ihr gereinigt werdet. Von allen euren Sünden werdet ihr gereinigt werden vor dem HERRN*‹ (3. Mose 16,30; LÜ). Dabei sprach er den Namen Gottes mit den vier Buchstaben (JHWH= Jahwe) voll aus.«

Der kanaanäische Götze Baal hatte im eigentlichen Wortsinn die Bedeutung »Herr«. Und im Koran wird Allah als »Herr« bezeichnet. Der Gott des Islam und Baal aber haben mit dem Gott der Bibel nichts zu tun.

Der Gott des Koran tritt dem Muslim letztlich unpersönlich entgegen. Eine Ich-Du-Beziehung, wie sie die Bibel zeigt, oder gar ein Vater-Kind-Verhältnis ist dem Allah-Gläubigen fremd. In Sure 19,93 heißt es: »Keiner in den Himmeln und auf Erden darf sich dem Erbarmer anders nahen wie als Sklave.«

Wenn arabische Christen den Begriff »Allah« gebrauchen, weil er auch in arabischen Bibelübersetzungen für Gott benutzt wird, so wird doch zur Erklärung die Bezeichnung »Vater des Herrn Jesus Christus« hinzugefügt.

Im Koran wird Allah ebenfalls »Herr« genannt (Sure 21,92; kann auch mit »Geist« übersetzt werden). Deshalb ist die Benennung des biblischen Gottes mit Namen oder mit »Vater Jesu Christi« wichtig.

Wie sich Gott Mose in 2. Mose 3 mit Namen vorstellte, so tat er es auch bei den Erzvätern Israels:

Abraham: »Ich bin der HERR (Jahwe), *der dich aus Ur in Chaldäa geführt hat, um dir dieses Land zu geben.«* (1Mose 15,7).

Isaak: »In der ersten Nacht nach seiner Ankunft erschien ihm der HERR (Jahwe). *»Ich bin der Gott deines Vaters Abraham«, sprach er. ... Da errichtete Isaak einen Altar und betete den HERRN an«* (1Mose 26,24-25).

Jakob: »Ich bin der HERR (Jahwe), *der Gott deines Großvaters Abraham und der Gott deines Vaters Isaak. Das Land, auf dem du liegst, werde ich deinen Nachkommen geben«* (1Mose 28,13).

Selbst Hagar, die Mutter von Ismael, der im Koran vor Isaak bevorzugt wird, nennt Gott nicht Allah, sondern Jahwe: *»Da nannte Hagar den HERRN (Jahwe), der zu ihr gesprochen hatte, El-Roï. Denn sie sagte: ›Ich habe den gesehen, der mich sieht!‹«* (1Mose 16,13).

Dem Volk Israel schärfte Jahwe ein, nur an ihn zu glauben und ihn zu lieben: *»Höre, Israel: Der HERR ist unser Gott, der HERR allein! Und du sollst den HERRN, deinen Gott, lieben mit deinem ganzen Herzen und mit deiner ganzen Seele und mit deiner ganzen Kraft«* (5Mose 6,4-5; Elb).

Gott wollte und will in den Herzen der Menschen wohnen. Aber Gott und sein Name sollte auch im Tempel gegenwärtig sein und angebetet werden. So bekundet es König Salomo: »*Denn er* (Jahwe) *hat gesagt: ›… dass darin ein Haus zur Ehre meines Namen errichtet werden sollte. Doch nun habe ich David zum König über mein Volk gesetzt‹*« (1Kön 8,15-16).

In der Endzeit, wenn Israel durch Gottes Hilfe vor den übermächtigen Feinden (Gog aus Magog) gerettet worden ist, wird das Volk den HERRN (Jahwe) neu erkennen und sich bekehren (Hes 39,22ff):

Vers 22: »*Von jenem Tag an und für alle Zeit wird das Volk der Israeliten erkennen, dass ich der HERR* (Jahwe), *ihr Gott, bin.*«

Vers 28: »*Dann werden sie erkennen, dass ich, der HERR* (Jahwe), *ihr Gott, bin, dass ich es war, der sie in die Verbannung geschickt hat, und dass ich sie auch wieder nach Hause gebracht habe. Ich werde keinen von ihnen dort zurücklassen.*«

Vers 29: »*… denn ich habe meinen Geist über ihnen ausgegossen, spricht Gott, der HERR* (Jahwe).«

Im tausendjährigen Friedensreich, wenn Jesus Christus als König herrscht, wird nur dieser eine wahre Gott angebetet werden und zwar in Jerusalem. In Sacharja 14,9 heißt es: »*Und der HERR* (Jahwe) *wird König über die ganze Erde sein. An jenem Tag wird der HERR* (Jahwe) *der einzige Gott sein und sein Name allein wird angebetet werden*«. Und in Vers 16: »*Doch alle Überlebenden aus den Völkern, die Jerusalem angegriffen haben, sollen jedes Jahr nach Jerusalem hinaufziehen, um den König, den allmächtigen HERRN* (Jahwe), *anzubeten …*«

Israel wird dann Jesus als den wahren Messias erkennen. In Sacharja 12,10 wird deutlich, dass Jahwe in Jesus Christus war, der sich an das Kreuz schlagen ließ: »*Dann gieße ich einen Geist der Gnade und des Gebets über die Nachkommen*

Davids und die Bewohner Jerusalems aus. Sie werden auf den schauen, den sie durchbohrt haben ...«

Die Namen der vielen Millionen Götter, die von der Menschheit angebetet wurden – auch der Name Allah – werden dann vergessen sein, weil nur Jahwe, der eine wahre Gott, in Jesus Christus verehrt werden wird. Jesus ist der Träger des Jahwe-Namens. Denn Jesus (hebr. *Jeschua*) bedeutet: »In Jahwe ist die Rettung« (Lk 1,31-33).

Im hohepriesterlichen Gebet Jesu (Joh 17,11-12) betet Jesus zweimal zum Vater im Himmel: *»Heiliger Vater, bewahre sie in deinem Namen, den du mir gegeben hast«.*

In diesem Namen Jesu ist allein das Heil zu finden. Das predigten schon die Apostel. Und das wird die wichtigste Aussage im Evangelium bis zum Ende bleiben: *»In ihm allein gibt es Erlösung! Im ganzen Himmel gibt es keinen anderen Namen, den die Menschen anrufen können, um errettet zu werden«* (Apg 4,12).

Durch diesen erhabenen Namen Jesu erfährt der einzelne Mensch Befreiung von Sünde, Schuld und finsteren Mächten. Aber er bringt auch Licht in die Völkerwelt und den ersehnten Frieden. Besonders Israel und die arabischen Nachbarstaaten werden davon profitieren. Die Bedingung Jahwes dafür ist der Glaube an ihn allein und die Anbetung seines Namens. In Jeremia 12,14-17 lesen wir: *»So spricht der HERR* (Jahwe): *›Die Nachbarvölker, die sich an dem Land vergriffen haben, das ich doch meinem Volk Israel versprochen hatte, sollen wissen: Ich werde euch ausreißen, genauso wie ich auch den Stamm Juda ausreißen werde. Doch danach will ich zurückkehren und mit ihnen allen Erbarmen haben. Ich werde sie in ihre Länder zurückbringen, jedes Volk in sein eigenes Erbteil. Und wenn diese Nachbarvölker dann die Lebensweise und den Glauben meines Volkes annehmen, wenn sie lernen, bei meinem Namen zu schwören und zu sprechen: So wahr der HERR* (Jahwe*) lebt ... dann sollen sie in mein Volk eingegliedert werden. Jedes Volk aber, das mir nicht gehorchen will,* *reiße ich mitsamt der Wurzel aus und vernichte es. Ich, der HERR* (Jahwe), *habe gesprochen!‹«*

Hier also liegt die Lösung des Nahost-Problems und der ganzen Welt: ein Herr, ein Glaube und die Anbetung Jahwes und seines Sohnes, der der große Friedensbringer ist. Die Völker, die bis dahin Götter und Götzen verehrten, und die den wahren Gott nicht kannten, werden glücklich sein durch die Erkenntnis der Wahrheit: *»HERR* (Jahwe)... *Völker aus aller Welt werden zu dir kommen und sagen: ›Unsere Vorfahren haben auf Lug und Trug gebaut, denn sie vertrauten auf Götter, die keine Macht hatten zu helfen. Wie können Menschen sich selbst Götter herstellen? Das sind doch keine Götter!‹ ›Dieses Mal werde ich ihnen meine Macht und Stärke zeigen... denn sie sollen erkennen, dass ich der HERR* (Jahwe) *bin‹«* (Jer 16,19-21).

Auch der Prophet Zefanja weist in Kapitel 3,9-10 darauf hin, dass die Völker sich bekehren und Jahwe allein dienen werden: *»An jenem Tag werde ich den Völkern reine Lippen schenken, damit sie alle den Namen des HERRN* (Jahwe) *anrufen und ihm Schulter an Schulter dienen können. Mein zerstreutes Volk, das jenseits der Flüsse Kuschs lebt, werden mir meine Verehrer als Opfergabe bringen.«*

2) Gottes Wesen in der Bibel

Der Gott der Bibel ist allmächtig, allgegenwärtig, allwissend und ewig. Das wird natürlich von Allah im Koran ebenso behauptet. Aber andere Eigenschaften des biblischen Gottes sind bei ihm nicht zu erkennen. So ist Gott etwa Liebe (1Joh 4,16). Und in 1. Johannes 4,12 heißt es von den Gläubigen: *»Seine Liebe ist in uns vollkommen«* (LÜ).

Gottes Liebe zu uns Menschen war so groß, dass er das Liebste, was er hatte, als Opfer dahingab. Seinen einzigen geliebten Sohn. In Johannes 3,16 heißt es: *»Denn Gott hat die Welt so sehr geliebt, dass er seinen einzigen Sohn hingab,* *damit jeder, der an ihn glaubt, nicht verloren geht, sondern das ewige Leben hat.«*

Gott in seiner Liebe kommt uns Sündern entgegen. »*Gott dagegen beweist uns seine große Liebe dadurch, dass er Christus sandte, damit dieser für uns sterben sollte, als wir noch Sünder waren*« (Röm 5,8).

Gott in seiner Liebe macht durch den Glauben an Jesus Christus, Sünder zu seinen Kindern: »*All denen aber, die ihn aufnahmen und an seinen Namen glaubten, gab er das Recht, Gottes Kinder zu werden*« (Joh 1,12).

Gott in seiner Liebe bewirkt selbst die Versöhnung mit dem Menschen: »*Denn Gott war in Christus und versöhnte so die Welt mit sich selbst*« (2Kor 5,19).

Gott in seiner Liebe sorgt sich um seine Kinder und hält sie bewahrend fest: »*Niemand kann sie aus der Hand des Vaters reißen*« (Joh 10,29).

Gott in seiner Liebe ist nicht auf formell und korrekt gesprochene Gebete bedacht, sondern er will, dass wir in freien Gebeten unsere Anliegen, Bitten, Dank und Anbetung selbst formulieren – so, wie es in unserem Herzen aussieht. In Jeremia 33,2-3 fordert er auf und lädt freundlich ein: »*So spricht der HERR* (Jahwe), *der die Erde geschaffen und fest gegründet hat – und sein Name ist HERR* (Jahwe): ›*Ruf mich, dann will ich dir antworten und will dir gewaltige und unglaubliche Dinge zeigen, von denen du noch nie gehört hast.*‹« Und Jesus Christus sagt dazu in Johannes 16,23: »*Ich versichere euch: Dann könnt ihr selbst zum Vater gehen und ihn bitten, und er wird eure Bitte erfüllen, weil ihr in meinem Namen bittet*«.

Gott in seiner Liebe ist auch die Wahrheit. Er ist vertrauenswürdig. Er ist der Wahrhaftige (Offb 3,7). Und in 1. Johannes 5,20 werden Gott und sein Sohn als wahrhaftig (griech.: *alethinos* = wahr, echt, aufrichtig) erklärt: »*Und wir wissen, dass der Sohn Gottes gekommen ist und uns den einzig wahren Gott erkennen lässt. Und nun haben wir Gemeinschaft mit dem wahren Gott durch seinen Sohn Jesus Christus. Er ist der wahre Gott und das ewige Leben.«*

Von Allah aber sagt der Koran, dass er listenreich ist. In Sure 8,30 heißt es: »Allah ist der beste der Listenschmiede«. In Sure 7,186 liest man: »Wen Allah irreführt, der hat keinen Leiter«; in Sure 4,88: »Und wen Allah irreführt, nimmer findest du für ihn einen Weg.«

Die Bibel zeigt uns den wahren Gott. *»Es ist unmöglich, dass Gott lügt«,* sagt Hebräer 6,18 (LÜ). Denn die Lüge ist eine Eigenschaft, die vom Teufel kommt. Dieser ist der Vater der Lüge (Joh 8,44).

Wer Mohammeds Biografie kennt, weiß, dass er es mit der Wahrheit oft nicht so genau nahm. So konnte er Friedensverträge brechen und mit seinen Horden sich in Sicherheit wähnende Städte, Karawanen etc. überfallen und Menschen ermorden.

Wie soll man nun Friedensverträgen trauen, wenn Politiker mit solch einer Einstellung ihre Partner betrügen? Für Muslime ist es eine religiöse Pflicht, geschlossene Verträge mit Nichtmuslimen (= Ungläubigen) für null und nichtig zu erklären, wenn es der muslimischen Sache dient. Auch wird der Muslim im Koran zum Kampf aufgefordert. Besonders fanatische Führer im Islam benutzen solche Verse wie in Sure 9,38-40: »Ziehet hinaus in Allahs Weg... So ihr nicht (zum Kampf) ausziehet, wird Er euch strafen mit schmerzlicher Strafe belegen und ein andres Volk an eure Stelle setzen« oder in Sure 9,123: »O ihr, die ihr glaubt, kämpfet wider die Ungläubigen an euern Grenzen, und wahrlich, lasset sie Härte in euch verspüren. Und wisset, dass Allah mit den Gottesfürchtigen ist.« Mit den »Ungläubigen an euern Grenzen« aber sind Juden und Christen gemeint, die bekämpft werden sollen. Heute erfahren wir täglich von Terror und Mordanschlägen im Nahen Osten, besonders in Israel und sogar in Amerika und Europa. Erst wenn die Völker den wahren Gott erkennen und sein Evangelium des Friedens, das mit seinem Sohn Jesus

Christus zu tun hat, erkennen und ihm gehorchen, wird es Frieden geben. Und dieser Tag wird kommen!

B) Jesus Christus – Der Sohn Gottes

> *»Vor langer Zeit hat Gott oft und auf verschiedene Weise durch die Propheten zu unseren Vorfahren gesprochen, doch in diesen letzten Tagen sprach er durch seinen Sohn zu uns. Durch ihn hat er das ganze Universum und alles, was darin ist, geschaffen, und er hat ihn zum Erben über alles eingesetzt. Der Sohn spiegelt die Herrlichkeit Gottes wider, und alles an ihm ist ein Ausdruck des Wesens Gottes. Er erhält das Universum durch die Macht seines Wortes. Nachdem er uns durch seinen Tod von unseren Sünden gereinigt hat, setzte er sich auf den Ehrenplatz an der rechten Seite des herrlichen Gottes im Himmel. Gottes Sohn ist weit mächtiger als die Engel, so wie auch der Name, den Gott ihm gab, viel erhabener ist als ihre Namen. Denn Gott hat zu keinem Engel gesagt, was er zu Jesus sagte: ›Du bist mein Sohn. Heute habe ich dich gezeugt.‹ Und weiter sagte Gott: ›Ich werde sein Vater sein und er wird mein Sohn sein.… Alle Engel Gottes sollen ihn anbeten.‹«*
>
> *(Hebr 1,1-6)*

In diesen neutestamentlichen Aussagen wird deutlich gemacht, wer Jesus Christus war und ist: Gottes Sohn. Eine ungläubige Menschheit allerdings bestreitet das. Sogar die christliche Theologie lehnt – vor allem in ihrer bibelkritischen Ausprägung – teilweise die Gottessohnschaft Jesu ab. Jesus Christus wird oft in die Reihe anderer Religionsstifter wie z.B. Buddha und Mohammed gestellt.

Jesus ist für Mohammed nur ein Gesandter Gottes, aber nicht Erlöser und Gottes Sohn. So liest man z.B. in Sure 19,88f: »Und sie (die Christen) sprechen: Gezeugt hat der Erbarmer einen Sohn. Wahrlich, ihr behauptet ein ungeheuerlich Ding... Daß sie dem Erbarmer einen Sohn beilegen, dem es nicht geziemt (zu heilig ist), einen Sohn zu zeugen.« Die Bibel stellt sich jedoch diesen Aussagen vehement entgegen, so z.B. in 1. Johannes 2,22: *»Und ist nicht der ein Lügner, der behauptet, Jesus sei nicht der Christus? Wer das behauptet, ist der Antichrist, denn er verleugnet den Vater und den Sohn.«*

1) Die ganze Bibel zeigt, dass Jesus Christus der Sohn Gottes ist

a) Die Propheten des Alten Testaments weisen darauf hin

Der Prophet Micha sagt 700 Jahre v.Chr. voraus, dass der Sohn Gottes in Bethlehem geboren werden soll (Mi 5,1). Dabei stellt er fest, dass dieser in Israel einmal Herr sein wird und dass sein Ursprung von Urzeit und von Ewigkeit her ist.

In Jesaja 9,5f wird der verheißene Gottessohn mit Namen und Bezeichnungen Gottes bedacht: *»Wunderbarer Ratgeber, starker Gott, ewiger Vater, Friedensfürst«*.

Ein weiterer Hinweis dafür, dass Gott in Jesus Christus war, ist in Sacharja 12,10 zu finden, wo Jahwe von der Bekehrung Israels spricht: *»Und sie werden auf <u>mich</u> blicken, den sie durchbohrt haben«* (Elb). *»Gott war in Christus«*, sagt auch 2. Korinther 5,19.

Und wenn in Sacharja 14,3-5 prophezeit wird, dass Jahwe bei Jerusalem gegen die Feinde aus allen Völkern kämpfen und bei seiner Ankunft seine Füße auf den Ölberg setzen wird, dann kann nur Jesus Christus, Gottes Sohn, damit gemeint sein. Denn es heißt ja weiter: *»Dann kommt der Herr, mein Gott, und alle seine Heiligen mit ihm.«*

b) Das Neue Testament spricht von der Gottessohnschaft Jesu

Galater 4,4: *»Doch als der festgesetzte Zeitpunkt da war, sandte Gott seinen Sohn, geboren von einer Frau ...«*

Lukas 1,35: *»Der Engel* (Gabriel) *antwortete: ›Der Heilige Geist wird über dich kommen, und die Macht des Allerhöchsten wird dich überschatten. Deshalb wird das Kind, das du gebären wirst, heilig und Sohn Gottes genannt werden.‹«*

1. Johannes 5,12: *»Wer den Sohn hat, der hat das Leben; wer den Sohn Gottes nicht hat, der hat das Leben nicht.«* (Elb)

Johannes 3,36: *»Und alle, die an den Sohn Gottes glauben, haben das ewige Leben. Doch die, die dem Sohn nicht gehorchen, werden das ewige Leben nie erfahren, sondern der Zorn Gottes liegt weiterhin auf ihnen.«*

Hebräer 10,29: *»Wie viel schrecklicher wird die Bestrafung für den ausfallen, der den Sohn Gottes mit Füßen tritt ...«*

c) Jesus selbst bezeugt seine Gottessohnschaft

Johannes 14,9: Jesus sagt: *»Wer mich gesehen hat, hat den Vater gesehen!«*

Offenbarung 2,18: *»Das ist die Botschaft von dem Sohn Gottes, dessen Augen wie Feuerflammen sind ...«*

Markus 14,61-62: *»Der Hohe Priester fragte ihn: ›Bist du der Christus, der Sohn Gottes, des Hochgelobten?‹ Jesus antwortete: ›Ich bin es. Ihr werdet den Menschensohn zur Rechten Gottes, des Allmächtigen, sitzen und auf den Wolken des Himmels wiederkommen sehen.‹«*

d) Viele Zeitgenossen Jesu erkannten in Jesus Gottes Sohn

Johannes 20,28: Der ungläubige Thomas kommt schließlich zu der Erkenntnis und zum Bekenntnis: *»Mein Herr und mein Gott«.*

Johannes 20,31: Der Apostel Johannes gibt den Grund seines Schreibens an: *»Diese aber wurden aufgeschrieben, damit ihr glaubt, dass Jesus der Christus ist, der Sohn Gottes, und damit ihr durch den Glauben an ihn in seinem Namen das ewige Leben habt.«*

Matthäus 27,54: Der römische Hauptmann und seine wachhabenden Soldaten unter dem Kreuz sprachen: *»Es stimmt, das war wirklich der Sohn Gottes!«*

Apostelgeschichte 9,20: Vom bekehrten Saulus von Tarsus wird bezeugt: *»Er begann sofort damit, in den Synagogen von Jesus zu predigen und zu verkünden, dass er der Sohn Gottes sei.«*

Bei den ersten Christen gab es ein geheimes Erkennungszeichen: den Fisch. Im Griechischen heißt er *ICHTHYS*. Die einzelnen Buchstaben sind abgeleitet vom Glaubensbekenntnis: *Iesous Christos Theou Yios Soter* (= Jesus Christus, Gottes Sohn und Retter).

e) Auch die Dämonen erkannten in Jesus den Sohn Gottes

Matthäus 8,29: Aus zwei Besessenen schreien Dämonen angstvoll heraus, als Jesus in ihre Nähe kommt: *»Was haben wir mit dir zu tun, Sohn Gottes? Du hast kein Recht, uns jetzt schon, vor dem von Gott festgesetzten Zeitpunkt, zu quälen!«*

Lukas 4,41: *»... auf seinen Befehl fuhren die Dämonen aus ihnen aus und schrien dabei: ›Du bist der Sohn Gottes!‹«*

Markus 3,11: *»Und wenn die unreinen Geister ihn sahen, fielen sie vor ihm nieder und schrien und sprachen: ›Du bist der Sohn Gottes‹«.* (Elb)

f) Die Präexistenz Jesu Christi im Neuen Testament
Jesus Christus kam aus dem Himmel von Gott, um ein Mensch zu werden. Damit wurde er leidensfähig und konnte als sündloser Mensch für uns stellvertretend am Kreuz sterben und die Erlösung vollbringen. Seine Existenz begann nicht erst im Leib seiner Mutter Maria, sondern sie ist ewig:

Philipper 2,6-7: *»Obwohl er Gott war, bestand er nicht auf seinen göttlichen Rechten. Er verzichtete auf alles; er nahm die niedrige Stellung eines Dieners an und wurde als Mensch geboren und als solcher erkannt. Er erniedrigte sich selbst und war gehorsam bis zum Tod, indem er wie ein Verbrecher am Kreuz starb.«*

Johannes 17,5.24: Im hohepriesterlichen Gebet spricht Jesus zum Vater im Himmel: *»Und nun, Vater, verherrliche mich mit der Herrlichkeit, die wir schon teilten, ehe die Welt erschaffen wurde. ... Du hast mir die Herrlichkeit geschenkt, weil du mich schon vor Erschaffung der Welt geliebt hast!«*

Johannes 8,58: *»Ehe Abraham war, bin ich«* (Elb). Dies sagt Jesus zu den Juden, die ihn ablehnten.

Johannes 16,28: *»Ich bin vom Vater ausgegangen und in die Welt gekommen; wieder verlasse ich die Welt und gehe zum Vater«* (Elb).

1. Johannes 4,1-3: In diesen Versen werden Christen aufgefordert, die Geister zu prüfen, um unterscheiden zu können, was von Gott und was nicht von Gott ist. Wer Jesu Präexistenz nicht anerkennt, wird als antichristlich beurteilt: *»Und so erkennt ihr den Geist Gottes: Jeder, der bekennt, dass Jesus Christus wirklich als Mensch auf die Erde gekommen ist, hat den Geist Gottes. Wer Jesus so nicht bekennt, gehört nicht zu Gott. In einem solchen Menschen ist der Geist des Antichristen«*.

Mit diesen und vielen anderen Bibelstellen wird die Lehre Mohammeds widerlegt. Sie ist antichristlich und muss deshalb abgelehnt werden. Für wahre Christen ist Jesus Christus Gottes Sohn, ihm haben sie ihr Leben geweiht und dienen ihm zur Ehre Gottes!

C) Jesus Christus ist Träger des Gottesnamens »Jahwe«

Gott, der Vater, hat dem Sohn diesen Namen selbst gegeben: *»Dem sollst du den Namen Jesus geben«*, so lesen wir in Lukas 1,31. Und in Matthäus 1,21 wird noch hinzugefügt: »... *denn er wird sein Volk von allen Sünden befreien.«*

»Jesus« ist die griechische Form des Namens unseres Herrn. Im Hebräischen heißt er »Jeschua«. Seine Bedeutung ist: »In Jahwe liegt die Rettung!«

Jesus macht deutlich, dass er sich bewusst ist, Träger des Gottesnamens zu sein. So betet er in Johannes 17,11-12: *»Heiliger Vater! Bewahre sie* (die Gläubigen) *in deinem Namen, den du mir gegeben hast... Als ich bei ihnen war, bewahrte ich sie in deinem Namen, den du mir gegeben hast«* (Elb).

Und Hebräer 1,4 macht deutlich, dass Jesus Christus den Gottesnamen ererbt hat: *»und er ist um so viel erhabener geworden als die Engel, wie er einen vorzüglicheren Namen vor ihnen ererbt hat«* (Elb).

Das griechische Wort für erben heißt *klēronomeo*, was mit In-Besitz-Nehmen zu tun hat. Diesen von Gott erhaltenen Namen hat Jesus den Menschen bekannt gemacht. In Johannes 17,6 sagt er im Gebet: *»Ich habe deinen Namen diesen Menschen offenbart. Sie waren in der Welt, doch dann hast du sie mir gegeben.«* Hiermit wird deutlich, dass der ungläubige Mensch – auch wenn er sich noch so religiös gibt –, mit der Gottessohnschaft Jesu nichts anzufangen weiß. Nur der von Gott Wiedergeborene wird es verstehen. In Hebräer 2,12 wird dazu gesagt: *»Ich will meinen Brüdern deinen Namen verkünden. Ich will dich vor der ganzen Gemeinde ehren.«*

1) Der Gottesname am Kreuz Jesu

Als man Jesus an das Kreuz genagelt hatte, ließ Pontius Pilatus eine Tafel mit der Aufschrift anbringen: *»Jesus von Nazareth, König der Juden«* (Joh 19,19). Wenn wir Sacharja 12,8-10 lesen wird deutlich, dass Gott (Jahwe) sich selbst mit Jesus am Kreuz identifiziert: *»An jenem Tag wird der HERR die Bewohner von Jerusalem beschirmen; ... Und es wird geschehen an jenem Tag, da trachte ich danach, alle Nationen zu vernichten, die gegen Jerusalem herankommen. ... und sie werden auf mich blicken, den sie durchbohrt haben«(Elb).*

Zudem sagt auch 2. Korinther 5,19: *»Denn Gott war in Christus und versöhnte so die Welt mit sich selbst«.*

2) Das Bekenntnis zum Namen Jesu

In Offenbarung 3,8 sagt der Herr zur Gemeinde in Philadelphia lobend: *»Du hast ... meinen Namen nicht verleugnet«* und in Offenbarung 2,13: *»doch bist du meinem Namen treu geblieben«* (trotz satanischer Angriffe).

Es gibt viele, die sich wohl Christen nennen, vielleicht auch von Gott reden, aber den Namen Jesus nicht nennen und sich in der Öffentlichkeit seiner schämen. Dazu sagt Jesus: *»Wenn sich ein Mensch ... für mich oder meine Botschaft schämt, für den wird sich auch der Menschensohn schämen, wenn er ... in der Herrlichkeit seines Vaters kommt«* (Mk 8,38).

In 1. Johannes 2,22-23 wird vor Leugnern der Gottessohnschaft und der Messiasstellung Jesu gewarnt: *»Wer ist der Lügner, wenn nicht der, der leugnet* (von griech.: *arneomai* = »zurückweisen«), *dass Jesus der Christus ist? Der ist der Antichrist, der den Vater und den Sohn leugnet. Jeder,*

der den Sohn leugnet, hat auch den Vater nicht; wer den Sohn bekennt, hat auch den Vater« (Elb).

3) Namensbezeichnungen bei Jesu Wiederkunft

Jesus erscheint am Ende der großen Bedrängnis auf einem weißen Pferd, um den Antichrist zu besiegen und den Teufel in den Abgrund zu sperren. In Offenbarung 19,11ff wird er mit verschiedenen Namen bezeichnet: Vers 11: *»der Treue und Wahrhaftige«*; Vers 12: *»Es stand ein Name auf seiner Stirn geschrieben, und nur er wusste, was dieser Name bedeutete«*; Vers 13: *»sein Name ist ›Das Wort Gottes‹«*. So wird Jesus auch am Anfang des Johannesevangeliums genannt. *»Und er trägt auf seinem Gewand und an seiner Hüfte einen Namen geschrieben: König der Könige und Herr der Herren«* (Offb 19,16). Damit wird deutlich, dass Jesus Christus, Gottes Sohn, mit göttlicher Macht ausgestattet ist.

4) Der Name Jesu an den Stirnen der Erlösten

Die durch Jesus Christus Erlösten werden als ewiges Eigentum Gottes betrachtet, bekommen eine Ehrenstellung und werden mit Gottes und Jesu Namen gekennzeichnet.

Offenbarung 3,12: *»Ich werde ihn mit dem Namen meines Gottes kennzeichnen, und er wird Bürger in der Stadt meines Gottes sein – in dem neuen Jerusalem, das von meinem Gott aus dem Himmel herabkommt. Und mein neuer Name wird auf ihm geschrieben stehen.«*

Offenbarung 22,3-4: *»Nichts wird je wieder unter einem Fluch stehen. Denn der Thron Gottes und des Lammes wird dort sein, und seine Diener werden ihn anbeten. Und sie werden sein Gesicht sehen, und sein Name wird auf ihren Stirnen geschrieben stehen.«*

5) Bis hin zum Ziel: dem Namen Jesu dienen

Christen werden in der Bibel aufgefordert, den Namen Jesu bekannt zu machen und ihn zu ehren. Die Apostel und die ersten Christen waren dazu bereit. Auch heute finden wir in aller Welt Christen, die den Namen Jesu lieben, verkündigen und um seines Namens Willen bereit sind zu leiden.

Von Anfang an gab es aber auch Widerstand gegen diesen Namen. Und so wird es bis zu seiner Wiederkunft sein. Schon damals wurden Verbote erlassen, im Namen Jesu zu predigen: *»... und untersagten ihnen, je wieder im Namen von Jesus zu sprechen oder zu lehren«* (Apg 4,18). Besonders Saulus von Tarsus, ein fanatischer Pharisäer, trat den Christen feindlich entgegen. Er ließ diejenigen gefangen nehmen, die den Namen anriefen (Apg 9,14).

Aber sofort nach seiner Bekehrung predigte er mit Hingabe und Liebe im Namen Jesu frei und offen. Er sollte nach dem Willen Jesu Christi das Evangelium *»den Völkern und Königen bringen und auch dem Volk Israel«* (Apg 9,15). Und er sollte um des Namens willen leiden (Vers 16). In Apostelgeschichte 21,13 bekennt er, dass er sogar bereit sei, für den Namen Jesu zu sterben.

Viele Christen haben sich im Laufe der Heils- und Gemeindegeschichte ebenso verhalten. Große Scharen sind deswegen den Märtyrertod gestorben. Auch heute noch fließt besonders in Verfolgungsgebieten viel Märtyrerblut. Dadurch aber wächst die Gemeinde Jesu in aller Welt und der Name Jesu Christi und der Name des Vaters im Himmel werden dabei hoch geehrt.

6) Der Name Jesu Christi gibt dem Christen auch die Vollmacht von Gott, außergewöhnliche Dinge zu vollbringen, zu erfahren oder zu erwarten

Als der Gelähmte an der Tempeltür durch den Dienst von Petrus und Johannes geheilt wurde, geschah es im Namen Jesu Christi (Apg 3,6).

Die zweiundsiebzig Jünger kamen voller Freude von ihrem Dienst zurück und sprachen zu Jesus: *»Herr, sogar die Dämonen gehorchen uns«* (Lk 10,17).

Auch in Apostelgeschichte 16,18 trieb Paulus einen Dämon aus einer Wahrsagerin aus mit den Worten: *»›Ich befehle dir im Namen von Jesus Christus, aus ihr auszufahren.‹ Und augenblicklich verließ er sie.«*

Der Christ hat von sich aus nicht diese Kraft und Vollmacht. Jesus Christus schenkt sie ihm, wenn er in der Abhängigkeit vom Herrn lebt. Und er darf im Gebet alles erbitten.

Jesus selbst sagt: *»Ich versichere euch: Dann könnt ihr selbst zum Vater gehen und ihn bitten, und er wird eure Bitte erfüllen, weil ihr in meinem Namen bittet«* (Joh 16,23).

In Johannes 14,13-14 verheißt Jesus: *»Ihr dürft in meinem Namen um alles bitten, und ich werde eure Bitten erfüllen, weil durch den Sohn der Vater verherrlicht wird. Bittet, um was ihr wollt, in meinem Namen, und ich werde es tun!«*

D) Jesus Christus hat die Wesensart des Vaters

Paulus schreibt in Philipper 2,6-7: *»Er war Gott gleich, hielt aber nicht daran fest, wie Gott zu sein, sondern er entäußerte sich und wurde wie ein Sklave und den Menschen gleich. Sein Leben war das eines Menschen«* (Einheitsübersetzung).

Mit dem griechischen Wort *isos* (»gleich«) wird eine qualitative Gleichheit und Übereinstimmung ausgedrückt. Dieses Gleichsein hat Jesus für die Zeit seines Menschseins nicht festgehalten, sondern aufgegeben, um sich als sündloser Mensch zu opfern und die Erlösung zu vollbringen. Seine Auferstehung brachte ihn wieder in seine »Gottgleichheit« zurück.

Als Sohn Gottes hat Jesus Christus auch die Eigenschaften Gottes. So wird von ihm in Hebräer 13,8 gesagt: *»Jesus Christus ist gestern, heute und in Ewigkeit derselbe«.*

In Hebräer 1,2f heißt es: *»Durch ihn hat er das ganze Universum und alles, was darin ist, geschaffen, und er hat ihn zum Erben über alles eingesetzt. Der Sohn spiegelt die Herrlichkeit Gottes wider, und alles an ihm ist ein Ausdruck des Wesens Gottes. Er erhält das Universum durch die Macht seines Wortes.«*

Und in Hebräer 1,8.10 lesen wir: *»Aber zu seinem Sohn spricht er: ›Dein Thron, o Gott, steht für immer und ewig. Die Herrschaft deines Reiches ist eine gerechte Herrschaft. ... Herr, am Anfang hast du das Fundament der Erde gelegt, der Himmel ist das Werk deiner Hände.‹«*

In diesen Versen wird die Allmacht Gottes, die der Sohn besitzt, beschrieben. Jesus aber kann allgegenwärtig sein. So sagt er im Missionsbefehl: *»Ich bin immer bei euch, bis ans Ende der Zeit* (*aion*)« (Mt 28,20).

Jesus besitzt auch die Allwissenheit des Vaters. Er weiß, was im Plan Gottes vorgesehen ist. Er kennt die Vergangenheit, Gegenwart und Zukunft der einzelnen Menschen. Er kennt den äußeren Zustand der Menschen, aber er weiß auch, was den Einzelnen bewegt. Er kennt auch seine Gemeinde und beurteilt sie. So lesen wir in den sieben Sendschreiben an die Gemeinden in Kleinasien von der Allwissenheit Jesu. In Offenbarung 2,2-3: *»Ich weiß alles, was du tust. Ich habe dein Bemühen und dein geduldiges Warten gesehen.«*

Aber Jesus lobt keineswegs nur die sieben Gemeinden, sondern fünf von ihnen muss er auch kritisieren: »*Aber ich habe gegen dich einzuwenden, dass ihr mich und euch einander nicht mehr so liebt wie am Anfang! Erkenne doch, wie weit du dich von deiner ersten Liebe entfernt hast!*« Auch Sünde und falsche Lehre kennt er genau und verlangt, dass beides beseitigt wird. Jesus weiß auch um die Belohnung für die, die Überwinder (Sieger) sind, und er macht ihnen Mut für ihr Glaubensleben.

Jesus wird ja einmal auch als Richter auftreten, wobei seine Allwissenheit in Erscheinung treten wird (1Kor 3,11ff; 2Kor 5,10).

Auch in anderer Hinsicht ist Jesus Christus einzigartig und hervorragend. So kam Jesus, um die Werke des Teufels zu zerstören (1Joh 3,8). Schon auf Erden hat Jesus Satan durchschaut und seiner Versuchung widerstanden (Mt 4).

Jesus müssen die bösen Geister fürchten, die in seinem Namen dann auch weichen müssen. Auch Christen haben den Sieg über den Teufel: »*Sie haben ihn* (den Teufel) *durch das Blut des Lammes besiegt und dadurch, dass sie an der Botschaft Gottes festhielten*« (Offb 12,11). Und in 1. Johannes 5,18 heißt es: »*Wir wissen, dass jeder, der ein Kind Gottes geworden ist, nicht sündigt, denn der Sohn Gottes bewahrt ihn, und der Böse kann ihm nichts anhaben*«.

Jesus Christus hat nicht nur einiges von der Wesensart des Vaters, sondern die ganze Fülle: »*Denn in Christus lebt die Fülle Gottes in menschlicher Gestalt*« (Kol 2,9). Von daher und durch sein Erlösungswerk am Kreuz hatte er die Macht, die satanischen Mächte zu bezwingen (Kol 2,15): »*Auf diese Weise hat Gott die Herrscher und Mächte dieser Welt entwaffnet. Er hat sie öffentlich bloßgestellt, indem er sie durch Christus am Kreuz besiegt hat.*«

Jesus Christus war auch ohne Sünde, sonst hätte er nicht stellvertretend für uns sterben können. Die Bibel sagt: »*Denn Gott machte Christus, der nie gesündigt hat, zum Opfer für unsere Sünden, damit wir durch ihn vor Gott gerechtfertigt werden können«* (2Kor 5,21).

Jesus sendet gemeinsam mit dem Vater auch den Heiligen Geist: *»Wenn aber der Tröster kommen wird, den ich euch senden werde vom Vater, der Geist der Wahrheit, der vom Vater ausgeht, der wird Zeugnis geben von mir«* (Joh 15,26; LÜ). Die Bibel zeigt, dass Gott Liebe ist (1Joh 4,8-10): *»Wer aber nicht liebt, kennt Gott nicht – denn Gott ist Liebe. Gottes Liebe zu uns zeigt sich darin, dass er seinen einzigen Sohn in die Welt sandte, damit wir durch ihn das ewige Leben haben. Und das ist die wahre Liebe: Nicht wir haben Gott geliebt, sondern er hat uns zuerst geliebt und hat seinen Sohn gesandt, damit er uns von unserer Schuld befreit«.*

Solche Worte werden von Allah im Koran nicht erwähnt. Wenn auch vom allbarmherzigen Gott gesprochen wird, so bleibt er im Bewusstsein des Muslims dennoch unberechenbar. Einen liebenden Gott kennt der Muslim nicht. Er hat auch keine Heilsgewissheit.

In der Bibel dagegen hat nicht nur der Vater im Himmel eine Retterliebe für verlorene Sünder und zeigt liebende Fürsorge für die, die sich zu ihm halten, sondern auch sein Sohn Jesus Christus: *»... ihm, der uns liebt und uns von unseren Sünden befreit hat, indem er sein Blut für uns vergoss«* (Offb 1,5).

Seinen Jüngern sagte der Herr Jesus schon: *»Ich habe euch genauso geliebt, wie der Vater mich geliebt hat. Bleibt in meiner Liebe«* (Joh 15,9).

E) Jesus zur Rechten Gottes

> *»... und bitte den Gott unseres Herrn Jesus Christus, den Vater der Herrlichkeit, euch den Geist der Weisheit und Einsicht zu schenken ... Ich bete, dass ihr er-*

kennen könnt, wie übermächtig groß seine Kraft ist, mit der er in uns, die wir an ihn glauben, wirkt. Es ist dieselbe gewaltige Kraft, die auch Christus von den Toten auferweckt und ihm den Ehrenplatz an Gottes rechter Seite im Himmel gegeben hat. Jetzt ist er als Herrscher eingesetzt über jede weltliche Regierung, Gewalt, Macht und jede Herrschaft und über alles andere, in dieser wie in der zukünftigen Welt. Gott hat alles der Herrschaft von Christus unterstellt ...«

(Eph 1,17-22)

1) Jesus als Herrscher

Einige Male wird in der Bibel davon gesprochen, dass es diesen Platz zur rechten Seite Gottes gibt. Es ist die bevorzugte Seite, im Gegensatz zur linken. Eine hochgestellte Persönlichkeit, die jemand zu seiner Rechten (griech.: *dexios*) setzt, gibt dieser Person die gleiche Ehre, wie er sie selbst hat, und erkennt ihr dieselbe Würde zu. So hat Gott seinen Sohn Jesus Christus zu seiner Rechten gesetzt. In Markus 16,19 wird berichtet, dass Jesus in den Himmel aufgenommen wurde *(»... und setzte sich auf den Ehrenplatz an die rechte Seite Gottes«).* Damit traf ein, was in Psalm 110,1 prophetisch vorausgesagt wurde und was im Hebräerbrief 1,13 als erfüllt angesehen wird: *»Der Herr* (Jahwe) *sprach zu meinem Herrn* (adonai): *›Setz dich auf den Ehrenplatz zu meiner Rechten, bis ich deine Feinde demütige und sie zum Schemel unter deinen Füßen mache‹«.*

Für Mohammed und seine Anhänger ist Jesus nur Gesandter Allahs und Diener (Sure 43,59): »Siehe, er (Jesus) ist nichts als ein Diener, dem Wir gnädig gewesen waren, und Wir machten ihn zu einem Beispiel für die Kinder Israel.«

Und in Sure 5,76 ist degradierend für Jesus vermerkt: »Nicht ist der Messias, der Sohn der Maria, etwas andres als ein Gesandter; vorausgingen ihm Gesandte«.

Die Bibel jedoch zeigt uns Jesus Christus als Gottes Sohn zur Rechten des Vaters im Himmel, so z. B. im Hebräerbrief:

Kapitel 1,3: »*Nachdem er uns durch seinen Tod von unseren Sünden gereinigt hat, setzte er sich auf den Ehrenplatz an der rechten Seite des herrlichen Gottes im Himmel.*«

Kapitel 10,12: »*Dieser Hohe Priester dagegen brachte sich selbst Gott als ein Sündopfer dar, das für alle Zeit wirksam ist. Dann setzte er sich auf den höchsten Ehrenplatz an Gottes rechter Seite.*«

Kapitel 12,2: »*Er war bereit, den Tod der Schande am Kreuz zu sterben, weil er wusste, welche Freude ihn danach erwartete. Nun sitzt er an der rechten Seite von Gottes Thron im Himmel!*«

In Offenbarung 11,15 wird dazu die Herrschaft Jesu Christi mit lauter Stimme ausgerufen: »*Die ganze Erde ist jetzt zum Reich unseres Herrn und seines Christus geworden, und er wird in alle Ewigkeit herrschen.*«

An diesem Herrscherthron zur Rechten Gottes sah der Märtyrer Stephanus im Sterben Jesus, und er teilte das allen Umherstehenden mit: »*Schaut doch, ich sehe den Himmel offen und den Menschensohn auf dem Ehrenplatz zur Rechten Gottes stehen!*« (Apg 7,56). Dabei wird deutlich, wie sehr Jesus Christus mit den Seinen verbunden ist und seinen Diener im Himmel empfängt. Jesus ist für seine Gläubigen nicht ein unerreichbarer oder unnahbarer Herrscher; er ist für sie ein liebevoller Fürsprecher beim Vater:

Römer 8,34: »*Christus Jesus … sitzt auf dem Ehrenplatz zur rechten Seite Gottes und tritt für uns ein.*«

1. Johannes 2,1: »*Meine Kinder, ich schreibe euch das, damit ihr nicht sündigt. Aber wenn es doch geschieht, dann gibt es jemanden, der vor dem Vater für euch eintritt: Jesus Christus, der vor Gott in allem gerecht ist.*«

Von dort, der Rechten des Vaters, wird Jesus zur Herrschaft auf die Erde kommen und von Jerusalem aus regieren. In Matthäus 26,64 sagt Jesus vor dem Hohepriester, als er vor Gericht stand: »*Von nun an werdet ihr den Menschensohn zur Rechten Gottes sehen, auf dem Platz der Macht, und ihr werdet sehen, wie er auf den Wolken des Himmels wiederkommen wird*«.

Als Herrscher, der zur Rechten Gottes sitzt, hat der Vater den Sohn auch zum höchsten Richter bestellt: »*Und der Vater richtet niemanden, sondern das Gericht hat er ganz in die Hände seines Sohnes gegeben, damit alle den Sohn ebenso ehren wie sie den Vater ehren. Doch wer den Sohn nicht ehrt, ehrt auch den Vater nicht, der ihn gesandt hat*« (Joh 5,22f).

Die Bibel spricht von drei verschiedenen Gerichten, die zu verschiedenen Zeiten stattfinden werden:

a) Der Richterstuhl Christi

Alle Menschen, die Jesus Christus als ihren Herrn anerkannt und seine Vergebung im Glauben für sich angenommen haben, sind von dem Gericht vor dem großen weißen Thron befreit (Offb 20,11f). Sie begleiten Jesus Christus als seine Gemeinde bei seiner Wiederkunft und werden mit Christus herrschen. Sie werden mit Christus gemeinsam Gericht halten, und zwar sogar über die Dämonen: »*Wisst ihr denn nicht, dass wir eines Tages die Welt richten werden? ... Ist euch nicht bewusst, dass wir Engel richten werden?*« (1Kor 6,2-3).

Die Christen, die durch das Blut und den Tod Jesu erkauft worden sind, werden jedoch vor dem Richterstuhl Christi erscheinen: »*Denn wir alle* (die an Christus Glaubenden) *müssen einmal vor dem Richterstuhl Christi erscheinen, wo alles ans Licht kommen wird. Dann wird jeder von uns das bekommen, was er für das Gute oder das Schlechte, das er in seinem Leben getan hat, verdient*« (2Kor 5,10). Dieses Gericht, das auch Preisgericht genannt wird, wird nach der Entrückung und nach der ersten Auferstehung stattfinden.

Dabei geht es nicht um Leben oder Tod, sondern um das Urteil darüber, wie ein Christ, der den Heiligen Geist empfangen hat, sein irdisches Leben gestaltet hat. Es geht um den Lohn, den ein Christ empfängt oder nicht empfängt. Und es geht um das Maß an Herrlichkeit, das ihm in der Ewigkeit zugewiesen wird. Denn auch für einen Glaubenden wird dann keineswegs gleichgültig sein, wie er sein Leben hier auf der Erde geführt hat. Hat er seinem Herrn treu gedient und ein Gott geweihtes Leben geführt, wird er dafür besonderen Lohn empfangen. War er dagegen lau und träge, wird er sich auf ein entsprechendes Urteil gefasst machen müssen: *»Belohnt aber wird jeder für sich, entsprechend seiner Arbeit. ... Denn niemand kann ein anderes Fundament legen als das, das schon gelegt ist – Jesus Christus. Wer nun auf dieses Fundament aufbaut, kann dazu Gold, Silber, Edelsteine, Holz, Heu oder Stroh verwenden. Am Tag des Gerichts wird sich die Arbeit jedes Einzelnen im Feuer bewähren müssen. Das Feuer wird zeigen, von welcher Qualität das Bauwerk ist. Wenn es dem Feuer standhält, wird der, der es gebaut hat, Lohn empfangen. Doch wenn sein Werk verbrennt, wird er einen schmerzlichen Verlust erleiden. Er selbst wird zwar gerettet werden, aber nur wie einer, der mit Mühe und Not einem Feuer entkommt«* (1Kor 3, 8-15).

Vielleicht lässt sich das Prinzip dieses Preisgerichts mit dem Text eines alten Liedes ausdrücken: »Nur was getan ist aus Liebe zu Jesus, das behält Wert und bleibt ewig bestehen.«

Der Lohn, von dem hier die Rede ist, ist nicht mit einem uns zustehenden Gehalt zu vergleichen. Vermutlich verstehen wir den Begriff auch dann falsch, wenn er uns unter eine Art von »christlichem Leistungsdruck« bringt, dem wir als Angehörige einer leistungsorientierten Gesellschaft ohnehin leicht verfallen. Es handelt sich um den Lohn der Liebe, und zwar der Liebe Christi. Ihn wird nur begreifen, wer die Liebe Christi begreift – und wer von uns wollte schon behaupten, dass er dies könne? Nein, hier kann keiner von uns seinen »Lohnzettel« ausrechnen. Hier werden wir alle überrascht sein, als Betroffene, aber doch auch Überraschte der Liebe.

Bei diesem Preisgericht wird auch das offenbar werden, was die Christen während ihres Lebens nicht bekannt und worüber sie nicht Buße getan haben: »*Deshalb hütet euch, voreilige Urteile über den Glauben anderer zu fällen, bevor der Herr wiederkommt. Wenn der Herr kommt, wird er unsere tiefsten Geheimnisse ans Licht bringen und unsere verborgensten Beweggründe offenbar machen. Und dann wird Gott jeden so loben, wie es ihm zusteht*« (1Kor 4,5); »*Wir alle werden einmal vor dem Richterstuhl Gottes stehen. Denn in der Schrift heißt es: ›So wahr ich lebe‹, sagt der Herr, ›jedes Knie wird sich vor mir beugen und jeder Mund wird mich bekennen.‹ Ja, jeder von uns wird sich persönlich vor Gott verantworten müssen*« (Röm 14,10-12).

Mit solchen Aussagen will Christus seine Leute weder ängstigen noch schrecken. Vielmehr möchte er sie ermahnen und ermutigen, ihr Leben auf das ewige Ziel hin auszurichten und bewusst in der Gemeinschaft mit ihm zu leben. Zugleich will er uns Mut machen, wenn es darum geht, Spott, Verfolgung oder sogar den Tod um des Glaubens willen zu ertragen; denn Gott ist und bleibt in Ewigkeit, und er steht uns bei. Aus diesem Grund haben die ersten Christen solche Bedrängnis mit Freuden auf sich genommen. Uns gilt die gleiche Ermunterung des erhöhten Herrn: »*Bleibe treu bis zum Tod, dann will ich dir den Siegeskranz des ewigen Lebens geben*« (Offb 2,10).

Weil Gott gerecht ist, wird es weder im Himmel noch in der Hölle eine »Gleichmacherei« geben. Auch in der Rede Jesu lassen sich Unterschiede erkennen: »*Wenn ihr also das kleinste Gebot brecht und andere dazu ermuntert, dasselbe zu tun, werdet ihr auch die Geringsten im Himmelreich sein. Dagegen wird jeder, der die Gesetze Gottes befolgt und sie anderen erklärt, im Himmelreich groß sein*« (Mt 5,19); »*Von allen Menschen, die jemals gelebt haben, war keiner größer als Johannes der Täufer. Und doch ist noch der Geringste im Himmelreich größer als er!«* (Mt 11,11).

Auch wer die Bibel kritisiert, wird an himmlischer Herrlichkeit verlieren: *»Und wenn jemand irgendetwas von den prophetischen Worten dieses Buchs wegnimmt, wird Gott ihm seinen Anteil am Baum des Lebens und an der Heiligen Stadt wegnehmen«* (Offb 22,19).

Der Herr wird Lohn austeilen nach der Treue im Leben und in der Arbeit eines Christen: *»›Gut gemacht, mein guter und treuer Diener. Du bist mit diesem kleinen Betrag zuverlässig umgegangen, deshalb will ich dir größere Verantwortung übertragen. Lass uns miteinander feiern!«* (Mt 25,21).

Angesichts der Tatsache, dass wir alle einmal vor dem Richterstuhl Christi offenbar werden müssen, sollten wir uns fragen, ob wir unser Leben Jesus ganz zur Verfügung gestellt haben und ihm mit allen unseren Gaben und Fähigkeiten, mit unserer Zeit, unserem Geld und unserem Besitz dienen. Er will den ersten Platz in unserem Leben einnehmen.

Dass es auch für die Menschen in der Verdammnis Unterschiede gibt, soll lediglich an zwei Stellen belegt werden. Jesus hat wiederholt die Scheinheiligkeit der Schriftgelehrten und Pharisäer gerügt. In Markus 12,40 sagt er von ihnen: *»Deshalb wird ihre Strafe um so härter sein.«* Und in Matthäus 11,20-24 kündigt Jesus den Städten Chorazin und Kapernaum ein strengeres Gericht als den anderen gottlosen Städten an. Der Grund dafür war, dass Jesus in diesen beiden Orten gepredigt und Wunder getan hatte; deshalb war die Verantwortung der Einwohner größer als die der anderen Städte, die das nicht erlebt hatten: *»Am Tag des Gerichts werden Tyrus und Sidon besser dastehen als ihr! Und ihr Bewohner von Kapernaum, ob ihr wohl einst in den Himmel gehoben werdet? Ganz sicher nicht. Ihr werdet vielmehr hinunter ins Reich der Toten geworfen. Denn wenn ich die Wunder, die ich bei euch getan habe, in Sodom getan* *hätte, würde die Stadt heute noch stehen. Seid versichert: Sodom wird am Tag des Gerichts besser dastehen als ihr!«* (Mt 11,22-24).

b) Das Völkergericht

Außerdem spricht die Bibel von einem Gericht über die Völker, das *vor* dem Tausendjährigen Reich stattfinden wird. Im Unterschied zu dem Gericht vor dem großen weißen Thron werden hier die Völker nach ihrem Verhalten gegenüber Israel gerichtet. Dieses Gericht wird im Tal Joschafat (dem Kidrontal zwischen Tempelplatz und Ölberg) gehalten werden: *»In den Tagen, in denen ich das Schicksal Judas und Jerusalems wenden werde, will ich alle Völker im Tal Joschafat versammeln. Dort werde ich über sie Gericht halten wegen meines Volkes und Erbbesitzes Israel, weil sie es vertrieben haben unter die Völker und weil sie mein Land unter sich aufgeteilt haben. Mein Volk haben sie unter sich verlost. Sie haben kleine Jungen gegen Huren getauscht und kleine Mädchen für Wein verkauft, den sie dann verzechten. ... Ihr habt die Einwohner von Juda und Jerusalem an die Griechen verkauft, um sie weit von ihrer Heimat zu entfernen. ... Alle Völker sollen sich bereit machen und zum Tal Joschafat ziehen, denn dort werde ich sein, um über sie zu richten. ... Im Tal der Entscheidung versammeln sich große Scharen. Denn nahe ist der Tag des HERRN im Tal der Entscheidung«* (Joel 4,1-14).

Gott hat Israel wegen seines Ungehorsams mit der Vertreibung aus dem Land der Väter und der Zerstreuung unter alle Völker schwer gestraft. Aber auch die Völker, die die Juden ungerecht behandelt und verfolgt haben, werden deswegen ein strenges Gericht über sich ergehen lassen müssen. Gott hat gesagt: *»Wer euch antastet, tastet meinen Augapfel an«* (Sach 2,12; Elb). Gott zeigt, welche Folgen das Verhalten der Völker gegenüber Israel nach sich ziehen wird: *»Wer dich segnet, den* *werde ich auch segnen. Wer dich verflucht, den werde ich auch verfluchen.«* (1Mose 12,3).

Auch Jesus erwähnt das Völkergericht: *»Doch wenn der Menschensohn in Herrlichkeit wiederkommt, und alle Engel mit ihm, wird er auf seinem Thron der Herrlichkeit sitzen. Alle Völker werden vor ihm zusammengerufen, und er wird sie trennen, so wie ein Hirte die Schafe von den Ziegen trennt«* (Mt 25,31-32).

Die »Schafe zur Rechten« werden an den Segnungen des Tausendjährigen Reiches teilhaben. Über die anderen spricht der Herr sein Urteil, das dann vor dem großen weißen Thron vollstreckt wird.

c) Das Gericht vor dem großen weißen Thron

Man nennt dieses Gericht vor dem großen weißen Thron auch das »Jüngste Gericht«, weil es das letzte ist und am Ende der Zeiten stattfindet (nach dem Tausendjährigen Reich): *»Und ich sah einen großen weißen Thron und den, der darauf sitzt. Die Erde und der Himmel flohen vor seiner Gegenwart, aber sie fanden keinen Ort, um sich zu verbergen. Ich sah die Toten, die großen und die kleinen, vor Gottes Thron stehen. Und es wurden Bücher aufgeschlagen, darunter auch das Buch des Lebens. Und die Toten wurden nach dem gerichtet, was in den Büchern über sie geschrieben stand, nach dem, was sie getan hatten. Das Meer gab die Toten her, die darin waren, und der Tod und das Totenreich gaben die Toten her, die in ihnen waren. Sie alle wurden nach ihren Taten gerichtet. Und der Tod und das Totenreich wurden in den Feuersee geworfen. Das ist der zweite Tod – der Feuersee. Und alle, deren Namen nicht im Buch des Lebens geschrieben standen, wurden ebenfalls in den Feuersee geworfen«* (Offb 20,11-15).

Die leibliche Auferstehung der Christen erfolgt bei der Wiederkunft Christi; die Ungläubigen jedoch, von denen in dem zitierten Text die Rede ist, werden erst nach dem Tausendjährigen Reich auferweckt: »*Die übrigen Toten wurden nicht wieder lebendig, bis die tausend Jahre vorüber waren*« (Offb 20,5).

Nach den Aussagen der Bibel kann sich kein Mensch dem Gericht Gottes entziehen. Alle müssen vor seinem Richterstuhl erscheinen – ob sie wollen oder nicht; ob sie beerdigt, verbrannt oder ins Meer versenkt wurden. Gott spricht sein allmächtiges Wort; es bewirkt, dass sie alle auferstehen und vor ihm zum Gericht erscheinen. Wer nicht in dem Buch des Lebens steht, der wird verurteilt und in den Feuersee geworfen. Dieses Gericht hatte schon Daniel gesehen, als Gott ihm Einblicke in den Ablauf der Welt- und Heilsgeschichte gab: »*Ich schaute, bis Throne aufgestellt wurden und einer, der alt war an Tagen, sich setzte. Sein Gewand war weiß wie Schnee und das Haar seines Hauptes wie reine Wolle, sein Thron Feuerflammen, dessen Räder ein loderndes Feuer. Ein Feuerstrom floss und ging von ihm aus. Tausend mal Tausende dienten ihm, und zehntausend mal Zehntausende standen vor ihm. Das Gericht setzte sich, und Bücher wurden geöffnet*« (Dan 7,9-10; Elb).

Die Apostel, deren Predigten geprägt waren von der Liebe und dem Gnadenangebot Gottes in Jesus Christus, wiesen dennoch immer wieder auf das Gericht hin. Paulus verschweigt es auch vor den Athenern nicht: »*Denn er hat einen Tag festgesetzt, an dem er die Welt gerecht richten wird, und zwar durch den Mann, den er dazu bestimmt hat. Und er hat allen bewiesen, wer dieser Mann ist, indem er ihn von den Toten auferweckte*« (Apg 17,31). Jesus Christus, der für die Sünden aller Menschen stellvertretend am Kreuz den Tod erlitt, und damit allen Menschen Vergebung angeboten hat, wird nun als ihr Richter auftreten. Er sagt selbst: »*Und der Vater richtet niemanden, sondern das Gericht hat er ganz in die Hände seines Sohnes gegeben, damit alle den Sohn ebenso ehren wie sie den Vater ehren*« (Joh 5,22-23).

Oft wird die Frage gestellt, was mit den Menschen geschieht, die das Evangelium noch nie gehört haben. Gott wird auch sie richten, und sein Urteil wird gerecht sein. Nach Römer 1 und 2 hätten sie zumindest die Möglichkeit gehabt, Gott in der Schöpfung und mit Hilfe ihres Gewissens zu erkennen: *»Dabei wissen sie von Gott; Gott selbst hat ihnen diese Erkenntnis gegeben. Seit Erschaffung der Welt haben die Menschen die Erde und den Himmel und alles gesehen, was Gott erschaffen hat, und können daran ihn, den unsichtbaren Gott, in seiner ewigen Macht und seinem göttlichen Wesen klar erkennen. Deshalb haben sie keine Entschuldigung dafür, von Gott nichts gewusst zu haben. Obwohl sie von Gott wussten, wollten sie ihn nicht als Gott verehren oder ihm danken. Stattdessen fingen sie an, sich unsinnige Vorstellungen von Gott zu machen, und ihr Verstand verfinsterte sich und wurde verwirrt«* (Röm 1,19-21).

Im folgenden Kapitel führt der Apostel das weiter aus: *»Wenn die, die das geschriebene Gesetz Gottes nicht kannten, sündigen, wird Gott sie dennoch richten. Und wenn die, die das Gesetz kennen, sündigen, wird Gott sie nach dem Gesetz verurteilen. Es reicht also nicht aus, das Gesetz nur zu kennen, um vor Gott anerkannt zu sein. Sondern nur wer so handelt, wie es das Gesetz verlangt, wird in Gottes Augen für gerecht erklärt. Wenn sogar Menschen, die Gottes geschriebenes Gesetz nicht haben, unbewusst so handeln, wie es das Gesetz vorschreibt, so beweist das, dass sie in ihren Herzen Recht von Unrecht unterscheiden können. Durch ihr Verhalten zeigen sie, dass Gottes Gesetz in ihr Herz geschrieben ist, denn ihr eigenes Gewissen und ihre Gedanken klagen sie entweder an oder bestätigen, dass sie das Richtige tun. Und dies alles wird sichtbar an dem Tag, an dem Gott durch Jesus Christus alles richten wird, auch das, was bei den Menschen verborgen ist. Das ist meine Botschaft, die mir Gott gegeben hat«* (Röm 2,12-16).

Damit macht Paulus deutlich, dass vor Gott kein Mensch unschuldig ist, ob er das Gesetz (Gottes Wort) nun gehört hat oder nicht. Natürlich haben die, die das Evangelium vernommen haben, eine größere Verantwortung. Wer nun aber nicht gehorcht und Jesus Christus als Retter ablehnt, hat mit einem größeren Strafmaß zu rechnen als der, der die Heilsbotschaft nie gehört hat. Diejenigen, die keine Juden sind, haben aber von Gott ein Gewissen erhalten, durch das Gott zu ihnen spricht; also können sie sich nicht mit der Ausrede entschuldigen, dass sie von Gott nichts gewusst haben. Es wird in diesen Aussagen des Römerbriefs nicht gesagt, *wie* Gott bei ihnen urteilt. Da Gottes Wesen aber Heiligkeit und Gerechtigkeit ist und er die einzelnen Herzen kennt, wird er auch in Bezug auf diejenigen gerecht urteilen, die keine Gelegenheit hatten, das Evangelium zu hören.

Es ist eben keineswegs gleichgültig, welche Haltung der Mensch Gott gegenüber einnimmt und wie er sein Leben gestaltet. Jeder ist für sein Handeln verantwortlich, sogar für jedes unnütze Wort: *»Ich sage euch: Am Tag des Gerichts müsst ihr euch für jedes böse Wort, das ihr sagt, verantworten«,* sagt Jesus in Matthäus 12,36.

In diesem Gericht wird der Text des alten Karnevalsschlagers »Wir kommen alle, alle, alle in den Himmel, weil wir so brav sind…« (von Jupp Schmitz, 1953), dem sich viele Leute so gerne anschließen möchten, von Gott für die Menschen in erschreckender Weise korrigiert werden. Selbst wenn ein Mensch sich für anständig und brav hält, so reicht das nicht aus, um vor dem heiligen Gott zu bestehen. Denn der Mensch ist von seinem Wesen her ein Rebell, der sich gegen Gott auflehnt und seine Gesetze übertritt; dadurch ist er aufgrund seiner Sünde für Gott »tot« (Eph 2,1). Wer sich nicht darauf berufen kann, dass er die Erlösung, die Jesus für ihn erworben hat, im Glauben angenommen hat, verfällt dem göttlichen Urteil.

Dann wird es keine Möglichkeit mehr geben, diesen Urteilsspruch abzuwenden. Heute steht das Angebot Gottes noch allen Menschen offen. Jesus ist für jeden gestorben, er hat am Kreuz unsere Sünde getragen. Es liegt an jedem Einzelnen, ob er im Glauben in Anspruch nehmen will, dass ein anderer für ihn die Schuld bezahlt hat, die er niemals selbst begleichen kann. Gott legt die Entscheidung darüber, welches Urteil im Gericht über den jeweiligen Menschen gesprochen werden wird, in dessen eigene Hand. Denn wer Jesus angenommen hat, der hat damit auch das ewige Leben. Jesus selbst sagt: *»Er wird nicht für seine Sünden verurteilt werden, sondern ist bereits den Schritt vom Tod ins Leben gegangen«* (Joh 5,24).

Wer in Jesus das Leben empfangen hat, der steht auch im »Buch des Lebens«, von dem in Offenbarung 20,15 die Rede ist.

F) Das Heil allein in Jesus Christus

Viele Menschen sind mit dem Leben, das sie führen, nicht zufrieden. In der Regel machen sie dafür ihre Mitmenschen, ihre Umwelt oder besondere Verhältnisse verantwortlich. Doch im Grunde liegt die Unzufriedenheit in einem gestörten Verhältnis zu Gott; denn der Mensch ist auf Gott hin »angelegt«. Der Störfaktor ist die Sünde und die Schuld des Menschen. Dennoch ist Gott in seiner Liebe auf der Suche nach uns. Er will durch Jesus Christus etwas völlig Neues in unserem Leben anfangen. Nur Gott allein kann das Leben eines Menschen von Grund auf neu gestalten, denn am Kreuz von Golgatha hat Jesus die Erlösung vollbracht, die er jedem Menschen anbietet.

Paulus schreibt in Kolosser 1,14-16: *»Gott hat unsere Freiheit mit seinem* (Christi) *Blut teuer erkauft und uns alle* *unsere Schuld vergeben. Christus ist das Bild des unsichtbaren Gottes. Er war bereits da, noch bevor Gott irgendetwas erschuf, und ist der Erste aller Schöpfung. Durch ihn hat Gott alles erschaffen, was im Himmel und auf der Erde ist. Er machte alles, was wir sehen, und das, was wir nicht sehen können, ob Könige, Reiche, Herrscher oder Gewalten. Alles ist durch ihn und für ihn erschaffen.«*

Das sind gewaltige Aussagen: Jesus Christus, der das Universum geschaffen hat, kennt und sieht jeden Menschen. Er weiß, wer wir sind, wo und wie wir leben. Er weiß, wie es um uns bestellt ist, was wir denken und fühlen. Er kennt auch unsere Sünde und Schuld. Und er ist bereit, unser Leben neu zu gestalten. Wir müssen es ihm nur zur Verfügung stellen. Jesus Christus ist bereit, alle Schuld zu vergeben und von der Macht der Sünde zu befreien. Er gibt Frieden. Durch ihn kommt wirkliche Freude in unser Leben. Er löst Probleme, die kein Mensch zu lösen vermag. Er verleiht dem Leben einen Sinn und gibt Hoffnung über den Tod hinaus.

1) Der Mensch braucht Frieden mit Gott

Er benötigt dringend das Heil, denn:

a) Der Mensch ist von Natur von Gott getrennt

1. Er lebte einst im Garten Eden in Gemeinschaft mit Gott: 1. Mose 2,8-24
2. Der Sündenfall des Menschen: 1. Mose 3,1-24; 2. Korinther 11,3
3. Sünde trennt den Menschen von Gott: 1. Mose 3,23-24 (Vertreibung aus dem Paradies wegen der Sünde der ersten Menschen); Jesaja 59,2: »*... eure Sünden sind eine Schranke, die euch von Gott trennt.*«

4. Sünde bringt Schuld mit sich: Römer 3,19: »Die ganze Menschheit ist vor Gott schuldig.« (Gute Nachricht Bibel)
5. Der Zustand des Menschen in der Sünde:
   Zustand und Verhaltensweise des Menschen sind böse (Röm 3,9-19). Sein Herz ist verfinstert (Röm 1,21), ebenso sein Verstand (Eph 4,18). *»Jeder Mensch ist ein Lügner«* (Röm 3,4). Er ist geistlich tot (Eph 2,1.5; vgl. 1Mose 2,17), fremd und feindlich gegenüber Gott (Kol 1,21). Der Mensch ist also von Natur durch die Sünde von Gott getrennt. Er wird ein Gottloser genannt (Röm 5,6), ist also nicht schon von Natur aus ein Gotteskind.

   »Menschen, die Gott nicht kennen, können den Geist Gottes … nicht verstehen« (1Kor 2,14). Der Mensch erkennt Gott in seiner Heiligkeit nicht, aber er erkennt auch seinen eigenen Zustand nicht. Gott muss ihm erst die Augen öffnen. Gottes Zorn ist über ihm: *»Doch die, die dem Sohn nicht gehorchen, werden das ewige Leben nie erfahren, sondern der Zorn Gottes liegt weiterhin auf ihnen«* (Joh 3,36; vgl. Röm 1,18). Dieser Zorn Gottes kann nur durch Jesus Christus abgewendet werden.
6. Sünde versklavt:
   Die Sünde gewinnt Macht über den Menschen:

   Epheser 2,2: *»Ihr habt genauso in der Sünde gelebt wie der Rest der Welt«* (so wird es von denen gesagt, die nun zu Christus gehören).

   Johannes 8,34: *»Jeder, der sündigt, ist ein Sklave der Sünde.«*

   Römer 7,14: *»Ich aber bin als Mensch wie in die Sklaverei verkauft und werde von der Sünde beherrscht.«*

   Satan gewinnt Macht über den Menschen:

   Epheser 2,2: *»… beherrscht von Satan, der im Machtbereich der Luft regiert«;* er ist es, der Menschen zum Bösen verführt.

2. Korinther 4,4: *»Der Satan, der Gott dieser Welt, hat die Gedanken der Ungläubigen ... verblendet...«*
Johannes 8,44: *»Ihr habt den Teufel zum Vater ...«* Das sagt Jesus zu denen, die ihn ablehnen.

Der Tod gewinnt Macht über den Menschen:
Römer 5,12-14: Durch die Sünde hat der Tod Macht.
Römer 6,23: *»Der Lohn der Sünde ist der Tod ...«*
Hebräer 2,15: Die Menschen sind Sklaven ihrer Angst vor dem Tod. Jesus erlöst von dieser Furcht.

7. Sünde führt ins Gericht Gottes und in die Verdammnis:
Römer 5,18: *»Die Sünde Adams brachte Verdammnis über alle Menschen, ...«*
2. Thessalonicher 1,9: *»Sie werden mit ewigem Verderben bestraft werden und für immer vom Herrn und seiner herrlichen Macht getrennt sein.«*
Matthäus 25,41: ewiges Feuer – so wird die Hölle beschrieben.
Lukas 16,19-26: Jesus zeigt eine große Kluft zwischen Erlösten und Geretteten.
In Offenbarung 20,15 wird ein Feuersee genannt, wohin die Verlorenen, ja sogar Satan und die Dämonen kommen werden.
Offenbarung 22,15: *»... die Zauberer, die Unzüchtigen, die Mörder, die Götzendiener und alle, die es lieben, in Lüge zu leben«* werden nicht im himmlischen Jerusalem leben dürfen.
8. Alle Menschen sind Sünder: Kein einziger Mensch ist ohne Sünde. Nur Jesus war sündlos (Röm 3,9.19; 5,12).
9. Keiner kann sich selbst retten:
Unsere guten Werke, unsere Leistungen retten nicht vor dem Gericht (Gal 2,16).
Epheser 2,8-9: *»Weil Gott so gnädig ist, hat er euch durch den Glauben gerettet. Und das ist nicht euer eigener*

Verdienst; es ist ein Geschenk Gottes. Ihr werdet also nicht aufgrund eurer guten Taten gerettet, damit sich niemand etwas darauf einbilden kann.«

b) Der Erlöser und sein Erlösungswerk

1. Gott hatte versprochen, einen Erlöser zu senden: Dies geschah bereits zu Anfang der Menschheitsgeschichte (1Mose 3,15) und ist mit Jesus erfüllt worden, was der Engel Gabriel so ankündigte: »*... er wird sein Volk von allen Sünden befreien*« (Mt 1,21).
2. Jesus Christus ist der von Gott verheißene Erlöser:
   1. Korinther 1,30: »*Durch ihn sind wir erlöst.*« (vgl. Apg 4,12; Eph 1,7)
3. Das Erlösungsmittel ist das Blut Jesu Christi:
   Hebräer 9,22: »*Ohne Blutvergießen gibt es keine Vergebung...*«
   1. Johannes 1,7: »*... das Blut von Jesus, seinem Sohn, reinigt uns von jeder Schuld.*«
4. Jesus Christus trug unsere Sünde ans Kreuz:
   Jesaja 53,6: »*Doch ihn ließ der HERR die Schuld von uns allen treffen.*«
   Galater 1,4: »*Er hat sich selbst für uns geopfert ...*«
5. Durch Jesus Christus gibt es Begnadigung:
   Titus 3,7: »*In seiner großen Güte sprach er uns los von unserer Schuld.*«
6. Erlösung und Gnade müssen angenommen werden:
   Johannes 1,12: Wer ihn aufnimmt, wird Gottes Kind.
   Johannes 6,37: Wer zu ihm kommt, wird nicht zurückgestoßen.
   Offenbarung 3,20: Wer seine Stimme hört und die Tür seines Herzens öffnet, zu dem kehrt er ein.
7. Wer ihn aufgenommen hat, ist errettet:
   von Schuld:
   Apostelgeschichte 3,19: Die Sünde muss getilgt werden.

1. Johannes 1,7: »... *wenn wir wie Christus im Licht Gottes leben, dann haben wir Gemeinschaft miteinander, und das Blut von Jesus, seinem Sohn, reinigt uns von jeder Schuld.*«

Jesaja 43,25: Gott vergisst unsere Sünden und wird sie uns nie wieder vorhalten.

von der Macht der Sünde:

Der Sohn Gottes macht frei von der Macht der Sünde (Joh 8,36; vgl. Gal 5,1).

von der Macht des Teufels:

Kolosser 1,13: »*Denn er hat uns aus der Macht der Finsternis gerettet ...*«

vom ewigen Tod:

Kolosser 2,13: »*Doch Gott hat euch mit Christus lebendig gemacht.*« (vgl. Eph 2,1.5)

von der Todesfurcht:

Hebräer 2,14-15: Jesus hat dem Tod die Macht genommen. »*Nur so konnte er die befreien, die ihr Leben lang Sklaven ihrer Angst vor dem Tod waren.*«

8. Das einmalige Opfer am Kreuz genügt vollkommen:
   Johannes 19,30: Jesus rief: »*Es ist vollbracht!*« Niemand muss und kann zum Heil etwas hinzufügen.
   Hebräer 10,10-22: Mit einem Opfer hat er die Erlösung vollendet. Es muss weder blutig noch unblutig wiederholt oder ergänzt werden.
9. Jesus Christus ist der einzige Weg zu Gott:
   1. Timotheus 2,5: »*Denn es gibt nur einen Gott und nur einen Vermittler zwischen Gott und den Menschen: Das ist Christus Jesus, der Mensch geworden ist.*«
   Apostelgeschichte 4,12: »*Im ganzen Himmel gibt es keinen anderen Namen, den die Menschen anrufen können,*

um errettet zu werden.« Keine Religion kann retten, keine Leistung unsererseits – nur Jesus.

Johannes 14,6: Jesus sagt: *»Ich bin der Weg … Niemand kommt zum Vater außer durch mich.«* Deshalb dürfen wir Jesus auch nicht auf dieselbe Stufe stellen wie Buddha, Mohammed und andere Religionsstifter.

2) Das Heil muss im Glauben angenommen werden

Was bedeutet »glauben«?

Der Glaube, den Gott von uns Menschen verlangt, zeigt sich mindestens in drei Punkten:

1. Zunächst gibt es eine Form des Glaubens, die einem bloßen Für-wahr-Halten entspricht. Diese Art zu glauben ist vielen Menschen eigen. Sie halten die Existenz Gottes für wahr, sie bezweifeln nicht, dass Jesus Christus gelebt hat, und sie rechnen damit, dass es Himmel und Hölle und eine ewige Welt Gottes gibt. Sie widersprechen nicht, wenn man sagt, dass die Bibel das Wort Gottes sei. Doch ihr Glaube hat zu ihrem Leben letztlich keinen direkten Bezug, und es reicht nicht aus, lediglich die Existenz Gottes für wahr zu halten. Jakobus schreibt in seinem Brief: *»Auch die Dämonen glauben und zittern«* (Jak 2,19; Elb). Der Glaube vieler Menschen lässt sich mit dem Glauben der Dämonen vergleichen. Sie fürchten sich vor Gott – denn sie spüren instinktiv, dass ihr Leben vor ihm nicht in Ordnung ist –, aber den zweiten, den rettenden Schritt auf ihn zu wagen sie nicht.
2. Glauben bedeutet, dass man sich Jesus Christus anvertraut. Jesus selbst hat um dieses Vertrauen immer wieder geworben. Er hat die Menschen aufgefordert: »Komm, folge mir nach!« Dazu gehört, dass man sein bisheriges Leben mit aller Sünde und Schuld hinter sich lässt, dass man es bei Jesus abgibt. Man kann ihm das einfach im Gebet sagen.

Und wer das aufrichtig tut, für den gilt, was Paulus im Römerbrief schreibt: *»Denn wenn man von Herzen glaubt, so wird man gerecht«* (Röm 10,10; LÜ).

Die Voraussetzung dazu ist, dass man begreift, dass es keine andere Möglichkeit gibt, dass man die eigenen Rettungsversuche aufgibt und den Rettungsring ergreift, den Gott uns in Jesus Christus zuwirft. Er ist die große Chance für alle Menschen. Jesus sagt: *»Denn Gott hat die Welt so sehr geliebt, dass er seinen einzigen Sohn hingab, damit jeder, der an ihn glaubt, nicht verloren geht, sondern das ewige Leben hat«* (Joh 3,16).

3. Glaube ist die Hinwendung zu Gott. Er äußert sich in Treue und Gehorsam ihm gegenüber. *»Durch den Glauben gehorchte Abraham«* (Hebr 11,8). Abraham erkannte Gott nicht nur mit seinem Verstand an, er war auch bereit, den Willen Gottes zu tun.

   So mancher nennt sich Christ, tut aber im Grunde nur, was ihm selber gefällt. Er behält seine alten sündigen Gewohnheiten bei. Die Bibel bezeichnet solche Christen als *»fleischlich«* (Röm 8,8; LÜ). Diese Menschen haben ihr Leben Gott nicht anvertraut, und sie leben nicht aus dem Vertrauen zu Gott. Ihr Leben ist eine einzige Tragik; denn sie sitzen zwischen zwei Stühlen und wundern sich darüber, wenn ihnen der Segen Gottes versagt bleibt, wenn sie seine Kraftwirkungen in ihrem Leben nicht erfahren.

3) Die Wiedergeburt

1. Mit Wiedergeburt meint die Bibel nicht die Reinkarnation, wie sie fernöstliche Religionen lehren. Die Bibel zeigt, dass der Mensch nur einmal auf dieser Erde lebt: »... *wie es bestimmt ist, dass jeder Mensch nur einmal stirbt, worauf das Gericht folgt«* (Hebr 9,27).
2. Mit Wiedergeburt meint die Bibel die Aufhebung des geistlichen Todeszustandes (Trennung von Gott) und das

Erlangen des Kindschaftsverhältnisses in Bezug auf Gott. Dieses beginnt mit der bewussten Hingabe im Glauben an Jesus Christus (1Joh 5,1).

3. Die Wiedergeburt ist notwendig: *»Wenn jemand nicht von neuem geboren wird, kann er das Reich Gottes nicht sehen«* (1Joh 3,3).
4. Warum muss man von neuem geboren werden?

   Durch den Sündenfall sind wir geistlich tot (1Mose 2,17). Um mit dem heiligen und lebendigen Gott Gemeinschaft haben zu können, benötigen wir das Leben in Jesus Christus. Wir erhalten es, wenn wir ihn im Glauben annehmen. Dabei werden wir durch den Geist Gottes wiedergeboren (Joh 3,5).
5. Durch die Wiedergeburt sind wir eine neue Schöpfung (2Kor 5,17; vgl. 1Petr 1,3).

4) Glaubensgewissheit

Es ist keine Vermessenheit, sich des ewigen Lebens gewiss zu sein, wenn man sein Leben Jesus Christus anvertraut hat. Im Gegenteil: Gott wird geehrt, wenn wir seine Heilszusagen in der Bibel im Glauben annehmen und ihm dafür danken.

»Freut euch, dass eure Namen im Himmel aufgeschrieben sind« (Lk 10,20). Nur die im Buch des Lebens stehen, werden Gottes Herrlichkeit erlangen (Offb 21,27). Im Buch des Lebens stehen diejenigen, die durch den Glauben an Jesus Christus ewiges Leben aus Gott haben. Das ewige Leben beginnt nicht erst nach dem Sterben, sondern bei der Glaubensentscheidung für Christus.

Gott gibt in der Bibel die Zusage, dass derjenige, der Jesus im Glauben erfasst, das ewige Leben hat. *»Alle, die an den Sohn Gottes glauben, haben das ewige Leben«* (Joh 3,36).

Die Bibel spricht nicht davon, dass man nur eine »Zuversicht«, ein ungewisses »Hoffen« hegen darf, sondern eine feste

Gewissheit, die durch Gottes Wort und den Heiligen Geist geschenkt wird:

1. Johannes 3,2: »... *wir sind schon jetzt die Kinder Gottes...*«

1. Johannes 5,11-13: »*Das schreibe ich euch, damit ihr wisst, dass ihr das ewige Leben habt, weil ihr an den Namen des Sohnes Gottes glaubt.*«

Römer 8,16: »*Der Geist selbst bezeugt zusammen mit unserem Geist, dass wir Kinder Gottes sind.*« (Elb)

Warum haben viele Menschen keine Gewissheit?

Entweder sind sie nicht wiedergeboren, weil sie keine Entscheidung für Christus getroffen haben; oder sie leben bewusst in Sünde und hindern damit den Heiligen Geist daran, Gewissheit zu schenken. Andere verlassen sich nur auf ihre Gefühle – die aber wechselhaft sind und täuschen können – und nicht auf Gottes Wort. Grundlage für die Gewissheit ist die Zusage im Wort Gottes und deren Bestätigung durch den Heiligen Geist.

Wenn der Christ versagt und in Sünde fällt:

1. Er ist noch Gotteskind, aber sein Verhältnis zum Herrn ist gestört. Der Heilige Geist wird betrübt (Eph 4,30)
2. Das Verhältnis zu den Glaubensgeschwistern ist dann oft gestört, deshalb sollen wir einander unsere Schuld bekennen (Jak 5,16a).
3. Der Herr will wieder zurechtbringen und vergeben (1Joh 1,7-9; 2,1-2; Jes 43,24-25).
4. Jesus Christus bringt die, die ihm vertrauen, ans Ziel:

   Johannes 10,28-30: »*Niemand wird sie mir entreißen, ...*«

   1. Korinther 1,8-9: »*Er wird euch Kraft geben bis zum Ende. ... Gott ist treu.*«

   Hebräer 4,14-16: Jesus als Hoher Priester versteht uns in unserer Schwachheit und hilft uns wieder zurecht.

5) Im Glauben wachsen

Seiner Stellung nach ist der Wiedergeborene eine neue Schöpfung, aber sein altes Wesen macht ihm noch zu schaffen. In der Bibel wird er aufgefordert, dieses alte Wesen mehr und mehr in den Tod zu geben (Eph 4,22-24; Gal 5,24; Röm 12,1-3).

Oft müssen auch Christen noch okkulte Gegenstände und Literatur, die Aberglauben und Okkultismus fördert, aus ihrem Leben verbannen und vernichten, damit die Macht Satans in ihrem Leben gebrochen wird und ihr Zeugnis für Jesus keine Hinderung erfährt (Apg 19,18.19; 1Kor 10,20.21).

Die ersten Christen wuchsen im Glauben, weil sie sich Wichtiges zu Herzen nahmen (Apg 2,42-47):

1. Sie hörten und lasen regelmäßig Gottes Wort.
2. Sie pflegten das persönliche Gebet und die Gebetsgemeinschaft.
3. Sie vernachlässigten nicht die Gemeinschaft mit bewussten Christen.

6) Ohne Frieden im Herzen kein Friede unter den Völkern

Jesus als Friedensbringer verändert Menschenherzen, wenn er als Retter und Herr angenommen wird. Wo sein Friede regiert, wird Schuld vergeben, Hass in Liebe verwandelt und aus Gegnerschaft und Feindschaft wird Versöhnung. So zeigt es uns das Evangelium von Jesus Christus in der Bibel, und so erfahren es Menschen immer wieder in ihrem Leben. Jesus hat nicht nur eine Lehre hinterlassen, sondern ist in seiner Kraft heilend und umgestaltend wirksam.

Menschen, die bewusst in der Nachfolge Jesu Christi stehen, dürfen einen tiefen Frieden erfahren:

1. Sie leben in Frieden mit Gott. In Römer 5,1 heißt es: »*Da wir nun durch den Glauben von Gott für gerecht erklärt worden sind, haben wir Frieden mit Gott durch das, was Jesus, unser Herr, für uns tat.*«
2. Sie dürfen sich in dieser friedlosen Welt bei Gott geborgen wissen, weil Jesus den Seinen die Zusage macht (Joh 16,33): »*Ich habe euch das alles gesagt, damit ihr in mir Frieden habt. Hier auf der Erde werdet ihr viel Schweres erleben. Aber habt Mut, denn ich habe die Welt überwunden.*«
3. Bewusste Christen, die Jesus Gottes Kinder nennt (Mt 5,9), sind Friedensstifter in dieser Welt. In Hebräer 12,14 werden sie aufgefordert, dem Frieden nachzujagen.

Diese Friedensgesinnung haben sie nicht von sich aus, sondern Gottes heiliger Geist wirkt im wiedergeborenen Christen als Frucht »*Liebe, Freude, Frieden*« und anderes mehr (Gal 5,22).

Von dieser Kraft und der verändernden Liebe wird im Koran nichts gesagt und sie ist im Islam nicht erfahrbar. Der Koran leugnet das Erlösungswerk Jesu und kann somit weder Heil für seine Anhänger verheißen noch Heil für die ganze Welt. In Sure 4,157-158 sagt der Koran: »... doch ermordeten sie ihn nicht und kreuzigten ihn nicht, sondern einen ihm ähnlichen ... und nicht töteten sie ihn in Wirklichkeit. Sondern es erhöhte ihn Allah zu Sich.«

Die Bibel dagegen gibt Gründe an, weshalb Jesus ans Kreuz gehen musste: »*Denn nur so konnte er durch seinen Tod die Macht des Teufels brechen, der Macht über den Tod hatte. Nur so konnte er die befreien, die ihr Leben lang Sklaven ihrer Angst vor dem Tod waren*« (Hebr 2,14-15).

»*Er wurde der Retter für alle, die ihm gehorchen*«, sagt uns Hebräer 5,9. Deshalb kann es für Christen nur eine Konsequenz aus dieser Feststellung geben, nämlich allen Menschen – und besonders auch Muslimen – das Heil in Jesus Christus glaubhaft zu bezeugen (nicht etwa sie zu bekämpfen). Alle sollen doch von der großen und verändernden Liebe Gottes in Christus erfahren.

Später einmal, im großen Friedensreich, in dem Jesus Christus als König regiert, werden die Völker ihm allein dienen, weil sie nun allein an ihn glauben.

Das Heil, das Jesus am Kreuz erworben hat, wird durch Ewigkeiten hindurch gerühmt werden. Unzählige Menschen werden es anbetend ausrufen: *»Die Rettung kommt von unserem Gott, der auf dem Thron sitzt, und von dem Lamm!«* (Offb 7,10)

VI. Leben wir in der »Endzeit«?

In der Theologie spricht man in diesem Zusammenhang von der »Eschatologie«, ein Wort aus dem Griechischen, das die Lehre von den letzten Dingen bezeichnet. Nach Gottes Heilsplan für diese Welt gibt es Geschehnisse, die am Ende dieses Plans eingeordnet sind.

Die Bibel spricht schon im Alten Testament von der Endzeit:

Allein Daniel, der uns den Heilsplan Gottes – besonders für Israel – vermittelt, kündigt eine »Endzeit« an. Gemeint ist damit eine letzte begrenzte Notzeit für das Volk Israel und die Gemeinde Jesu. Aber es ist ebenso eine anbrechende Heilszeit, in der die Gemeinde Jesu Christi in den Himmel entrückt wird und auf Erden ein tausendjähriges Friedensreich unter der Herrschaft Jesu Christi existieren wird:

Daniel 8,17-19: *»Die Ereignisse, die du in deiner Vision gesehen hast, hängen mit dem Ende der Zeit zusammen.«* (Das sagt der Engel, der die Vision übermittelt.)

Daniel 9,26: *»... bis zum Schluss werden Krieg und Verwüstung herrschen ...«*

Daniel 10,14: Der Engel zu Daniel: *»Ich soll dir erklären, was deinem Volk in den letzten Tagen zustoßen wird.«*

Daniel 12,4: *»Du aber, Daniel, bewahre diese Worte; versiegle das Buch für die Zeit des Endes. Viele werden darin forschen, und so wird die Erkenntnis zunehmen.«*

Auch andere Propheten des Alten Testaments sprechen von der Endzeit:

Hesekiel 38,8: Gog aus Magog wird mit anderen Völkern Israel in der letzten Zeit überfallen – aber auf den Bergen Israels besiegt werden.

Micha 4,1 (vgl. Jes 2,2f): »*Aber in den letzten Tagen wird der Tempelberg alle anderen Berge an Größe und Höhe überragen. Es werden dann Menschen aus allen Nationen zu ihm herbeiströmen.*«

Auch das Neue Testament spricht von der Endzeit:

1. Petrus 4,7: »*Das Ende der Welt kommt bald.*«

1. Korinther 10,11: »*Sie* (die Ereignisse des Alten Testaments) *wurden für uns, die wir am Ende der Zeiten leben, als Warnung aufgeschrieben.*«

1. Petrus 1,20: »*Schon vor Erschaffung der Welt wurde er dazu bestimmt, doch erst jetzt, am Ende der Zeiten, ist er für euch erschienen, sodass alle ihn sehen.*«

Die Endzeit begann also schon mit dem Kommen Jesu in diese Welt. Die Apostel wussten dies und predigten es. Wenn schon die Zeit der Apostel endzeitlichen Charakter hatte, wie viel mehr ist doch unsere Zeit davon geprägt. Der Geist des Antichrist war schon damals in der Welt, so wird es uns in 1. Johannes 4,3 gesagt. In der Endzeit wird der Antichrist als Person auftreten und die ganze Welt zum Krieg aufhetzen. Die Völker werden sich dann bei Harmagedon (Jesreel-Ebene in Israel) versammeln (Offb 16,12-16). Diesen Krieg wird der wiederkommende Jesus Christus beenden, wobei er den Antichrist besiegen wird (Offb 19,11-21). Erst dann kommt es zum großen Frieden in der Welt.

Grafik von Willi Buchwald

Der Heilsplan

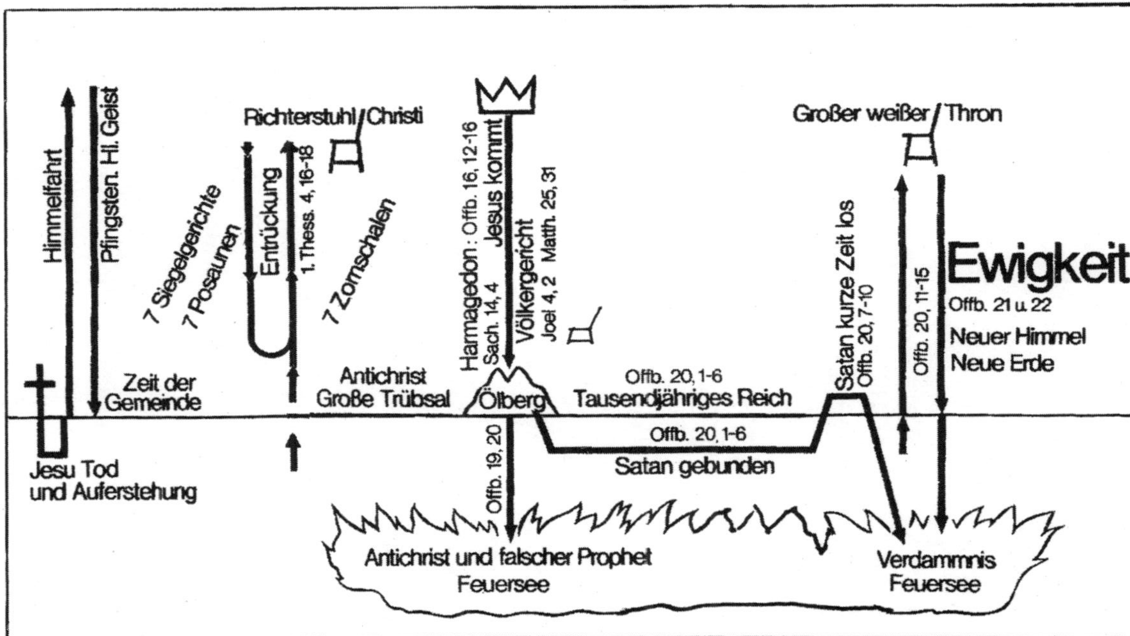

Was muss gemäß des Heilsplans Gottes noch kommen?

Ehe es zum Frieden in der Welt kommt, müssen nach Gottes Ratschluss noch einige Dinge geschehen. Einige sollen hier nun aufgezeigt werden.

A) Der Antichrist – Gewaltherrscher der Endzeit

> **1. Johannes 2,18:** *»Liebe Kinder, die letzte Stunde ist angebrochen. Ihr habt gehört, dass der Antichrist kommt, und es sind schon viele solche Antichristen aufgetreten. Daher wissen wir, dass das Ende der Welt gekommen ist.«*

Der Antichrist wird kurze Zeit vor der Wiederkunft Jesu Christi auftreten und seine Macht entfalten. Er kommt in der Bibel unter verschiedenen Bezeichnungen vor. Die Offenbarung nennt ihn das »Tier«; in 2. Thessalonicher 2 wird er »Mensch der Sünde«, »Sohn des Verderbens« und »Frevler« genannt; Daniel 7 bezeichnet ihn als »Horn«.

Die Bibel spricht von einer göttlichen Dreieinigkeit: Vater, Sohn und Heiliger Geist. Während der großen Bedrängniszeit wird auch eine satanische »Dreieinigkeit« wirksam sein: der Drache (der Teufel), das Tier (der Antichrist) und der falsche Prophet.

1) Die Zeit des Antichrist dauert sieben Jahre

Die Bibel sagt, dass Jesus Christus vom Himmel kam: *»ich bin von oben«* (Joh 8,23). Der Antichrist aber kommt aus dem Abgrund (Offb 11,7; 17,8). Griechisch heißt der Ort *abyssos,* und er ist ein Gefängnis für Dämonen (siehe Offb 9,1f und 20,1ff).

In Daniel 9,27 zeigt uns Gottes Wort, dass die Zeit des Antichrist eine (Jahr-)Woche dauern wird. Sie beginnt mit dem Erscheinen des Reiters auf dem weißen Pferd (Offb 6,1-2). Der Reiter, der hier keinen Namen trägt, kann nicht Jesus sein; denn dieser erscheint erst später auf dem weißen Pferd, um den Antichrist nach siebenjähriger Gewaltherrschaft zu besiegen (Offb 19,11f).

In der ersten Hälfte seiner Herrschaft (dreieinhalb Jahre) wird er einen Bund mit Israel schließen. In dieser Zeit werden die Juden in einem Heiligtum (Tempel) blutige Opfer darbringen, das ihnen dann in der Mitte der (Jahr-)Woche verboten werden wird (Dan 9,27). Der Antichrist wird dann sein eigenes Bild in den Tempel setzen und sich anbeten lassen (Dan 9,27; Mt 24,15; 2Thess 2,4).

Diese zweite Hälfte der sieben Jahre wird auch »die große Bedrängnis« genannt.

2) Macht und Einfluss des Antichrist

Ähnlich wie der Drache – der Teufel – in Offenbarung 12,3 wird auch der Antichrist geschildert. Er besitzt sieben Häupter, die ebenfalls auf List und große Klugheit hinweisen. Seine zehn Hörner und zehn Kronen deuten seine Herrschaft und Macht an (Offb 13,1-2).

Auf politischem, wirtschaftlichem und religiösem Gebiet wird er über große Macht verfügen. Die zehn Herrscher des Staatenbundes werden sich ihm unterordnen: *»Seine zehn Hörner sind zehn Könige, sie werden für eine Stunde königliche Macht erhalten, um mit dem Tier zu regieren«* (Offb 17,12-13).

Nicht wenige suchten schon nach einem »starken Mann«, der die politischen, wirtschaftlichen und sozialen Probleme lösen kann. Paul-Henri Spaak (1899-1972), ehemaliger Generalsekretär der NATO, sagte einmal: »Was wir brauchen, ist ein Mann ausreichenden Formats. Er muss es verstehen, sich alle Leute untertänig zu halten und uns herauszuheben aus dem wirtschaftlichen Sumpf, in dem wir zu versinken drohen. Schickt uns einen solchen Mann, er sei Gott oder ein Teufel: wir werden ihn aufnehmen!« Daraus lässt sich entnehmen, dass man durchaus bereit ist, sich für einen Mann vom Format des Antichrist zu öffnen.

Der Einfluss des Antichrist wird über den Zehnstaatenbund hinausreichen und sich über die ganze Welt erstrecken: *»Und es erhielt Macht über alle Stämme und alle Völker und alle Sprachen und alle Nationen«* (Offb 13,7-8). Er wird sich raffinierter Mittel und Methoden bedienen, um sich die Menschheit untertan zu machen.

Dem Antichrist und seinem falschen Propheten stehen auch äußere Druckmittel zur Verfügung: *»Und das zweite Tier verlangte, dass jeder – ob groß oder klein, reich oder arm, Freier oder Sklave – sich ein Zeichen auf die rechte Hand oder auf die Stirn prägen ließ. Ohne dieses Zeichen, das entweder der Name des Tieres oder das Zahlensymbol seines Namens war, konnte niemand irgendetwas kaufen oder verkaufen. Man benötigt Weisheit, um das zu verstehen. Wer Verstand hat, der errechne die Zahl des Tieres! Denn es ist die Zahl eines Menschen. Sie lautet sechshundertsechsundsechzig«* (Offb 13,16-18).

Diese Zahl 666 hat man immer wieder zu deuten versucht, ohne bisher zu einem befriedigenden Ergebnis zu gelangen. Man ist über die verschiedenartigsten Vermutungen nicht hinausgekommen. Wahrscheinlich ergibt diese Zahl einen Namen, denn im Hebräischen wie im Griechischen besitzt jeder Buchstabe gemäß seiner Reihenfolge im Alphabet zugleich einen Zahlenwert. Es war in der damaligen Zeit eine verbreitete Gewohnheit, die Zahlenwerte, die in den Buchstaben eines Wortes enthalten waren, zusammenzuzählen und nur ihre Summe zu nennen. Aus ihr sollte der Leser dann die einzelnen Buchstaben des Wortes berechnen. So ergab z.B. nach dem hebräischen Alphabet der Name des Kaisers Nero den Zahlenwert 666. Da Nero jedoch vor etwa 2000 Jahren gelebt hat, kann er nicht »das Tier« der Endzeit sein. Wer dies wirklich ist, wird nur von denen erkannt werden, die einen geistlich klaren Blick haben, aber vermutlich erst dann, wenn die Zeit dafür gekommen ist.

Gleichzeitig mit dem Antichrist wirkt der falsche Prophet, der das »zweite Tier« genannt wird. Mit seinen demagogischen Reden und dämonischen Wundertaten führt er dem Antichrist die Massen zu: *»Es wirkte erstaunliche Wunder und ließ vor den Augen der Menschen Feuer vom Himmel auf die Erde regnen. Und mit den Wundern, die es mit der Erlaubnis des ersten Tieres tat, verführte es die Menschen, die auf der Erde wohnen. Es forderte sie auf, ein großes Standbild des ersten Tieres anzufertigen, das tödlich verwundet worden und wieder ins Leben zurückgekehrt war. Es wurde ihm gestattet, dem Standbild des Tieres Leben zu verleihen, sodass es sprechen konnte. Da befahl das Standbild des Tieres, jeden zu töten, der es nicht anbetete«* (Offb 13,13-15).

Wer das Bild des Antichrist nicht anbetet, wird getötet werden. Toleranz wird dieser Gewaltherrscher nicht kennen.

Man strebt heute an, Leben aus der Retorte zu schaffen. Wenn dies gelänge, würde es von der gesamten Menschheit als großes Wunder anerkannt werden. Offensichtlich wird der falsche Prophet durch satanische Macht das Standbild des Antichrist lebendig machen. Die Folge wird sein, dass die Massen, die ohne geistliches Unterscheidungsvermögen sind, den Antichrist als Gott verehren.

Von Anfang an war es das höchste Ziel Satans, Gott gleich zu sein und sich anbeten zu lassen. Im Bericht über die Versuchung Jesu (Mt 4,9f) wird gesagt, dass Satan sogar den Sohn Gottes aufforderte, ihn anzubeten. Jesus lehnte jedoch entschieden ab und antwortete mit einem Bibelzitat: *»Du sollst den Herrn deinen Gott anbeten; nur ihm allein sollst du dienen.«*

Satan versucht immer wieder, Gott zu entthronen und ihn aus dem Bewusstsein der Menschen zu verdrängen. In unserer Zeit, die bereits antichristliche Züge trägt, bedient er sich dabei sogar mancher Theologen, die nach wissenschaftlichen Methoden Kritik an der Bibel üben und die Heilige Schrift »entmythologisieren«. Dabei zerstören sie vielen Menschen das Fundament des Glaubens. Sie leugnen die Gottessohnschaft Jesu ebenso wie sein Erlösungswerk am Kreuz. Die Botschaft von der Erlösung durch das Blut Jesu Christi wird von einer Botschaft der »Mitmenschlichkeit« abgelöst. Mit der »Gott-ist-tot-Theologie« wird die Beziehung zum allmächtigen Schöpfergott und Vater im Himmel zu einer »zwischenmenschlichen« Angelegenheit degradiert, in welcher, wie es heißt, Gott »geschieht«.

Doch nicht nur der Unglaube breitet sich aus; auch der Aberglaube nimmt zu. Immer mehr Menschen setzen ihr Vertrauen auf Wahrsagerei, Pendeln, Horoskop, Talisman und Amulett, Tierkreiszeichen und so genannte Schutzbriefe. Zauberbücher und andere okkulte Schriften werden heute in Massen gedruckt und verkauft. Auch der Kreis der Teufelsanbeter weitet sich aus. Kongresse für Hexer und Magie werden nicht länger heimlich, sondern in aller Öffentlichkeit durchgeführt und publiziert. Östliche Religionen und Gurus (religiöse, oft als göttliche Wesen verehrte Lehrer) verfügen über großen Zulauf. Yoga und Transzendentale Meditation ersetzen bei vielen den Glauben an Jesus Christus. Alles beginnt sich auf die Zeit des Endes zuzuspitzen.

Die Zeit des Antichrist ist von Gott begrenzt. Nach Offenbarung 16 wird er den größten Weltkrieg aller Zeiten inszenieren, in dem es zur Schlacht von Harmagedon kommt. Dann erscheint Jesus Christus und besiegt den Teufel und mit ihm alle Feinde Gottes. Danach wird Jesus Christus sein Friedensreich aufrichten und die Herrschaft auf dieser Erde übernehmen.

Wer in Jesus Christus die Vergebung seiner Schuld erlangt hat und ihm als Herrn vertraut, der wartet letztlich nicht auf

Katastrophen, den Antichrist, die Zeit der Bedrängnis und den Weltuntergang. Er weiß, dass dies alles kommen muss. Aber er verzagt nicht, denn er weiß sich geborgen in Gott. Jesus sagte zu den Männern und Frauen, die ihm nachfolgten: *»Wenn all das anfängt, dann richtet euch auf und hebt den Blick, denn eure Erlösung ist ganz nahe!«* (Lk 21,28).

Die sieben Jahre des Antichristen (Daniel 9,27)

Grafik von Willi Buchwald

Die 1. Hälfte der antichristlichen Zeit: 3 1/2 Jahre / 1260 Tage:

Joh 5,43: Der Antichrist tritt in seinem eigenen Namen auf.

Offb 11,7: Der Antichrist kommt aus dem Abgrund.

Dan 9,27: Der Antichrist schließt einen Bund mit Israel.

Offb 11,1: Der dritte Tempel steht und wird vermessen. Es gibt einen Altar. (blutiges Opfer: Dan 9,27). Man betet im Tempel an.

Offb 11,3: Die zwei Zeugen predigen 1260 Tage = 3 1/2 Jahre.

Hes 38,11: Israel lebt still und sicher (ein Scheinfriede).

Die 2. Hälfte: 3 1/2 Jahre / 42 Monate

Dan 9,27: In der Mitte der (Jahr-)Woche = Schlachtopfer verboten, Gräuelbild des Antichristen im Tempel (Mt 24,15; 2. Thess 2,4)

Offb 11,7f: Die zwei Zeugen werden getötet

Mt 24,7: Die große Bedrängnis

Offb 13,5: 42 Monate (3 1/2 Jahre)

Dan 12,1/Röm 11: Israel wird gläubig (Sach 12,10)

7 Siegelgerichte: Offb 6-8

1. Der Antichrist auf weißem Pferd erscheint.
2. Ein Reiter auf feuerrotem Pferd = kein Friede
3. Ein Reiter auf schwarzem Pferd = Teuerung/ Hungersnot
4. Ein Reiter auf fahlem Pferd: Tod und Totenreich
5. Die Märtyrer vor dem himmlischen Altar
6. Erdbeben, Verfinsterung der Gestirne
7. Eine große Stille im Himmel

7 Posaunengerichte: Offb 8-14

1. Ein Drittel der Erde, Bäume und Gras verbrennt.
2. Ein Drittel des Meeres wird zu Blut.
3. Ein Drittel des Trinkwassers wird ungenießbar.
4. Ein Drittel des Tageslichts und der Sonne verschwindet.
5. Dämonische Wesen plagen die Gottlosen.
6. Ein Heer von 200 Millionen unterwegs.
7. Gnadenzeit vorbei/Gemeinde beim Herrn 1. Thess 4 / Offb 10,6ff

7 Zornesschalen: Offb 15ff

1. Die Anhänger des Antichristen: böse Geschwüre
2. Das ganze Meer wird zu Blut.
3. Das ganze Trinkwasser wird ungenießbar.
4. Die Sonne versengt die Menschen.
5. Der Thron des Antichristen wird verfinstert.
6. Harmagedon (siehe auch Sach 12 und 14)
7. Städte stürzen/Berge und Inseln verschwinden.

Jesus Christus kommt wieder

Mt 24,30; Mk 14,62

Apg 1,11: "... wie er zum Himmel fuhr..."

Sach 14,4: auf dem Ölberg

1. Thess 3,13: alle Heiligen

2. Thess 1,7: mit seinen Engeln

Offb 19: auf weißem Pferd

Offb 19: Antichrist und falscher Prophet getötet

Offb 20ff: Satan für 1000 Jahre gebunden

Joel 4: Das Völkergericht (Mt 25,31)

Lk 1,31-33/Jes 9,5ff

Jesus regiert als

König.

Sach 14,9.16

B) Die große Bedrängnis in der Endzeit

Christen haben zu allen Zeiten Verfolgungen und Bedrängnisse durchmachen müssen. Schon Paulus sprach davon, *»dass wir alle durch viele Bedrängnisse in das Reich Gottes kommen müssen«* (Apg 14,22). Bedrängnisse und Verfolgung dienen dazu, die Christen Christus ähnlicher zu machen. Sie sind – wenn es uns auch nicht immer leicht fällt, das zu erkennen – ein Liebesbeweis Gottes, denn *»wen der Herr liebt, den züchtigt er«* (Hebr 12,6; Elb).

Wenn in der Bibel von der »großen Bedrängnis« die Rede ist, dann ist damit eine bestimmte Zeit vor der sichtbaren Wiederkunft Jesu gemeint, nachdem Israel aus der Zerstreuung zurückgekehrt ist: *»Es wird eine Zeit so großer Trübsal sein, wie sie nie gewesen ist, seitdem es Menschen gibt ... daß es eine Zeit und zwei Zeiten und eine halbe Zeit währen soll; und wenn die Zerstreuung des heiligen Volkes ein Ende hat, soll dies alles geschehen«* Dan 12,1.7 (LÜ).

1) Wann kommt die große Bedrängnis und wie lange dauert sie?

In Daniel 9,24-27 wird von 70 Jahrwochen gesprochen, die Israel betreffen. Eine Jahrwoche zählt sieben Jahre. Der Textzusammenhang ergibt, dass die Zeit vom Befehl zum Wiederaufbau Jerusalems (ca. 458 v. Chr.) bis zum Tod des Gesalbten (griechisch: Christus) etwa 25 n. Chr. 69 Jahrwochen umfasst. Dabei ist berücksichtigt, dass das Geburtsjahr Jesu etwa sieben Jahre vor der Zeitwende liegt. In die 70. und letzte Jahrwoche fällt die sieben Jahre dauernde Regierungszeit des Antichrist. Zwischen der 69. und 70. Jahrwoche liegt die Zeit der Gemeinde.

2) Die »Angst in Jakob«

Die »große Bedrängnis« fällt in die zweite Hälfte der Regierungszeit des Antichrist. Einige Bibelstellen geben ihre genaue Zeitdauer an. So sagt Daniel: *»Sie werden ihm für eine Zeit und danach für zwei Zeiten und eine halbe ausgeliefert sein«* (Dan 7,25); und in Offenbarung 13,5 heißt es: *»Und es erhielt die Macht, zweiundvierzig Monate* (= dreieinhalb Jahre) *lang zu tun, was es wollte.«*

Da sich der Einflussbereich des Antichrist über die ganze Welt erstreckt, wird auch die »große Bedrängnis« alle Völker erfassen. Aber besonders Israel wird darunter zu leiden haben: *»Wehe, es ist ein gewaltiger Tag, und seinesgleichen ist nicht gewesen, und es ist eine Zeit der Angst für Jakob* (Israel); *doch soll ihm daraus geholfen werden«* (Jer 30,7; LÜ). Gott kündigt seinem Volk diese schwere Zeit nicht nur an; er verbindet mit der Ankündigung zugleich Hoffnung, denn er selbst wird rettend eingreifen.

Auch Jesus erwähnt im Zusammenhang mit seiner Wiederkunft die »große Bedrängnis«: *»Denn dann wird große Bedrängnis sein, wie sie von Anfang der Welt bis jetzt nicht gewesen ist und auch nie sein wird«* (Mt 24,21; Elb).

In Matthäus 24 ist besonders von Israel die Rede:

Vers 15: Im Tempel, dem Mittelpunkt jüdischer Gottesverehrung, wird ein Götzenbild aufgestellt werden.

Vers 16: Den Einwohnern im jüdischen Land wird die Flucht auf die Berge empfohlen.

Vers 20: Sie sollen darum beten, dass ihre Flucht nicht am Sabbat geschieht. Das muss sich besonders auf die gesetzestreuen Juden beziehen.

Vers 26 zeigt, dass die Christen den wiederkommenden Herrn nicht »in der Wüste« erwarten, sondern vom Himmel, aus der unsichtbaren Welt Gottes. Israel aber steht in der Gefahr, sich einen falschen Messias zu erwählen, weil es Jesus bisher nicht als Messias anerkannt hat.

3) Die zwei Zeugen

Aus verschiedenen Aussagen der Heiligen Schrift geht hervor, dass die Juden zu dieser Zeit wieder ein Heiligtum haben werden, in dem sie Gott anbeten und ihm Opfer bringen. In der Mitte seiner Regierungszeit wird der Antichrist jedoch den Opferdienst verbieten und dafür sein Gräuelbild aufstellen: *»In der Mitte der (Jahr-)Woche wird er Schlachtopfer und Speisopfer abschaffen, und im Heiligtum wird stehen ein Gräuelbild«* (Dan 9,27, LÜ). Einige Bibelausleger sind der Ansicht, dass sich diese Prophezeiung bereits unter Antiochus IV. Epiphanes erfüllt habe. Dieser schändete damals zwar den Tempel und ist damit ein Vorläufer des Antichrist, doch die hier erwähnte Prophezeiung kann durch ihn nicht erfüllt worden sein, denn Antiochus IV. Epiphanes regierte von 175 bis 164 v. Chr. Jesus sprach etwa 200 Jahre später davon, dass die Aufstellung des Gräuelbildes noch bevorstehe (Mt 24,15). Dabei verweist er ausdrücklich auf die Aussagen des Propheten Daniel (Dan 9,27).

In die Zeit des Antichrist fällt auch der Dienst der zwei Zeugen Gottes (Offb 11,3-13), die von Jerusalem aus die Menschen zur Buße aufrufen: *»Doch ich werde meinen beiden Zeugen den Auftrag geben, und sie werden in Säcken gekleidet sein und eintausendzweihundertundsechzig Tage lang prophetisch reden«* (V. 3). In der Bibel wird nichts darüber gesagt, wer diese beiden Männer sind; es wird jedoch berichtet, dass sie mit gleicher Vollmacht wie Mose und Elia ausgerüstet sind. Niemand darf ihnen Schaden zufügen; wer es dennoch versucht, muss sterben. Sie besitzen die Macht, zu gebieten, dass es nicht regnet (wie Elia). Und sie können Wasser in Blut verwandeln (wie Mose bei den ägyptischen Plagen). Die beiden Zeugen werden noch andere Prüfungen und Gerichte über die von Gott losgelöste Welt bringen. Nach dreieinhalbjähriger Dienstzeit lässt Gott zu, dass der Antichrist sie tötet. Aber sie werden nach dreieinhalb Tagen vor den Augen der Weltöffentlichkeit auferstehen und zu Gott entrückt werden.

Durch den Dienst der beiden Zeugen Gottes in der ersten Hälfte der Regierungszeit des Antichrist, durch die während der Bedrängnis gewonnene Erkenntnis, dass das »Tier« nicht der Messias, sondern der Widersacher Gottes ist, und unter der Last der Bedrängnis wird Israel Jesus als seinen Messias erkennen und an ihn glauben: *»Es wird eine Zeit der Bedrängnis sein, wie es seit Menschengedenken keine vergleichbare gab. Aber jeder einzelne Angehörige deines Volkes, dessen Name im Buch geschrieben steht, wird zu jener Zeit gerettet werden«* (Dan 12,1). Dann wird, nach Paulus, ihre Verblendung ein Ende haben: *»Ja, noch heute sind ihre Herzen, wenn sie die Schriften Moses lesen, durch diesen Schleier verhüllt, sodass sie sie nicht verstehen. Doch wenn sich jemand dem Herrn zuwendet, wird der Schleier weggenommen«* (2Kor 3,15-16). Dann wird sich auch ein anderes Pauluswort erfüllen: *»Das Herz mancher Juden ist verschlossen, doch das wird nur so lange anhalten, bis die von Gott bestimmte Anzahl von Menschen aus den anderen Völkern zu Christus gefunden hat. Dann wird ganz Israel gerettet werden«* (Röm 11,25-26).

Auch der Prophet Hosea, der etwa 750 Jahre v. Chr. lebte, spricht von der Bekehrung Israels in der Endzeit: »… *dass Israel lange Zeit ohne König oder Fürst sein wird, ohne Opfer, Tempel, Priester – ja, auch ohne Götzen! Aber danach wird das Volk zum HERRN, seinem Gott, und zu dem Nachkommen Davids, seinem König, zurückkommen. In den letzten Tagen werden die Menschen vor den HERRN treten, zitternd vor Ehrfurcht, und seine guten Gaben entgegennehmen«* (Hos 3,4-5).

Am Ende der großen Bedrängniszeit wird es zur Schlacht von Harmagedon kommen, die der wiederkommende Jesus Christus durch seinen Sieg beendet. Der Antichrist und der falsche Prophet werden von ihm in die Verdammnis hinabgestoßen werden: »*Und das Tier wurde gefangen und mit ihm der falsche Prophet, der in seinem Namen große Wunder getan und damit alle verführt hatte, die das Zeichen des Tieres angenommen und sein Standbild angebetet hatten. Sowohl das Tier als auch der falsche Prophet wurden lebendig in den Feuersee geworfen, der mit Schwefel brennt*« (Offb 19,20).

In jener Zeit wird auch geschehen, was Jesus in Matthäus 24,29-30 angekündigt hat. »*Unmittelbar nachdem diese schreckliche Zeit zu Ende ist, wird sich die Sonne verfinstern, der Mond wird nicht mehr leuchten, die Sterne werden vom Himmel stürzen und die Kräfte des Himmels werden erschüttert. Und schließlich wird das Zeichen für das Kommen des Menschensohns am Himmel erscheinen, und unter den Völkern der Erde wird tiefe Trauer herrschen. Sie werden sehen, wie der Menschensohn mit großer Macht und Herrlichkeit auf den Wolken des Himmels kommt.*«

Damit beginnt die Herrschaft Jesu Christi im tausendjährigen Friedensreich auf dieser Erde (Offb 20,1-6).

C) Babylon – die große Hure der Endzeit

1) Das alte Babel

Das alte Babel wurde durch den Hamiten Nimrod gegründet. Der Name der Stadt wird mit »verwirren« oder »zerstreuen« in Verbindung gebracht: »*Deshalb wurde die Stadt Babel genannt, weil der Herr dort die Sprache der Menschen verwirrte und sie so über die ganze Erde zerstreute*« (1Mose 11,9). Beim Turmbau von Babel ging es den Menschen wohl nicht allein darum, durch die Errichtung dieses hohen Bauwerks ihre Macht und ihr Können zu demonstrieren, sondern auch um einen Versuch, mit der dämonischen Welt, die nach Epheser 6,12 im Luftreich herrscht, in intensiveren Kontakt zu kommen. Die Babylonier selbst verstanden den Namen ihrer Stadt als »Tor der Götter«. Und Paulus bezeichnet den Götzendienst als Dämonenverehrung (1Kor 10,20).

Schon in früherer Zeit haben sich »Gottessöhne« unter die Menschen gemischt und sich Frauen genommen (1. Mose 6: Hier handelt es sich um gefallene Engel, also um Dämonen; in Hiob 1 und 2 werden die Engel als Gottessöhne bezeichnet). Die aus diesen Verbindungen hervorgegangenen Kinder verführten die Menschen der damaligen Zeit zur Gottlosigkeit. Dies war einer der Gründe für das göttliche Strafgericht der Sintflut.

Während der ganzen Zeit, über die die Bibel berichtet, befindet sich Babel in der Auflehnung gegen Gott. Deshalb wurde die Stadt von Gottes Gericht getroffen. Das alte Babel, das am Euphrat lag, wurde zerstört und sollte nie mehr aufgebaut werden: *»Ja, Babel soll gänzlich zu einer Wüste werden und nicht mehr bewohnt sein«* (Jer 50,13). An anderer Stelle bestätigt Jeremia diese Aussage: *»Dann ermahnte er Seraja: ›Lies das, was ich dir hier aufgeschrieben habe, laut vor, wenn du in Babel angekommen bist. Und dann bete öffentlich und sag: Herr, du selbst hast Babel die vollständige Vernichtung angedroht. Du sagtest, dass diese Stadt für alle Zeiten zu einer Wüste werden wird und dass weder Mensch noch Tier in ihren Mauern wohnen werden. Wenn du dann die Schriftrolle bis zum Ende vorgelesen hast, binde einen Stein daran und wirf sie mitten in den Euphrat. Dabei rufe laut aus: So soll auch Babel versinken! Und es wird nie wieder auftauchen. Denn ich bringe großes Unheil über das Land‹«* (Jer 51,61-64).

Diese Vorhersage erfüllte sich wörtlich. Heute findet man an der Stelle, wo die alte Stadt sich ausbreitete, nur noch Ruinen. Man hat in der Vergangenheit versucht, wenigstens einen Teil der Stadt wieder aufzubauen. Inzwischen ist der Irak, auf dessen Gebiet sich das einstige Babel befindet, durch Kriegseinwirkungen so stark zerstört, dass für ein neues Babel wohl kaum Geld übrig bleiben würde, weil ein Wiederaufbau des Landes immense Summen verschlingt.

Dennoch spielt Babylon nach Offenbarung 17 und 18 in der Endzeit wieder eine bedeutende Rolle:

1. als große Stadt (Megapolis), die als Zentrale der antichristlichen Weltmacht zu besonderer Geltung gelangen wird. Es wird nicht das alte, neu aufgebaute Babel sein, sondern eine andere alte Stadt, die einen eigenen Namen besitzt, aber die Rolle des alten Babylon übernimmt.
2. als ein antichristlich ausgerichtetes, religiöses System.

2) Babel als Stadt der Endzeit

Petrus übermittelt den Christen in der Diaspora Grüße aus »Babylon« (1Petr 5,13).

Da die Stadt Babel damals bereits nicht mehr existierte, muss es sich um einen Decknamen handeln. Man nimmt an, dass Rom gemeint sein könnte, von dem ein großer Einfluss auf die gesamte damals bekannte Welt ausging. Für Rom sind die in dem Brief des Petrus angesprochenen Gefahren besonders typisch, und hier wurden die Christen auf grausamste Art verfolgt und umgebracht.

Rom wurde auf sieben Hügeln erbaut und wird deshalb auch »Sieben-Hügel-Stadt« genannt. Von einer Stadt, auf die eine solche Bezeichnung zutrifft, ist in Offenbarung 17,9 die Rede: *»Die sieben Köpfe des Tieres stehen für die sieben Berge, auf denen die Frau* (die Hure Babylon) *sitzt …«*

Nach Offenbarung 18,12-23 trägt das Babylon der Endzeit die Kennzeichen einer »kapitalistischen« Metropole; man findet in ihr Kostbarkeiten, die auf großen Reichtum hinweisen: Schmuck, teure Kleider, Marmor, kostbare Hölzer (Möbel), Elfenbeinschnitzereien, Kosmetika, erlesene Nahrungsmittel, besondere kulturelle Darbietungen etc. Viele fühlen sich dadurch an den Reichtum und die Prachtentfaltung des Vatikans erinnert.

Geschäftsleute und Politiker werden durch diese Stadt Vorteile erlangen: *»Die Herrscher der Welt haben Unzucht mit ihr getrieben, und die Händler der Erde sind durch ihren Wohlstand reich geworden«* (Offb 18,3). Bis auf den heutigen Tag bemühten sich sowohl atheistische wie kommunistische Politiker und Industriemagnaten um eine Audienz beim Papst. Man hält das offensichtlich für bedeutungsvoll.

Auf den großen politischen Einfluss des endzeitlichen Babylon deutet Offenbarung 17,15.18 hin: *»Die Wasser, an denen die Hure sitzt, sind Scharen von Menschen aus allen Völkern und Sprachen. ... Und die Frau, die du gesehen hast, steht für die große Stadt, die über die Könige der Erde herrscht.«* Die Frau, die Hure Babylon, wird demnach Macht über die Regierungen dieser Welt besitzen. Keine andere Stadt scheint sich dafür so anzubieten wie Rom. Der Vatikan bildet einen selbstständigen Staat mit diplomatischen Vertretungen in aller Welt. Von hier aus werden nicht nur die Entwicklungen innerhalb der römisch-katholischen Kirche kontrolliert. Hier wird auch Politik gemacht.

Im Mittelalter waren die Päpste oft mächtiger als Könige und Kaiser. Kaiser Heinrich IV. blieb keine andere Wahl, als im Jahr 1077 n. Chr. jenen berühmten «Bußgang nach Canossa« zu Papst Gregor VII. anzutreten. Auch in der Gegenwart demonstriert der Vatikan immer wieder seine Macht (wenn auch nicht immer für die Öffentlichkeit sichtbar).

Das Babylon der Endzeit ist auch die Stadt der Märtyrer: *»Ich konnte sehen, dass die Frau betrunken war vom Blut derer, die zu Gott gehören und sich zu Jesus bekannt hatten«* (Offb 17,6). *»In den Straßen Babylons wurde das Blut der Propheten vergossen und das Blut derer, die zu Gott gehören«* (Offb 18,24).

Auch in dieser Hinsicht spricht manches für Rom; weder New York noch Moskau oder Berlin oder andere Städte scheinen sich in ähnlicher Weise anzubieten. Römische Kaiser haben bereits die ersten Christen verfolgt und auf grausame Weise getötet. Ihre Rolle übernahmen später die Päpste, das »geistliche Rom«, und sie standen den Kaisern kaum nach. Auf Befehl des Vatikans wurden Christen, die sich an die Bibel hielten, als »Ketzer« verbrannt oder vertrieben. So wurden noch im 17. Jahrhundert die Waldenser als eine christliche Reformbewegung blutig verfolgt, weil sie sich in erster Linie an biblischen Maßstäben orientierten. Die protestantischen Hugenotten wurden am 24. August 1572 in der berüchtigten Bartholomäusnacht in Paris brutal niedergemetzelt. Im Jahr 1731 wurden durch Erzbischof Leopold Anton von Firmian die protestantischen Salzburger vertrieben; sie fanden später in Ostpreußen und den USA eine neue Heimat. Allein der Besitz einer Bibel und das Festhalten an ihren Aussagen machten viele Christen zu Märtyrern. Rom hat sich in dieser Hinsicht oft als »Babylon« erwiesen.

In diesem Zusammenhang muss klargestellt werden, dass eine Kritik am Vatikan nicht zugleich als pauschale Kritik an den katholischen Christen verstanden werden darf. Ich habe persönlich viele katholische Christen kennengelernt, die Jesus Christus genauso lieb haben und ihm nachfolgen wie ich selbst. Es geht an dieser Stelle nicht um die Beurteilung von Christen verschiedener Konfessionen, sondern um unbiblisches, ja antichristliches Verhalten von Vertretern kirchlich-institutioneller Macht, das immer wieder auch empörte Kritik unter gläubigen katholischen Christen auslöst.

Vom großen politischen Einfluss des endzeitlichen Babylon spricht auch Offenbarung 17,3-5: *»Dort sah ich eine Frau auf einem scharlachroten Tier sitzen, das sieben Köpfe und zehn Hörner hatte. Ein geheimnisvoller Name stand auf ihrer Stirn geschrieben: ›Babylon, die Große, die Mutter aller Huren und aller Abscheulichkeiten auf der Erde.‹«* Die Hure Babylon reitet auf dem Zehnhörnertier, mit dem der Zehnstaatenbund gemeint ist.

3) Babylon als religiöses System

Babylon wird als Hure bezeichnet: *»ich werde dir das Gericht über die große Hure zeigen, die an vielen Wassern sitzt. Die Herrscher der Erde haben Unzucht mit ihr getrieben, und die Menschen, die die Erde bewohnen, haben sich mit dem Wein ihrer Unzucht betrunken«* (Offb 17,1-2). Die »Hure« Babylon bildet das Gegenstück zu dem »Weib« (Israel) und der »Braut des Lammes« (= der Gemeinde Jesu Christi).

Zur Gemeinde Jesu Christi gehören alle Menschen, die an Jesus Christus glauben, egal, welcher christlichen Denomination sie angehören. Sie wissen, dass Jesus Christus ihnen durch seinen stellvertretenden Tod am Kreuz ihre Sünden vergeben hat, dass sie durch sein Blut erlöst und durch seinen Geist zu neuen Menschen geworden sind, die eine neue, lebendige Hoffnung besitzen. Bei der Gestaltung ihres Lebens ist es ihnen oberstes Gebot, den Willen Gottes zu erkennen und zu tun; die Heilige Schrift ist für sie alleiniger Maßstab für Glaube und Leben. Sie dienen Jesus Christus und bekennen sich öffentlich zu ihm. Trotz der Zugehörigkeit zu unterschiedlichen Gemeinden und verschiedenen Frömmigkeits- und Gottesdienstformen achten und lieben sie einander. Sie erfahren etwas von der Gemeinschaft der Christen über denominationelle und kirchliche Grenzen hinweg, ohne von einer besonderen Institution dirigiert zu werden.

Die Hure Babylon stellt dagegen lediglich ein religiöses System dar; es gibt sich lebendig, ist aber geistlich tot (Offb 3,1). Seine Kennzeichen sind Geltungsbedürfnis und Streben nach Macht: *»Die Wasser, an denen die Hure sitzt, sind Scharen von Menschen aus allen Völkern und Sprachen«* (Offb 17,15). Dies könnte durchaus als Bild für ein Namenschristentum zu verstehen sein, in dem man dem Namen nach christlich ist und eine äußere christliche Form noch gewahrt wird, biblischer Glaube jedoch längst der Anpassung an die Welt gewichen ist. So führt z.B. die von bestimmten Vertretern der Ökumene angestrebte Einheit unter den christlichen Konfessionen nicht zur Erfüllung des Jesuswortes: *»Ich bete für sie alle, dass sie eins sind«* (Joh 17,21). Wo »geistliche Einheit« durch organisatorisch-konfessionellen Zusammenschluss ersetzt wird, tritt eine Superorganisation »Kirche« an die Stelle der »Gemeinschaft der Heiligen« und es geht letztlich um einen organisatorischen Zusammenschluss auf Kosten der biblischen Wahrheit. Der von Teilen der Ökumene angestrebte »Dialog« mit den heidnischen Großreligionen enthält eine Tendenz zur Anpassung, in der die Einzigartigkeit und Einmaligkeit der Person Jesu Christi gefährdet, wenn nicht bereits preisgegeben ist.

Die katholische Kirche verfügt mit ihren mehr als eine Milliarde Mitgliedern über einen großen Einfluss in der ganzen Welt. Der Vatikan bemüht sich auf verschiedenen Wegen um Kontakt zu allen wichtig erscheinenden Persönlichkeiten. So hat sowohl Papst Johannes Paul II. als auch Benedikt XVI. den Dalai Lama empfangen. Johannes Paul II. nannte ihn gar »Eure Heiligkeit« und versicherte ihm, dass die religiöse und humane Tradition Asiens zu Recht große Verehrung genieße. »Eure Heiligkeit«, das ist der Ehrentitel, mit dem jeder den Dalai Lama anredet, doch macht das die Sache auch nicht besser. Nun ist nichts dagegen einzuwenden, wenn ein kirchlicher Würdenträger einen Mann wie den Dalai Lama empfängt. Aber fällt es wirklich noch unter das Gebot »christlicher Höflichkeit«, eine Religiosität zu verehren, der man als Christ, wenn auch mit allem Takt, der geboten ist, dennoch eindeutig die Einzigartigkeit der Person Christi und seines Evangeliums entgegenstellen muss?

Für Christen, die der Bibel treu sein wollen, ist auch unannehmbar, dass der Dalai Lama als einer der Hauptredner auf dem Evangelischen Kirchentag (so geschehen 2003) auftreten darf. Hier wurde jemand als falscher Gott verehrt und seine Botschaft haben viele mit Begeisterung gehört. Dagegen wurden einige christliche Gruppen, die ein klares Evangelium verkündigen, nicht zugelassen. Das ist Babylon der Endzeit – ein hurerisches Wesen.

Der falsche Prophet (Offb 13,11f), der die Massen verführen und in die Arme des Antichrist treiben wird, wird sich dabei eines religiösen (vermutlich christlich erscheinenden) Systems bedienen, in dem aber göttliches Leben fehlt. Für die Idee einer Einheitskirche oder gar einer Universalreligion, in der alle, auch heidnische Richtungen Platz finden, sind heute viele Menschen aufgeschlossen. In einer solchen Superreligion aber wird es für Jesus Christus als Erlöser und Herr keinen Platz geben.

Der christliche Glaube steht und fällt mit der Einmaligkeit und Einzigartigkeit der Person Jesu Christi. Es ist nicht vorstellbar, dass sich alle übrigen Religionen einem derartigen christlichen »Universalanspruch« unterordnen könnten, der praktisch ihrer Auflösung gleichkäme. Der christliche Beitrag zu einem solchen Unternehmen würde also nur ein »scheinchristlicher« sein können, denn er würde sich auf christliche Formen beschränken und die entscheidenden christlichen Inhalte ausklammern müssen.

Bestrebungen, einer solchen Weltgemeinschaft den Weg zu ebnen, sind bereits im Gange. Aus einem in Genf veröffentlichten Bericht geht hervor, dass im April 1974 in Colombo (Sri Lanka), Hindus, Buddhisten, Muslime, Juden und Christen über »Möglichkeiten und Verpflichtungen« für ein Zusammenleben auf dem »Weg zu einer Weltgemeinschaft« beraten haben. Auch wenn bis jetzt ein solcher Zusammenschluss nicht zustande kommen sollte, so dürften doch zumindest Übereinkünfte erzielt werden, die die Zuständigkeit der einzelnen Religionen in bestimmten Gebieten der Welt festlegen und damit christliche Missions- und Evangelisationsarbeit einengen, wenn nicht unmöglich machen. Solche Bestrebungen gibt es auch heute immer noch, wenn nicht noch mehr, und es ist durchaus vorstellbar, dass sich christliche Verhandlungspartner finden, die an derartigen Übereinkünften mitwirken. Bewusste Christen allerdings, die sich dem Missionsbefehl verpflichtet wissen, das Evangelium Jesu Christi bis in den letzten Winkel der Welt hineinzutragen, werden sich derartigen Bestrebungen nicht anschließen können. Sie werden vielmehr verstärkt ihre Fähigkeiten, ihre Zeit und ihr Geld dafür einsetzen, um die Evangelisation der Welt voranzutreiben, solange dazu noch Gelegenheit ist.

Die Hure Babylon wird darüber hinaus der Zauberei bezichtigt (Offb 18,23). Schon heute lassen sich die Menschen durch mancherlei Religionen und Ideologien verführen. Aber auch in die christlichen Kirchen schleichen sich falsche und unbiblische Lehren ein, die den göttlichen Maßstäben, wie sie uns in der Heiligen Schrift gegeben sind, nicht mehr entsprechen. Wir dürfen dankbar sein für Pfarrer, Pastoren und Prediger, für alle, die in den verschiedenen Kirchen, Freikirchen und Gemeinschaften Verantwortung tragen und sich im Blick auf ihre Verkündigung und ihr eigenes Leben unbeirrt am Wort der Bibel orientieren. Aber man kann nicht leugnen, dass auch in vielen evangelischen Kreisen die Beschäftigung mit der Bibel zurückgegangen ist und einer beunruhigenden Gleichgültigkeit Platz gemacht hat. Diese Entwicklung wird in verheerender Weise unterstützt durch eine modernistische Theologie, die die Gottessohnschaft Jesu, sein Erlösungswerk am Kreuz und seine leibliche Auferstehung leugnet. Man braucht sich dann eigentlich nicht zu wundern, wenn viele Gotteshäuser leer bleiben und viele Menschen aus den Kirchen austreten. Oft fehlt in der Predigt der geistliche Zuspruch, der zu Gott hinführt, der Glauben weckt und das Vertrauen stärkt. Stattdessen wird Zweifel gesät und bei vielen der Glaube zerstört. Man kann nur mit Bedauern feststellen, dass ein antichristlicher Geist weite Kreise des Protestantismus erfasst hat.

4) Der Sturz Babels

Die Hure Babylon als religiöses System, das sich vom Antichrist als »Steigbügelhalter« für den Aufstieg zur Macht gebrauchen lässt, wird von diesem schließlich schmählich verraten und vernichtet. Das ist das Gericht, das Gott für sie bestimmt hat: *»Das scharlachrote Tier und seine zehn Hörner – welche für zehn Könige stehen, die mit ihm herrschen werden – hassen die Hure. Sie werden sie verwüsten, sie entkleiden, ihr Fleisch essen und ihre Reste im Feuer verbrennen. Denn Gott hat ihnen einen Plan eingegeben, der sie zu Werkzeugen seiner Absicht macht. Sie werden vereinbaren, ihre Vollmacht an das scharlachrote Tier abzutreten, bis sich Gottes Worte erfüllt haben«* (Offb 17,16-17).

Auch die Stadt mit dem Decknamen Babylon wird zerstört werden: »... *ihr Apostel und ihr Propheten sollt euch freuen, denn Gott hat sie um euretwillen gerichtet! Dann hob ein mächtiger Engel einen Felsbrocken auf, der so groß war wie ein Mühlstein. Er warf ihn ins Meer und rief: ›Babylon, die große Stadt, wird so gewaltsam wie dieser Felsbrocken hinabgestürzt werden und für immer verschwinden‹«* (Offb 18,20-21).

In Offenbarung 18,4 fordert Christus seine Gemeinde auf, sich von den Sünden Babylons fernzuhalten: »*Kommt fort von ihr, mein Volk. Beteiligt euch nicht an ihren Sünden, sonst werdet ihr mit ihr bestraft.«*

Wer sich antichristlichen Entwicklungen anpasst und unterwirft, verfällt dem Gericht. Das bedeutet gewiss nicht, dass man Hals über Kopf eine bestimmte Kirche oder Gemeinde verlassen sollte, in der man Unvollkommenheiten feststellt. Wie kein Christ in seinem Wesen und seinem Verhalten vollkommen ist, kann auch keine Gemeinde vollkommen sein; Einseitigkeiten oder Fehlerhaftigkeiten dieser oder jener Art werden in allen christlichen Kreisen zu finden sein. Aber da, wo biblischer Glaube sich nicht entfalten kann oder gar abgewürgt wird, sollte man nach sorgfältiger Prüfung die Konsequenzen ziehen, sich von einer solchen Gemeinde trennen und sich einem christlichen Kreis anschließen, der allein auf Jesus Christus und sein Wort ausgerichtet ist.

D) Der Zehnstaatenbund der Endzeit

Prophetische Aussagen des Alten und Neuen Testaments weisen darauf hin, dass sich in der »letzten Zeit«, bevor Jesus Christus die Herrschaft auf dieser Erde antritt, ein Bund von zehn Staaten bilden wird. In diesem wird der Antichrist die Führung übernehmen.

1) Der Traum Nebukadnezars

Einen ersten Hinweis darauf erhalten wir in Daniel 2. Der Prophet berichtet dort von einem schrecklichen Traum Nebukadnezars, der den babylonischen König tief beunruhigte. Am folgenden Tag wollte er von seinen Weisen, Zeichendeutern, Wahrsagern und Zauberern nicht nur die Deutung des Traums wissen, sie sollten ihm auch den Traum selbst wiedergeben. Niemand war dazu imstande, bis Daniel gerufen wurde, ein gottesfürchtiger Jude, der ein hohes politisches Amt bekleidete. Er erklärte dem König den Traum und dessen Deutung, denn Gott hatte ihm beides offenbart: *»Du, König, hattest eine Vision. Im Mittelpunkt dieser Vision befand sich ein großes Standbild. Es war sehr groß und hatte einen ungewöhnlichen Glanz, und seine Erscheinung war furchterregend. Der Kopf des Standbildes war aus feinstem Gold, Brust und Arme aus Silber, der Bauch und die Hüften aus Bronze. Die Beine waren aus Eisen, die Füße dagegen bestanden zum einen Teil aus Eisen, zum anderen aus Ton. Während du noch in die Betrachtung versunken warst, löste sich auf übernatürliche*

Weise ein Stein aus einem Berg. Er schlug gegen die Füße des Standbildes, die ja aus Eisen und Ton bestanden, und zerschmetterte sie. Da wurden auf einen Schlag Eisen, Ton, Bronze, Silber und Gold zertrümmert. Die Stücke wurden vom Wind verweht, so wie im Sommer die Spreu auf der Tenne vom Wind davongetragen wird, und es blieb nichts von der Statue übrig. Der Stein aber, der die Vernichtung des Standbildes verursacht hatte, wurde zu einem großen Berg, der schließlich die ganze Erde ausfüllte« (Dan 2,31-35).

Dieser Traum von dem schrecklich anzusehenden Standbild erfasst die gesamte Weltgeschichte von Nebukadnezar bis zur Wiederkunft Jesu Christi und der Aufrichtung seines Reiches. Vier Weltreiche werden darin beschrieben. Das Standbild selbst, das aus verschiedenen Metallen besteht, weist von Reich zu Reich eine gewisse Abwärtsentwicklung auf. Daniel liefert dazu eine Deutung:

Der goldene Kopf (V. 37-38):
»Dir, König der Könige, hat der Gott des Himmels Herrschaft, Macht, Stärke und Ruhm geschenkt. Er hat dir Gewalt über die Menschen, die wilden Tiere auf dem Feld und die Vögel am Himmel gegeben – überall dort, wo Menschen wohnen. Du bist der goldene Kopf.«

Nebukadnezar wurde als Begründer des ersten Weltreiches Babylon (605 v. Chr.) mit Recht als das Haupt aller nachfolgenden Weltreiche angesehen. Der goldene Kopf kennzeichnet zusätzlich den »goldenen Kelch« Babylons, das *»Schmuckstück, auf dem das Ansehen der Chaldäer beruht«* (Jer 51,7; Jes 13,19).

Die silberne Brust (V. 39):
»Doch nach dir wird ein anderes Reich kommen, und es wird geringer sein als deines.«

Vermutlich ist damit das Weltreich der Meder und Perser gemeint. Es begann im Jahr 539 v. Chr. mit der Einnahme

Babels durch Kyrus. Dieses zweite Weltreich besaß, wie das geringere Silber anzeigt, im Vergleich zu Babylon geringere Machtausstrahlung. In der Bibel werden vier Perserkönige erwähnt: Kyrus (oder Kores; Esra 1,1); Darius (Dan 6,1); Xerxes (oder Ahasveros; Est 1,17) und Artaxerxes (oder Artahsasta; Neh 2,1).

Der bronzene Bauch (Vers 39):
»Diesem wird ein drittes Königreich folgen, aus Bronze, und dieses wird über die ganze Welt herrschen.«

Der Aufstieg dieses Reiches begann im Jahr 331 v. Chr., als die Griechen unter Alexander dem Großen die Perser bei Gaugamela besiegten. Alexander dehnte danach seine Herrschaft über die ganze damals bekannte Welt bis nach Indien aus und errichtete so das dritte Weltreich. Nach seinem Tod wurde es unter seinen Feldherren aufgeteilt.

Die eisernen Schenkel (Vers 40):
»Danach kommt ein viertes Reich, so hart wie Eisen. Genauso, wie Eisen alles zerschmettert und zertrümmert, wird dieses Reich alle anderen Reiche zertrümmern und zermalmen.«

Die griechische Herrschaft wurde von Rom abgelöst. Rom gilt als das vierte Weltreich. Es bestand von 146 v. Chr. bis 476 n. Chr. Wegen der Härte und Unduldsamkeit, mit der die Römer andere Völker unterwarfen, kann dieses Reich zu Recht als das »eiserne« bezeichnet werden.

Füße und Zehen aus Eisen und Ton (Verse 41-43):
»Die Füße und Zehen, die du gesehen hast, die teils aus Eisen und teils aus Ton waren, bedeuten, dass dieses Reich geteilt sein wird. Zum einen wird es etwas von der Härte des Eisens haben. Deshalb auch die Mischung von Ton und Eisen. Dass aber die Zehen der Füße teils aus Eisen und teils aus Ton waren, weist darauf hin, dass das Reich zwar zu einem

Teil stark, zum anderen Teil aber zerbrechlich sein wird. Die Mischung aus Eisen und Ton deutet aber auch darauf hin, dass die Reiche versuchen werden, durch Heirat Bündnisse zu schließen. Diesen wird allerdings kein dauerhafter Erfolg beschieden sein, sie werden nicht zueinander halten – genauso, wie sich auch Eisen und Ton nicht richtig mischen lassen.«

Die germanische Völkerwanderung, die durch den Ansturm der Hunnen auf das Römische Reich gelenkt wurde, brachte Rom zu Fall. Das Reich konnte trotz verschiedener Einigungsversuche und trotz Vermischung der Völker, die einst das Römische Reich gebildet hatten, bisher nicht wieder aufgerichtet werden. Wenn wir die göttliche Weissagung recht verstehen, so muss aus diesem vergangenen Römischen Reich – oder innerhalb seiner ehemaligen Grenzen – ein Zehnstaatenbund entstehen. Denn die zehn Zehen gehen aus den eisernen Schenkeln, dem vierten Weltreich Rom, hervor.

Viele Bibelausleger meinen, die Bildung dieses Zehnstaatenbundes in der Europäischen Union zu erkennen. Und wenn dies bis heute auch nur eine Annahme ist, so spricht doch manches dafür. So wurden z. B. die Verträge der EWG in Rom geschlossen. *Der Spiegel* (Nr. 44/1972) stellte in einem Artikel die Frage: »Ist die EWG die Nachfolgerin des alten Römischen Reiches?«

Sicher wird es innerhalb der EU noch manche Veränderungen geben. Bisher hat sich dieser Bund – vorausgesetzt, dass es der ist, von dem Daniel 2,42-43 spricht – als zum Teil schwaches, zum Teil starkes »Reich« erwiesen. Wirtschaftlich kann die EU bereits heute als Großmacht bezeichnet werden. Politisch jedoch ist von Einigkeit noch wenig zu erkennen. Der Bund muss mühsam zusammengehalten werden, da die einzelnen nationalen Belange noch stark ins Gewicht fallen. Auch die Vermischung der Bevölkerung, etwa durch Heirat, hat bisher so gut wie keinen Einfluss auf die Einigungsbestrebungen gehabt. Ton und Eisen halten – um bei der biblischen Aussage zu bleiben – nicht aneinander. Es müsste auch eine Reduzierung der Staaten auf zehn erfolgen.

Manche Ausleger meinen, dass sich der Zehnstaatenbund bis hin zum Ural erstrecken würde. Andere vertreten die Ansicht, dass er sich aus arabischen Staaten, die unter dem Einfluss des Islam stehen, zusammensetzen könnte.

Wie die Zehnergemeinschaft sich herausbilden und wie sich alles entwickeln wird, bleibt abzuwarten. Zum Streitpunkt sollten die prophetischen Aussagen über dieses Thema nicht werden.

Der Stein (Dan 2,44-45):
»Aber in den Tagen der Herrschaft dieser Könige wird der Gott des Himmels ein Reich errichten, das für alle Ewigkeit Bestand hat. Kein anderes Volk wird je die Gewalt über dieses Reich an sich reißen können. Es wird alle jene Königreiche zerschmettern und vernichten, selbst aber für immer bestehen bleiben, wie du es auch in deinem Traum gesehen hast: Aus dem Berg brach ein Stein, ohne dass ein Mensch etwas damit zu tun gehabt hätte, und zermalmte das Eisen, die Bronze, den Ton, das Silber und das Gold.«

Wie dieser Zehnstaatenbund auch immer aussehen mag, er wird nicht von langer Dauer sein. Viele seiner Probleme werden bald als unlösbar erscheinen, sodass man sich nach einem Führer umsehen wird, der angeblich mit allen diesen Fragen fertig werden kann; in Wirklichkeit wird er sich jedoch als Diktator und Unterdrücker entpuppen. *»Seine zehn Hörner sind zehn Könige, die noch nicht an die Macht gekommen sind; sie werden für eine Stunde königliche Macht erhalten, um mit dem Tier zu regieren«* (Offb 17,12).

Demnach wird die Regierungsgewalt des Zehnerbundes auf den Antichrist übertragen werden. Und dieser wird sie missbrauchen. Doch auch seine Macht wird zerbrochen werden, und damit zugleich die Macht des Zehnerbundes. Der

Stein, der ohne Zutun von Menschenhand auf das Standbild zurollt und es zerschmettert, ist Jesus Christus. Bei seiner sichtbaren Wiederkunft wird er den Antichrist besiegen und sein eigenes Reich aufrichten.

2) Der Traum Daniels

Einen weiteren Hinweis auf den Zehnstaatenbund finden wir ebenfalls bei Daniel (Dan 7,1-27). Daniel hat einen Traum von endgeschichtlicher Bedeutung. Auch in diesem Zusammenhang wird von vier Weltreichen gesprochen, doch werden sie diesmal als Raubtiere dargestellt: *»Dann stiegen vier riesige Tiere aus dem Wasser, und sie waren alle verschieden. ... Die vier riesigen Tiere stehen für vier Könige, die sich auf der Erde erheben werden«* (Dan 7,3.17).

Der Löwe mit den Adlerflügeln (Vers 4):
»Das erste Tier sah aus wie ein Löwe, allerdings besaß es die Flügel eines Adlers. Während ich es betrachtete, wurden ihm die Flügel ausgerissen; es wurde emporgehoben von der Erde und wie ein Mensch auf seine Füße gestellt. Dann wurde ihm das Herz eines Menschen gegeben.«

Wird Babylon in Nebukadnezars Traum als goldener Kopf dargestellt, so erscheint das erste Großreich hier im Bild des Königs der Tiere, dem Löwen, der zugleich die Flügel des Adlers, des Königs der Lüfte, besitzt.

Der Bär (Vers 5):
»Dann kam ein zweites Tier; es sah aus wie ein Bär. Es richtete sich auf einer Seite auf und hielt in seinem Maul zwischen seinen Zähnen drei Rippen. Und es wurde ihm befohlen: ›Auf! Friss dich mit Fleisch voll!‹«

Der Bär mit den drei Rippen im Maul stellt das Weltreich der Meder und Perser dar: Sie haben die Reiche Babylon, Libyen und Ägypten unterworfen.

Der Leopard mit vier Flügeln und vier Köpfen (Vers 6):
»Danach sah ich wieder ein anderes Tier; es glich einem Leopard, hatte aber vier Flügel auf dem Rücken, wie die eines Vogels, und vier Köpfe. Dieses Tier bekam große Herrschaftsgewalt.«

Der Leopard mit den vier Flügeln versinnbildlicht die Schnelligkeit und Gewandtheit Alexanders des Großen bei seinen Kriegszügen. Die vier Köpfe weisen darauf hin, dass dieses Reich nach dem Tod Alexanders von seinen Feldherren in vier »Diadochen-Reiche« aufgeteilt wurde.

Das grauenvolle Tier mit eisernen Zähnen und zehn Hörnern (Vers 7):
»Zuletzt erblickte ich in meiner nächtlichen Vision das vierte Tier. Es war grauenvoll anzusehen, schreckenerregend und außergewöhnlich stark. Mit seinen großen Zähnen aus Eisen verschlang und zermalmte es alles und was noch übrig blieb, zertrampelte es mit den Füßen. Es unterschied sich völlig von den ersten drei Tieren und es hatte zehn Hörner.«

Das vierte Raubtier mit den eisernen Zähnen stellt wie bei Daniel die eisernen Schenkel des Standbildes, das »eiserne Reich Rom« dar. Und wie bei dem Standbild im Traum Nebukadnezars die zehn Zehen, so kennzeichnen die zehn Hörner des vierten Raubtieres die zehn Staaten, die aus dem ehemaligen Römischen Reich hervorgehen werden.

Auf dieses vierte Tier wird in der Bibel besonders eingegangen, weil es zur Zeit des Endes auftritt: *»Während ich noch überlegte, was diese Hörner bedeuten könnten, wuchs plötzlich ein neues, kleines Horn zwischen ihnen und riss dabei drei andere Hörner heraus, die zuvor da gewesen waren. Auf dem Horn waren Augen wie die eines Menschen und ein Maul, das prahlerische Reden führte. Dann sah ich, wie Thronsessel aufgebaut wurden. Da hinein setzte sich ein sehr alter Mann, um Gericht zu halten. Seine Kleidung war weiß wie Schnee, sein Haar so hell wie die weißeste Wol-*

le. Sein Thron bestand aus Flammen und stand auf Rädern aus loderndem Feuer, und ein Feuerstrom ging von ihm aus. Millionen Engel dienten ihm, 100 Millionen erwarteten seine Befehle. Die Gerichtssitzung wurde eröffnet und Bücher wurden aufgeschlagen. Dann lenkte der Lärm der großen Sprüche des kleinen Horns meine Aufmerksamkeit auf sich. Ich sah solange hin, bis das vierte Tier getötet und ins Feuer geworfen wurde. Auch die anderen Tiere verloren ihre Herrschermacht, nachdem die ihnen zugewiesene Lebenszeit vergangen war. Dann sah ich in meinen nächtlichen Visionen jemanden, der kam mit den Wolken des Himmels und sah aus wie eines Menschen Sohn. Er gelangte zu dem alten Mann und wurde vor ihn geführt. Und ihm wurden Herrschermacht, Ehre und das Königreich verliehen. Alle Völker, Nationen und Sprachen gaben ihm die Ehre und dienten ihm. Seine Herrschaft ist eine ewige Herrschaft, die niemals vergehen wird. Sein Reich wird niemals zerstört werden« (Dan 7,7-14).

Zum besseren Verständnis müssen wir die Verse 21-27 hinzunehmen: *»Ich sah, wie dieses Horn gegen die Heiligen Krieg führte und sie besiegte, bis der, der alt an Tagen war, kam und das Gericht den Heiligen des Höchsten gegeben wurde und die Zeit anbrach, dass die Heiligen das Königreich in Besitz nahmen. – Er sprach so: Das vierte Tier bedeutet: Ein viertes Königreich wird auf Erden sein, das von allen anderen Königreichen verschieden sein wird. Es wird die ganze Erde auffressen und sie zertreten und sie zermalmen. Und die zehn Hörner bedeuten: Aus diesem Königreich werden sich zehn Könige erheben. Und ein anderer wird sich nach ihnen erheben, und dieser wird verschieden sein von den vorigen, und er wird drei Könige erniedrigen. Und er wird Worte reden gegen den Höchsten und wird die Heiligen des Höchsten aufreiben; und er wird danach trachten, Festzeiten und Gesetz zu ändern, und sie werden in seine Hand gegeben werden für eine Zeit und zwei Zeiten und eine halbe Zeit Aber das Gericht* *wird sich setzen; und man wird seine Herrschaft wegnehmen, um sie zu vernichten und zu zerstören bis zum Ende. Und das Reich und die Herrschaft und die Größe der Reiche unter dem ganzen Himmel wird dem Volk der Heiligen des Höchsten gegeben werden. Sein Reich ist ein ewiges Reich, und alle Mächte werden ihm dienen und gehorchen.«* (Elb.)

Von besonderer Bedeutung ist im Textzusammenhang, dass zwischen den Hörnern ein »neues, kleines Horn« hervorgeht. Dieses Horn wird größer als die anderen Hörner neben ihm. Die zehn Hörner stellen nach Aussage der Bibel zehn Herrscher (des Zehnstaatenbundes) dar, die aus dem grausamen Tier hervorgehen werden. Nach ihnen tritt der Antichrist auf, der von den zehn Machthabern die Oberherrschaft übertragen erhält. (Davon berichtet auch Offb 17,12-13.)

Der Antichrist wird als Gewaltherrscher auftreten. Er wird Gott lästern und sich selbst als Gott bezeichnen. Menschen, die dem wahren Gott dienen, wird er verfolgen und töten. Auch Feste und Gesetze wird er seinen eigenen Vorstellungen entsprechend ändern. Dreieinhalb Jahre lang, während der Zeit der großen Bedrängnis, wird er sein furchtbares Unwesen treiben. Doch der wiederkommende Jesus Christus wird seiner Herrschaft ein Ende setzen und ihn in den Feuersee werfen (Offb 19-20). Danach beginnt das Tausendjährige Reich, in dem Christus mit seiner Gemeinde regiert.

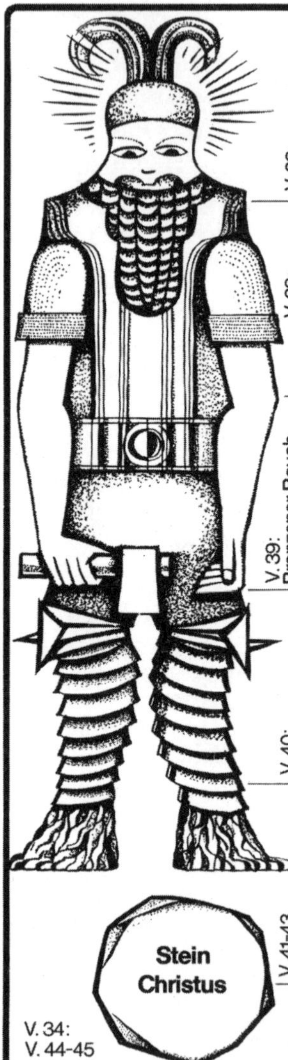

Traum Nebukadnezars Daniel 2,1-45:	Weltreiche:	Traum Daniels Daniel 7,1-27:
V. 38: Goldener Kopf	**Babylon** 605-539 v. Chr.	**Löwe** mit 4 Adlerflügeln V. 4
V. 39: Silberne Brust	**Medo-Persien** 539-331 v. Chr.	**Bär** mit 3 Rippen im Maul V. 5
V. 39: Bronzener Bauch u. Lenden	**Griechen-land** 331-146 v. Chr.	**Leopard** mit 4 Flügeln und 4 Köpfen V. 6
V. 40: Eiserne Schenkel	**Röm. Reich** 146 v. Chr. – 476 n. Chr.	**Grauenvolles Tier** mit eisernen Zähnen V. 7 u. 19 V. 24
V. 41-43 10 Zehen: Eisen u. Ton	**Zehn-Staaten-Bund**	und **10 Hörner** daraus geht das kleine Horn (=Antichrist) hervor V. 8 u. 20-26
V. 34: V. 44-45	**Wiederkunft Jesu – Tausendjähriges Reich**	: V. 11-14 : V. 26-27

Grafik von Willi Buchwald

E) Die Strafgerichte der Endzeit

Gott ist ein Gott der Liebe. Er hat das bewiesen, indem er seinen einzigen Sohn zur Erlösung der Menschen hingegeben hat: *»Denn Gott hat die Welt so sehr geliebt, dass er seinen einzigen Sohn hingab, damit jeder, der an ihn glaubt, nicht verloren geht, sondern das ewige Leben hat«* (Joh 3,16).

Gott hat damit einer rebellierenden, von ihm abgewandten Menschheit das Angebot zur Heimkehr gemacht, zur Vergebung aller Sünde und Schuld, zur Gemeinschaft mit ihm, heute und in Ewigkeit. Gott hat das getan, weil der Mensch die Kluft, die durch die Sünde zwischen ihm und Gott entstanden war, von sich aus nicht überwinden konnte.

Im Laufe der Jahrhunderte haben viele Menschen das Liebesangebot Gottes in Jesus Christus angenommen. Sie haben Vergebung ihrer Schuld und Frieden erfahren und sind neu in die Gemeinschaft mit Gott eingetreten. Ihr Leben ist geprägt vom Dank gegenüber Gott, dem sie ihr Leben zur Verfügung gestellt haben.

Die große Masse der Menschheit aber ist bis heute nicht bereit, sich dem Willen Gottes unterzuordnen und ihn als Herrn anzuerkennen. In der antichristlichen Zeit werden Gottlosigkeit und Auflehnung gegen Gott nach den Aussagen der Bibel sogar noch zunehmen. Man wird nicht davor zurückschrecken, selbst den Teufel als Gott zu verehren. Anfänge einer solchen Entwicklung sind bereits in unseren Tagen zu erkennen.

Gott ist ein Gott der Geduld; durch Güte und Liebe will er die Menschen zur Umkehr bringen. Wie viel Mühe macht sich Gott mit einzelnen Menschen und ganzen Völkern! Aber die meisten wollen nicht auf ihn hören. Wer aber das Angebot Gottes zur Umkehr ausschlägt, spricht sich selbst das Gericht.

Jesus Christus, der sich noch heute anbietet, jeden Menschen zu retten, wird eines Tages als Richter auftreten. Diejenigen, die sein Angebot zur Heimkehr ausgeschlagen haben, werden dann *»dem Zorn des Lammes«* ausgesetzt sein (Offb 6,16). Jesus selbst wird das Buch mit den sieben Siegeln öffnen, das die Strafgerichte der Endzeit enthält (Offb 5). Beim Aufbrechen der Siegel kommen diese Gerichte zur vollen Auswirkung: die Gerichte der sieben Siegel, die Gerichte der sieben Posaunen, die Gerichte der sieben Zornschalen.

1) Die Gerichte der sieben Siegel (Offb 6,1-8)

Das erste Siegel (6,1-2)
Es erscheint ein Reiter auf einem weißen Pferd mit einem Bogen in der Hand. Ihm wird eine Krone gegeben, und er erringt Siege. Hier ist wohl *nicht* Jesus gemeint, wie oft angenommen wird; denn Christus erscheint erst am Ende der Gerichte auf einem weißen Pferd und mit dem himmlischen Heer als Gefolge (Offb 19,11f). Auch die Verbreitung des Evangeliums kann nicht gemeint sein, da in der Endzeit vielmehr der Unglaube zunehmen wird. Vermutlich müssen wir in diesem Reiter den Antichrist sehen, der seinen Siegeszug mit Hilfe von mancherlei religiösen Bestrebungen antreten wird. Die Krone weist ihn als Herrscher der Endzeit aus.

Das zweite Siegel (6,3-4)
Ein Reiter auf einem feuerroten Pferd mit einem großen Schwert in der Hand nimmt den Frieden von der Erde. Die Menschen bringen sich gegenseitig um.

Die letzte Zeit wird durch Kriege, Mord und Tötung charakterisiert sein. Jesus nannte die Häufung von Kriegen als ein Kennzeichen für seine nahe Wiederkunft. Die Zeit des Antichrist wird mit dem größten aller Kriege enden, an dem alle Völker beteiligt sein werden.

Das dritte Siegel (6,5-6)
Ein schwarzes Pferd erscheint. Sein Reiter hält eine Waage in der Hand. Sie versinnbildlicht Hungersnot und Verteuerung.

Durch Egoismus und ungerechte Verteilung der Güter, durch Missernten, Arbeitslosigkeit und andere Faktoren ist die Ernährung der Weltbevölkerung nicht mehr gesichert. Gerade die Grundnahrungsmittel wie Weizen und Gerste werden fast unerschwinglich teuer sein. Öl und Wein weisen auf Luxus hin. Während die einen hungern, werden die Reichen und Privilegierten im Überfluss schwelgen können.

Das vierte Siegel (6,7-8)
Der Reiter auf dem fahlen Pferd stellt den Tod dar. In seinem Gefolge befindet sich das Totenreich. Ein Viertel der Menschheit wird durch Kriege, Hunger, Seuchen und wilde Tiere getötet. Wenn wir uns das heutige Waffenarsenal der Großmächte vor Augen halten, kann man sich die mörderische Auswirkung, die der Einsatz solchen Kriegspotenzials zur Folge haben muss, unschwer vorstellen.

Das fünfte Siegel (6,9-11)
Johannes, dem Christus diese Offenbarung anvertraut hat, sieht die Märtyrer vor einem Altar im Himmel. Sie sind um ihres Glaubens willen ermordet worden. Solange die Gemeinde Jesu besteht, sind Christen wegen ihres Glaubens verfolgt und getötet worden. Auch in unseren Tagen erleiden viele Christen in aller Welt unter politischer und religiöser Machtausübung den Märtyrertod.

Während der Zeit des Antichrist werden, trotz seines gottlosen Systems, Menschen zu Christus finden. Der Antichrist wird viele töten lassen. Sie werden aber nicht im Tod bleiben, sondern sofort in die Gegenwart ihres Herrn versetzt. Während auf der Erde immer noch Christen getötet werden, empfangen sie bereits die Kleider der Gerechtigkeit.

Das sechste Siegel (6,12–7,17)
Ein großes Erdbeben richtet ungeheure Verheerungen an. Die Sonne verfinstert sich, so dass sie mit einem schwarzen Sack

vergleichbar ist, und der Mond nimmt eine blutrote Farbe an. Die Sterne stürzen auf die Erde, und das Himmelsgewölbe hört auf zu bestehen.

Jesus weist in Lukas 21,25-26 auf diese Ereignisse hin: *»An Sonne, Mond und Sternen werden Zeichen erscheinen … denn selbst die Kräfte des Himmels werden aus dem Gleichgewicht geraten.«* In dieser Zeit werden die Menschen vor Angst vergehen. Sie suchen Zuflucht in den Gebirgen, um sich vor dem »Zorn des Lammes« zu verbergen.

Während sich im Himmel eine unzählbare Schar von Gläubigen versammelt, werden auf der Erde 144 000 Getreue aus Israel versiegelt. Diese Versiegelung bewahrt sie vor den Schäden und Gerichten, die über die ganze Welt kommen. Aber nicht nur diese 144 000 werden während der antichristlichen Zeit gläubig. Nach Sacharja 13,8-9 wird sich in dieser Zeit ein Drittel der Juden bekehren.

Das siebte Siegel (8,1-6)

Während Jesus Christus, das Lamm Gottes, das siebte Siegel öffnet, entsteht eine Stille von einer halben Stunde. Was sie zu bedeuten hat, wird nicht angegeben. Man gewinnt den Eindruck einer Stille vor dem großen Sturm; denn dieses siebte Siegelgericht enthält die schrecklichen Posaunen- und Zornschalengerichte, die jeweils von sieben Engeln ausgelöst werden.

2) Die Gerichte der sieben Posaunen (Offb 8,1–14,19)

Die erste Posaune (8,7)

Hagel und Feuer fallen mit Blut vermischt auf die Erde. Ein Drittel der Erde, des Grases und der Bäume verbrennt. Ob es sich hier um den Einsatz von Atom- und Wasserstoffbomben oder um andere Waffen oder Mittel von furchtbarer Zerstörungskraft handelt, wissen wir nicht. Auf jeden Fall ist der allmächtige Gott auf die Zerstörungskünste seiner Geschöpfe nicht angewiesen. Als die Städte Sodom und Gomorra vernichtet wurden, ließ Gott es durch Naturkatastrophen geschehen.

Die zweite Posaune (8,8-9)
Etwas, das einem großen brennenden Berg ähnelt, fällt ins Meer. Dadurch verwandelt sich ein Drittel des Meeres in Blut. Ein Drittel der Lebewesen im Meer wird getötet, ein Drittel der Schiffe zerstört.

Die dritte Posaune (8,10-11)
Ein großer Stern, der wie eine Fackel brennt, fällt vom Himmel auf den dritten Teil der Wasserbrunnen (oder des Wasserreservoirs). Ein Drittel des Wassers wird vergiftet und schmeckt bitter wie Wermut. Viele Menschen sterben daran.

Schon bevor dieses Gericht über die Erde kommt, werden in dieser Hinsicht katastrophale Zustände herrschen. Die Verschmutzung und Vergiftung der Weltmeere und Flüsse durch Abfallprodukte, Öle und Chemikalien nehmen beängstigend zu. Die Ozeane können die Millionen Tonnen Schmutz nicht mehr verarbeiten und sich nicht mehr selbst reinigen.

Auch das Grundwasser ist gefährdet. Mit dem Regenwasser sickern die Gifte der Pflanzenschutzmittel in die Erde ein. Auch die riesigen Müllhalden bilden eine Gefahr für das Grund- und damit für das Trinkwasser, weil auch der Müll Gifte absondert.

Die vierte Posaune (8,12-13)
Ein Drittel der Sonne, des Mondes und der Sterne verfinstern sich. Ein Drittel des Tageslichtes entfällt. Und vom Himmel her heißt es: *»Unheil, Unheil, Unheil über alle, die auf dieser Erde wohnen«*.

Eine Vorahnung von solchen Katastrophen liefert uns die Luftverschmutzung. Verursacht durch Rauch und Abgase entsteht oft eine Dunstglocke über einem Gebiet, die die Lichteinwirkung behindert. Dieser Smog, der besonders über den Ballungszentren der Groß- und Industriestädte entsteht, ist für alte und herzkranke Menschen besonders gefährlich.

Die fünfte Posaune (9,1-12)
Ein vom Himmel gefallener »Stern« (ein gefallener Engel oder Dämon) öffnet das Gefängnis der bösen Geister. Diesem entsteigt Rauch, der die Sonne und die Luft verfinstert. Aus diesem Rauch treten Wesen wie Heuschrecken oder Skorpione hervor, die den Menschen fünf Monate lang unerträgliche Schmerzen zufügen. Nur die Gläubigen jener Zeit, die mit dem Siegel Gottes versehen sind, werden verschont. Die Geplagten werden vor Schmerzen den Tod suchen, werden aber nicht sterben können.

Diese Wesen, die ihre Umgebung so furchtbar plagen, haben einen dämonischen Anführer, der griechisch *Apollyon* genannt wird. Der Name bedeutet so viel wie »Vernichter« oder »Verderber«.

Hinter den Göttern, die von den heidnischen Völkern verehrt werden, verbergen sich nach Aussage der Bibel Dämonen: *»Ich sage vielmehr, dass diese Opfer den Dämonen und nicht Gott dargebracht werden«*, so Paulus in 1. Korinther 10,20.

Der griechische Gott Apollos wurde als Herr über Gesundheit und Krankheit gesehen. »Seine Pfeile brachten den Tod«, schreibt Homer in seiner »Ilias«. In der letzten Zeit werden die Menschen, die mit ihrem Unglauben dem Teufel und den Dämonen (bewusst oder unbewusst) gedient haben, von diesen geplagt werden.

Die sechste Posaune (9,13 -11,14)
Vier am Fluss Euphrat gebundene Engel werden von Gott losgelassen. Schon in Psalm 78,49 lesen wir, dass Gott Unheilsengel zum Strafgericht sandte. Ihnen folgen zweihundert Millionen Reiter auf Pferden, die den dritten Teil der Menschen töten. Ob die Reiter Menschen sind oder ob hier ein

Dämonenheer gemeint ist, wird nicht deutlich gesagt. Aber die unsichtbare Welt wirkt hier in die sichtbare Welt hinein.

Dass Gott Engelheere mit Pferden und Wagen in der unsichtbaren Welt zur Verfügung stellt, wird in 2. Könige 6,16-18 gezeigt. Hier hat Gott sie um die Stadt Dotan, in der sich der Prophet Elisa befand, zum Schutz gegen das aramäische Heer aufgestellt.

Die von den Unheilsengeln (oder Dämonen) geplagten gottlosen Menschen, die übrig bleiben, tun jedoch keine Buße. Ihre Sünden, die für die Endzeit kennzeichnend sind, werden hier aufgezählt: Morde, Zauberei (dazu gehört jede Spielart des Aberglaubens und jede okkulte Handlung wie Wahrsagerei, Spiritismus etc.), Unzucht (griech. *porneia*), Diebstahl und Betrug sowie das Anbeten von Dämonen und die Verehrung von Götzenbildern.

Dann sieht Johannes, wie der Tempel in Jerusalem vermessen wird. Die zwei Zeugen Gottes predigen 1260 Tage (= dreieinhalb Jahre) und vollbringen dabei Wunderzeichen, durch die die Nichtglaubenden gestraft werden. Der Antichrist lässt die zwei Zeugen töten, aber nach dreieinhalb Tagen stehen sie von den Toten auf und werden vor den Augen der Öffentlichkeit zu Gott entrückt.

Durch ein großes Erdbeben stürzt der zehnte Teil der Stadt ein. Dabei kommen 7000 Menschen um. Viele erschrecken und wenden sich Gott zu.

Die siebte Posaune (11,15–14,19)

Jesus Christus wird im Himmel als Herrscher und König ausgerufen. Die Gnadenfrist, die die letzten Plagen und Gerichte verzögert hat, ist abgelaufen: »*Gott wird nicht länger warten. Sondern wenn der siebte Engel seine Posaune erklingen lässt, wird Gottes verborgener Plan erfüllt werden*« (Offb 10,6-7).

Das Geheimnis ist nach 1. Korinther 15,51-52 die Entrückung der Gemeinde Jesu. In Römer 11,25f spricht Paulus ebenso vom »Geheimnis«, nämlich der Vollzahl der Nationen (Gemeinde), die erreicht ist. Nun wird der Rest Israels errettet.

Im Himmel wird der Tempel Gottes geöffnet, sodass die Bundeslade zu sehen ist (Offb 11,19; 15,5). Der Tempel und die Bundeslade versinnbildlichen das Gesetz Gottes im Alten Testament (im Alten Bund). Die Menschen, die das Gnadenangebot Gottes in Jesus Christus (im Neuen Bund) nicht angenommen haben, werden nun der ganzen Härte des Gesetzes ausgeliefert. Gott ist gerecht und heilig; er muss unvergebene Sünde und Schuld bestrafen. Vor dem Gericht seines Zorns kann allein Jesus Christus erretten, der dieses Gericht, das jeder Mensch verdient hat, für jeden, der ihm vertraut, stellvertretend auf sich genommen hat.

Satan, der bisher als Ankläger der Glaubenden zum Himmel Zutritt hatte, wird nun durch den Erzengel Michael für immer von dort verstoßen (Offb 12,7-12). In seinem Hass verfolgt er die Frau, die mit der Sonne bekleidet war (Vers 1), unter deren Füßen der Mond zu sehen ist und die eine Krone mit zwölf Sternen auf dem Kopf trägt (Offb 12,13-17).

Mit dieser Frau kann nicht Maria mit dem Jesuskind gemeint sein, da sie ja nicht in der Endzeit vom Teufel verfolgt wird. Wahrscheinlich haben wir unter dieser Frau Israel zu verstehen (Hos 2,21-22).

Auch der Traum Josefs in 1. Mose 37,9 deutet darauf hin. Von Israel aus wurde das Evangelium der ganzen Welt bekannt gemacht. Jesus selbst sagt, dass das Heil von den Juden kommt (Joh 4,22), und auch er war ein Jude.

Im Laufe der Jahrhunderte sind Menschen aus allen Völkern zum Glauben an Jesus Christus gekommen. Gemeinde Jesu entstand immer wieder unter Geburtswehen und war zu allen Zeiten den unterschiedlichsten Angriffen des Teufels ausgesetzt. Die Gemeinde, »der Sohn der Frau«, wird aus der Welt genommen und darf mit Jesus Christus herrschen: *»Wer siegreich und bis zum Ende mir gehorsam ist, dem werde ich*

Macht über alle Völker geben. Er wird mit eisernem Stab über die Völker herrschen« (Offb 2,26-27).

Die Frau selbst, Israel, muss für dreieinhalb Jahre an einen von Gott angewiesenen Bergungsort fliehen, um vor der Verfolgung durch den Teufel sicher zu sein, weil sie erst in den letzten Tagen Jesus erkennen und an ihn glauben wird. In dieser Zeit verfolgt Satan die Übrigen der Nachkommenschaft der Frau (die Juden).

Im Gericht der siebten Posaune wird auch die Wirksamkeit des Antichrist und seines falschen Propheten beschrieben. Durch einen Engel ergeht ein letzter Bußruf an die Menschen. Schließlich wird die Erde durch Jesus Christus »geerntet«. Während dieser Gerichtszeit reicht das Blut der Getöteten bis an die Zäume der Pferde.

3) Die Gerichte der sieben Zornschalen (Offb 15,1-18,24)

Die letzten sieben Plagen sind sieben Engeln anvertraut, diese halten sie in sieben goldenen Schalen. Darin befindet sich der Zorn Gottes, der noch über die Erde ausgegossen werden muss. Gleichzeitig singt eine Gruppe von Christen, die überwunden hat und aus der »großen Bedrängnis« kommt, am kristallenen Meer im Himmel Lieder zur Ehre Gottes.

Die erste Schale (16,2)
Die Menschen, die das Malzeichen des Antichrist tragen und sein Bild angebetet haben, werden von schmerzhaften Geschwüren geplagt.

Die zweite Schale (16,3)
Wurde beim Posaunengericht nur ein Drittel des Meeres verdorben, so wird es jetzt völlig zerstört. Es gleicht dem Blut eines verwesenden Menschen; alles Leben im Meer geht zugrunde.

Die dritte Schale (16,4-7)
Auch das Fluss- und Brunnenwasser wird zu Blut, sodass es nicht mehr genießbar ist. Der Grund für diese Strafe ist darin zu sehen, dass man das Blut der Glaubenden vergossen hat.

Die vierte Schale (16,8-9)
Hat sich beim vierten Posaunengericht die Erde verfinstert, so geschieht jetzt das Gegenteil. Die Menschen werden von den Strahlen der Sonne versengt. Vielleicht ist die Ozonschicht der Atmosphäre, die vor ultravioletten Strahlen schützt, zerstört. Aber die Menschen tun dennoch nicht Buße; sie lästern vielmehr den Namen Gottes.

Die fünfte Schale (16,10-11)
Diese Schale wird über den Thron des Antichrist ausgegossen, dessen Reich dadurch verfinstert wird. Die Menschen zerbeißen sich die Zungen vor Schmerz, aber sie wenden sich dennoch nicht Gott zu. Sie haben sich bewusst gegen Gott entschieden und sind deshalb reif für das Gericht.

Die sechste Schale (16,12-16)
Der Euphrat trocknet aus, wie es schon von Jesaja vorausgesagt wurde: »*Der HERR … streckt im glühenden Zorn seine Hand über dem Euphrat aus und macht daraus sieben Rinnsale, die man in Sandalen durchschreiten kann*« (Jes 11,15). Jetzt durchqueren die Herrscher des Ostens den Fluss auf dem Weg nach Israel. Der Antichrist hat durch seine Dämonen alle Völker zum Krieg in diesem Land herausgefordert. Es kommt zur Schlacht von Harmagedon.

Schon in der Gegenwart hat der Euphrat einen extrem niedrigen Wasserstand. Die Ursache liegt wohl darin, dass die Türkei ihre neu erbauten riesigen Staudämme mit dem Wasser dieses Flusses füllen muss. Zudem hat sich der Wasserverbrauch in den Ländern, durch die der Strom fließt, stark erhöht. Syrien und der Irak sind besonders darauf angewiesen.

Die siebte Schale (16,17–18,24)
Diese Zornschale wird im Luftbereich ausgegossen, wo Satan und die Dämonen ihren Sitz haben (Eph 2,2; 6,12). Städte, die durch ihre Gottlosigkeit das Gericht Gottes herausgefordert haben, werden zerstört. Auch über die Hure Babylon bricht das Verderben herein. Die Stadt mit dem Decknamen Babylon wird zerstört, und das religiöse System, das mit der Welt »hurte«, wird vernichtet.

Nach diesen Strafgerichten der letzten Zeit erscheint Jesus Christus als Sieger über Satan, den Antichrist und alle gottlosen Menschen (Offb 19). Damit beginnt das Tausendjährige Reich unter seiner Herrschaft.

F) Der Krieg der Völker um Israel

Innerhalb von drei Jahrtausenden wurde das Wohngebiet Israels viele Male von den Eroberern und anschließend von Wiedereroberern überrannt. Die Stadt Jerusalem wurde dabei ebenso viele Male zerstört und danach wieder aufgebaut.

Die letzten großen Kriege der Weltgeschichte werden wieder um dieses Volk und um dieses Land geführt werden. Die ganze Welt wird daran beteiligt sein.

Seit der Staatsgründung im Jahr 1948 hat es für Israel niemals richtigen Frieden gegeben. Die meisten arabischen Staaten sind gegen die Existenz eines jüdischen Staates auf dem Gebiet des von Gott verheißenen Landes. Israel hingegen wehrt sich gegen das Entstehen eines Palästinenserstaates innerhalb der Grenzen des alten Israels.

Hasstiraden, Raketenangriffe, Selbstmordkommandos mit Sprengstoffgürteln um den Leib versetzen Israelis in Angst und Schrecken. Vergeltungsanschläge und Maßnahmen der Juden, z. B. durch einen Schutzzaun, machen den Palästinensern das Leben schwer. Das Schlimmste dabei ist, dass Menschen, und zum großen Teil auch Kinder, schwer verletzt oder getötet werden. Der Nahe Osten ist zu einem der gefährlichsten Plätze in dieser Welt geworden.

Frieden im Nahen Osten – Utopie oder berechtigte Hoffnung? Für die nächste Zeit besteht wohl kaum Hoffnung – bis Jesus Christus wiederkommt. Denn in Daniel 9,26 heißt es: *»Und bis zum Schluss werden Krieg und Verwüstung herrschen; sie sind unwiderruflich von Gott bestimmt.«*

Dann aber wird sich die Sehnsucht nach Frieden erfüllen, was in Jesaja 26,12 gesagt wird: *»Herr, uns wirst du Frieden schenken«*.

Dann hat die Klage ein Ende, die in Psalm 120,6-7 ausgedrückt ist: *»Schon zu lange wohne ich bei denen, die den Frieden hassen. Ich will den Frieden* (Schalom), *aber wenn ich anfange zu reden, suchen sie nur den Streit.«*

Nach den Aussagen der Bibel wird es für Israel noch keinen Frieden geben. Erst muss sich erfüllen, was die Propheten für die »letzte Zeit« vorausgesagt haben: der Krieg der Völker um Israel.

1) Gog aus Magog greift Israel an

Hesekiel berichtet ausführlich über einen Feind, der – von Israel aus gesehen – aus dem äußersten Norden kommend in Israel eindringen wird (Hes 38-39). Genannt wird ein Fürst »Gog«, der über Rosch, Mesech und Tubal im Land Magog herrscht (Hes 38,2; 39,1). Magog, Mesech und Tubal waren Nachkommen Jafets. Sie werden in alten Schriften als Völker am Schwarzen Meer erwähnt.

Die geographischen Hinweise der Bibel lassen auf Russland schließen: *»Du kommst zusammen mit vielen Völkern aus deiner Heimat im fernen Norden ... Ich lenke dich, führe dich und locke dich aus dem fernen Norden«* (Hes 38,15; 39,2).

Hesekiel sagt auch den Kriegszug Gogs aus Magog gegen Israel voraus: *»Nach langer Zeit wirst du dann deinen*

Auftrag erhalten. Am Ende der Zeit wirst du in ein Land kommen, dessen Volk sich vom Krieg erholt hat und das aus vielen Völkern gesammelt wurde, dort auf den Bergen von Israel, die lange verwüstet waren. Aus vielen Völkern wurden die Menschen zurückgebracht. Und sie wohnen alle in Sicherheit. ... Und du ziehst wie eine Wolke gegen mein Volk der Israeliten und bedeckst das Land« (Hes 38,8.16).

Dieser Einfall Gogs in Israel wird als Holocaust beschrieben:

Hesekiel 38,9: *»Nun ziehst du herauf wie ein Unwetter* (hebr.: *scho'ah,* der jüdische Begriff für den Holocaust).«

Auch der Grund für diesen Kriegszug wird genannt: *»So spricht Gott, der Herr: In jener Zeit wird dir etwas in den Sinn kommen. Du wirst einen bösen Plan aushecken und sagen: Ich werde gegen ein ungeschütztes Land ziehen. Ich werde die angreifen, die ruhig leben und ohne jeden Argwohn sind, die keine Mauern und auch keine verriegelten Tore haben. Du planst zu plündern und zu rauben, die wieder bewohnten Ruinen anzugreifen und ein Volk zu überfallen, das aus vielen Völkern zusammengeführt wurde. Es hat sich Herden und Besitz erworben und wohnt am Nabel der Erde«* (Hes 38,10-12).

Die Verbündeten Gogs werden mit diesem nach Israel ziehen. Hesekiel führt sogar ihre Namen auf. *»Du führst mit dir Perser, Kuschiter und Libyer, die alle Schild und Helm tragen, dazu Gomer und sein ganzes Heer, die vom Hause Togarma, die im Norden wohnen, mit ihrem ganzen Heer, ja, du führst viele Völker mit dir. ... Du wirst heraufziehen und daherkommen wie ein Sturmwetter und wirst sein wie eine Wolke, die das Land bedeckt, du und dein ganzes Heer und die vielen Völker mit dir«* (Hes 38,5-9; LÜ).

Persien wird heute »Iran« genannt. Fanatische Muslime regieren heute dieses Land. Sie zählen sich zu den erklärten Feinden Israels. Zu den Kuschitern gehören die Staaten südlich von Ägypten, wahrscheinlich Äthiopien und der Sudan, das frühere Nubien. Libyen, zu dem damals auch die Gebiete von Marokko, Tunesien und Algerien gerechnet wurden, wird ebenfalls zum Gefolge Gogs gehören. Gomer hatte sich, nach archäologischen Ermittlungen, zunächst nördlich des Schwarzen Meeres angesiedelt und sich dann westwärts über das heutige Europa ausgebreitet. Manche meinen, dass unter dem Begriff »Gomer« Deutschland zu verstehen sei. Togarma, das von Israel aus gesehen ebenfalls im Norden liegt, dürfte ein Staat in der Nähe des Schwarzen Meeres sein.

Gog und seine Verbündeten werden in Israel jedoch eine böse Überraschung erleben. Sie, die Israel zerstören wollen, werden im Land von Gott selbst geschlagen und furchtbar gerichtet werden. Mit einem Mal werden sie erkennen müssen, dass Gott existiert, dass er für Israel kämpft und dabei seinen Namen vor aller Welt verherrlicht. So sagt es Hesekiel voraus: *»Ich lenke dich und treibe dir Haken durch den Kiefer. Ich führe dich und dein ganzes Heer heraus: deine Fußtruppen und deine Reiterei, alle prachtvoll bekleidet. ... Am Ende der Zeit wird es geschehen, dass ich dich gegen mein Land heranführe, doch dann sollen die Völker mich erkennen, wenn ich mich vor ihren Augen an dir als der Heilige offenbare, Gog«* (Hes 38,4.16).

Um Gog zu strafen, wird Gott es so einrichten, dass die Gegner Israels sich gegenseitig vernichten. Aber auch Naturkatastrophen und Seuchen werden dabei eine Rolle spielen: *»An jenem Tag wird ein großes Beben das Land Israel erschüttern. ... Und ich rufe von allen meinen Bergen das Schwert gegen dich herbei, spricht Gott, der HERR. Jeder wird sein Schwert gegen den anderen richten. Ich werde Gog richten durch Krankheit und Blutvergießen; ich werde Platzregen, Hagelstürme und brennenden Schwefel auf ihn, sein Heer und die vielen Völker bei ihm regnen lassen!«* (Hes 38,19-22). Gog wird das Gericht Gottes ohnmächtig über sich ergehen lassen müssen: *»Doch dann schlage ich dir deinen Bogen aus der linken Hand und reiße dir die Pfeile aus der rechten, denn* *du und dein riesiges Heer und alle Völker bei dir sollen in den Bergen von Israel sterben. Ich werfe dich sämtlichen Raubvögeln und den wilden Tieren zum Fraß vor. Du wirst auf freiem Feld umkommen, denn ich habe gesprochen, spricht Gott, der HERR. Ich schicke ein Feuer nach Magog und zu allen, die sicher im Küstenland wohnen«* (Hes 39,3-6).

So wird Israel erfahren, dass es unter dem Schutz Gottes steht. *»Da erfasste den Herrn Leidenschaft für sein Land und er erbarmte sich seines Volkes. ... Ich werde den Feind aus dem Norden vertreiben und ihn in ein dürres Land verstoßen«* (Joel 2,18.20).

Nachdem Gott Gog und dessen Verbündete geschlagen hat, wird Israel reiche Kriegsbeute zufallen. Allein das Holz der erbeuteten Waffen besitzt großen Wert, denn Israel kann sieben Jahre damit heizen: *»Dann gehen die Bewohner der israelitischen Städte hinaus und zünden ein Feuer an und verheizen die Waffen: Rundschilde und Langschilde, Bogen und Pfeile, Keulen und Speere. Sieben Jahre lang machen sie damit Feuer! Sie werden kein Holz mehr auf den Feldern sammeln oder im Wald Bäume fällen, sondern mit den Waffen Feuer machen. Sie plündern ihre Plünderer und berauben die, die sie ausrauben wollten, spricht Gott, der HERR«* (Hes 39,9-10).

Gog und seine Verbündeten werden so viele Tote in Israel zurücklassen, dass man sieben Monate benötigen wird, um die Leichen zu bestatten. Man wird eine riesige Kriegsgräberstätte mit Namen Hamona (= »Haufenstadt«) errichten: *»Und an jenem Tag werde ich Gog einen Platz für seine Grabstätte in Israel geben: das Tal Abarim, östlich vom Toten Meer, und es wird den Wanderern den Weg versperren. Dort werden sie Gog und sein ganzes Heer begraben und sie werden es Tal Hamon Gog nennen. Das Volk der Israeliten wird sie begraben, um das Land zu reinigen: Sieben Monate wird das dauern«* (Hes 39,11-12).

Hesekiel weist ausdrücklich darauf hin, dass dieser Kriegszug Gogs in der »letzten Zeit« stattfinden wird: *»Am Ende* *der Zeit wirst du in ein Land kommen«* (Hes 38,8). Das setzt voraus, dass Israel, wenn dies geschieht, aus der Zerstreuung zurückgekehrt ist.

Nach diesen Kriegsereignissen wird Israel ein Volk sein, das an Gott glaubt: »*Und ich werde mich nicht mehr von ihnen abwenden, denn ich habe meinen Geist über ihnen ausgegossen, spricht Gott, der HERR«* (Hes 39,29).

Nach Hesekiel 38 und 39 unternimmt Gog seinen Angriff gegen Israel vor dem Tausendjährigen Reich. Nach Ablauf der tausend Jahre, wenn der Teufel noch einmal für eine kurze Zeit losgelassen wird, tritt Gog dann noch einmal als Verkörperung der gottlosen Weltmacht auf. Der Teufel wird die Völker noch einmal gegen Jerusalem aufhetzen, aber nun besiegt Gott Satan endgültig und gibt ihn der ewigen Verdammnis preis (Offb 20,7-10).

2) Alle Völker ziehen gegen Israel

Immer wieder kündigt die Bibel an, dass sich alle Völker gegen Jerusalem wenden werden. Bei diesem Ansturm eines weit überlegenen Gegners hätte Israel keine Überlebenschance. Doch wie so oft in der Geschichte dieses Volkes wird Gott selbst eingreifen. Der Messias, Jesus Christus, wird kommen, um die anstürmenden Völker zu besiegen und Israel zu retten. Bei seiner Ankunft werden seine Füße auf dem Ölberg vor Jerusalem stehen, und dieser wird sich spalten: »*Doch dann wird der HERR selbst in die Schlacht ziehen und gegen diese Völker kämpfen, wie er auch sonst am Tag der Schlacht kämpft. An jenem Tag stehen seine Füße auf dem Ölberg, der im Osten Jerusalems liegt. Und der Ölberg wird sich in der Mitte spalten und ein sehr breites Tal freigeben, das von Osten nach Westen verläuft«* (Sach 14,3-5). Weiter sagt der gleiche Prophet: »›*An jenem Tag*‹, *spricht der HERR*, ›*werde ich alle Pferde scheu machen und ihre Reiter in Panik versetzen. Auf das Volk von Juda werde ich ein Auge haben, die Pferde der Völker aber werde ich alle blind machen. ... An jenem Tag wird der HERR die Bewohner Jerusalems beschützen ... An jenem Tag wird es mein Ziel sein, alle Völker, die Jerusalem angreifen, zu vernichten‹«* (Sach 12,4-9).

Für Israel hat Gott also eine wunderbare Rettung vorgesehen, die auch in Jesaja 54,15.17 aufgezeigt ist: *»Sollten sich dennoch Feinde gegen dich zusammentun, dann geschieht dies ohne meinen Willen. Wer dich angreift, wird scheitern. ... Doch keine Waffe, die gegen dich geschmiedet wird, wird erfolgreich sein. Und wer dich vor Gericht verklagt, den wirst du widerlegen.«*

Gott wird ein furchtbares Gericht über die Angreifer hereinbrechen lassen. Das Blut der Getöteten wird bis an die Zäume der Pferde reichen: *»Und die Trauben wurden außerhalb der Stadt in der Weinpresse getreten und Blut floss aus der Weinpresse in einem Strom, der dreihundert Kilometer lang war und so hoch, dass er den Pferden bis an die Zügel reichte«* (Offb 14,20). Andere Angreifer werden bei lebendigem Leib verwesen: *»Der Herr wird allen Völkern, die gegen Jerusalem gekämpft haben, eine Plage schicken: Sie werden bei lebendigem Leib verwesen. Die Augen werden sich in den Höhlen auflösen und die Zunge im Mund verfaulen«* (Sach 14,12).

Auch der Prophet Joel spricht davon, dass die Völker sich gegen Jerusalem wenden werden, wenn Israel aus der Zerstreuung zurückgekehrt ist. Gott aber wird sie im Tal Joschafat richten. (Das Tal Joschafat ist das Kidrontal, das zwischen Jerusalem und dem Ölberg liegt.) Als Grund für das Gericht wird angegeben, dass die Völker Israel in der Zerstreuung ungerecht behandelt, verfolgt und getötet haben: *»In den Tagen, in denen ich das Schicksal Judas und Jerusalems wenden werde, will ich alle Völker im Tal Joschafat versammeln. Dort werde ich über sie Gericht halten wegen meines Volkes und Erbbesitzes Israel, weil sie es vertrieben haben unter die Völker und weil sie mein Land unter sich aufgeteilt haben. Mein Volk haben sie unter sich verlost. Sie haben kleine Jun-*

gen gegen Huren getauscht und kleine Mädchen für Wein verkauft, den sie dann verzechten. ... Alle Völker sollen sich bereit machen und zum Tal Joschafat ziehen, denn dort werde ich sein, um über sie zu richten. ... Im Tal der Entscheidung versammeln sich große Scharen« (Joel 4,1-14).

Der Textzusammenhang der verschiedenen Bibelstellen deutet darauf hin, dass der Krieg der Völker gegen Israel vor der sichtbaren Wiederkunft Jesu Christi stattfinden wird. Dieser Krieg führt zugleich zur Bekehrung Israels; danach werden sie an den gekreuzigten und auferstandenen Jesus Christus glauben: *»Dann gieße ich einen Geist der Gnade und des Gebets über die Nachkommen Davids und die Bewohner Jerusalems aus. Sie werden auf den schauen, den sie durchbohrt haben, und um ihn trauern wie um einen einzigen Sohn. Sie werden ihn beweinen, wie man einen erstgeborenen Sohn beweint«* (Sach 12,10).

3) Harmagedon

In Offenbarung 16,12-16 werden besonders die »Könige aus dem Osten« erwähnt, die, durch den Antichrist aufgewiegelt, gegen Israel zu Felde ziehen: *»Dann goss der sechste Engel seine Schale über den großen Strom Euphrat aus, und er vertrocknete, sodass die Könige aus dem Osten mit ihren Heeren ungehindert nach Westen marschieren konnten«* (Offb 16,12). Man kann annehmen, dass damit die volkreichen asiatischen Staaten China, Indien und Japan gemeint sind.

Nach den Angaben in Offenbarung 9,14-16 werden 200 Millionen Reiter unterwegs sein: *»Die Stimme sprach zu dem sechsten Engel, der die Posaune hielt: ›Lass die vier Engel frei, die am großen Euphratstrom gefesselt sind!‹ Und die vier Engel, die für diese Stunde und diesen Tag und diesen Monat und dieses Jahr bereitgehalten worden waren, wurden freigelassen, um ein Drittel aller Menschen auf der Erde zu töten. Sie führten eine Armee von zweihundert Millionen berittenen*

Soldaten an – ich hörte, wie ihre Zahl genannt wurde.« Diese Zahl von Soldaten könnte bereits China allein aufbringen.

Gemeinsam mit den östlichen Völkern wird die gesamte Welt von der »satanischen Dreieinigkeit« zum Krieg aufgehetzt: *»Und ich sah drei böse Geister, die wie Frösche aussahen, aus dem Mund des Drachen* (des Teufels), *des Tieres (des Antichrist) und des falschen Propheten springen. Weil diese Dämonen Zeichen und Wunder taten, veranlassten sie alle Herrscher der Erde, sich an jenem großen Tag Gottes zum Kampf gegen den Allmächtigen zu sammeln«* (Offb 16,13-14).

Die große Entscheidungsschlacht wird schließlich bei Harmagedon (»Berg von Megiddo«) stattfinden: *»Und die bösen Geister versammelten alle Herrscher und ihre Heere an einem Ort, der auf Hebräisch Harmagedon genannt wird«* (Offb 16,16). Dieser Berg liegt in der Jesreel-Ebene, die heute als die Kornkammer des Staates Israel gilt. Die Ebene liegt etwa zwischen dem Jordan unterhalb des Sees Genezareth und dem Karmelgebirge. Schon vor Jahrtausenden haben hier große Schlachten stattgefunden.

Der Antichrist, der an diesem Ort die Heere aller Völker vereinigt, wird hier zusammen mit diesen von Jesus Christus besiegt werden, der mit seinen Heerscharen vom Himmel her erscheint: *»Dann sah ich den Himmel geöffnet, und es stand dort ein weißes Pferd. Und der, der auf dem Pferd saß, wird der Treue und Wahrhaftige genannt, weil er gerecht richtet und Krieg führt. Seine Augen waren wie Feuerflammen, und auf dem Kopf hatte er viele Kronen. Es stand ein Name auf seiner Stirn geschrieben, und nur er wusste, was dieser Name bedeutete. Er trug ein Gewand, das in Blut getaucht worden war, und sein Name ist ›Das Wort Gottes‹. Die in weißes, reines Leinen gekleideten Heerscharen des Himmels folgten ihm auf weißen Pferden. Aus seinem Mund kam ein scharfes Schwert. Mit ihm wird er die Völker schlagen. Er wird sie mit eisernem Stab regieren; und er tritt die Weinpresse des schrecklichen Zorns des allmächtigen Gottes. Auf seinem Gewand und auf* *seinem Schenkel stand folgender Titel geschrieben: König der Könige und Herr der Herren«* (Offb 19,11-16).

Wie bereits die Propheten des Alten Testaments die große Niederlage der Völker geschildert haben, so wird sie auch im Neuen Testament beschrieben: *»Dann sah ich einen Engel in der Sonne stehen, der den Vögeln, die hoch oben am Himmel flogen, zurief: ›Kommt! Sammelt euch zum großen Mahl, das Gott vorbereitet hat. Kommt und fresst das Fleisch von Königen, Befehlshabern und starken Kriegern, von Pferden und ihren Reitern und von allen Menschen, ob Freie oder Sklaven, kleinen oder großen!‹«* (Offb 19,17-18).

Auch der Antichrist und der falsche Prophet, die über Israel und die Völker eine furchtbare Schreckensherrschaft ausgeübt haben, werden von Christus besiegt und der Verdammnis preisgegeben: *»Und das Tier wurde gefangen und mit ihm der falsche Prophet, der in seinem Namen große Wunder getan und damit alle verführt hatte, die das Zeichen des Tieres angenommen und sein Standbild angebetet hatten. Sowohl das Tier als auch der falsche Prophet wurden lebendig in den Feuersee geworfen, der mit Schwefel brennt«* (Offb 19,20).

Mit dieser Schlacht endet nicht nur der große Krieg, sondern zugleich die große Bedrängnis. Die Herrschaft Jesu Christi im Tausendjährigen Reich beginnt.

G) Die Wiederkunft Jesu Christi

»Ja, ich komme bald«, kündigt der erhöhte Christus an (Offb 3,11). Die Aussagen über seine Wiederkunft nehmen in der Bibel einen breiten Raum ein. Allein das Neue Testament berichtet darüber an über 300 Stellen.

Obwohl die Wiederkunft Jesu Christi zu den wichtigsten Themen der Bibel gehört, wird in den christlichen Gemeinden vergleichsweise wenig darüber gesprochen. Oft fällt dies ganz unter den Tisch. Das mag einerseits daran liegen, dass manche Theologen nicht an dieses Ereignis glauben oder es in weiter Ferne wähnen. Auf der anderen Seite haben Irrlehrer und Sektierer dieses Ereignis für sich vereinnahmt. Sie haben es auf schwärmerische Weise umgedeutet, unbiblische Spekulationen daran geknüpft und sind damit hausieren gegangen. Dieser Gefahr wollte man in den Gemeinden nicht erliegen. Die Folge ist, dass viele Menschen, die in die Fänge solcher Gruppen geraten sind, nie ein helfendes und erklärendes Wort über die »letzten Dinge«, von denen die Bibel spricht, gehört haben. Es liegt Wahrheit in dem Wort: »Die Sekten sind die unbezahlten Rechnungen der Kirche.«

Wer die Bibel als Gottes Wort ernst nimmt, der muss sich mit der gesamten Heiligen Schrift befassen und ihr vertrauen. Wer dies tut, wird sich nicht so leicht verwirren lassen, sondern nüchtern bei der Wahrheit bleiben. Jesus sagte, als er im hohepriesterlichen Gebet mit dem Vater sprach: *»Dein Wort ist die Wahrheit«* (Joh 17,17; LÜ). Zu dieser Wahrheit gehört, dass Jesus Christus wiederkommen wird. Dieses Ereignis vollzieht sich in zwei Phasen: bei der Entrückung der Menschen, die an ihn glauben, und bei seiner Ankunft als Herr aller Herren und König aller Könige.

1) Die Entrückung der Gemeinde Jesu Christi

Jesus hat all denen, die an ihn glauben, versprochen: *»Wenn dann alles bereit ist, werde ich kommen und euch holen, damit ihr immer bei mir seid, dort, wo ich bin«* (Joh 14,3). Damit ist nicht gesagt, dass man in jedem Fall erst sterben muss, um zu Jesus zu gelangen. Die Christen, die zur Zeit seiner Wiederkunft leben, werden unmittelbar in den Himmel hineingenommen werden. Bis dahin aber geht auch der Weg der Christen durch den Tod zur Herrlichkeit.

In der Bibel wird schon zu relativ früher Zeit von sogenannten Entrückungen berichtet: Unter Umgehung des Todes wurden Menschen direkt und unmittelbar in die Welt Gottes hineingenommen. Das wird z. B. von Henoch gesagt, der ein Gott wohlgefälliges Leben geführt hatte. Er wurde von Gott entrückt und von seinen Mitmenschen nicht mehr gesehen (1Mose 5,24; Hebr 11,5). Auch der Prophet Elia starb nicht; er wurde mit einem feurigen Wagen direkt in den Himmel geholt (2Kön 2,11). Im Neuen Testament wird davon berichtet, dass Jesus nach seiner Auferstehung in die unsichtbare Welt Gottes aufgenommen wurde. Für die um ihn versammelten Jünger wurde dieses Ereignis durch eine Wolke verdeckt.

In der gleichen Weise wird die Gemeinde Jesu Christi entrückt werden, der alle Menschen angehören, die, unabhängig von ihrer Konfessionszugehörigkeit, Jesus Christus als ihrem Herrn und Erlöser vertrauen. Paulus schreibt darüber an die Thessalonicher: *»Und nun, Brüder, möchte ich, dass ihr wisst, was mit denen geschieht, die bereits gestorben sind, damit ihr nicht traurig seid wie jene Menschen, die keine Hoffnung haben. Denn weil wir glauben, dass Jesus starb und wieder auferstanden ist, glauben wir auch, dass Gott durch Jesus alle verstorbenen Gläubigen wiederbringen wird, wenn Jesus kommt. Ich kann euch dies mit einem Wort des Herrn sagen: Wir, die noch leben, wenn der Herr wiederkommt, werden nicht vor den Toten zu ihm kommen. Denn der Herr selbst wird mit einem lauten Befehl, unter dem Ruf des Erzengels und dem Schall der Posaune Gottes vom Himmel herabkommen. Dann werden zuerst alle Gläubigen, die schon gestorben sind, aus ihren Gräbern auferstehen. Und mit ihnen zusammen werden auch wir Übrigen, die noch auf der Erde leben, auf den Wolken hinaufgehoben werden in die Luft, um dem Herrn zu begegnen und in Ewigkeit bei ihm zu bleiben«* (1Thess 4,13-17).

Zugleich mit den bei der Wiederkunft Christi lebenden Christen werden auch die bereits gestorbenen Glaubenden auferweckt. Lebende wie Auferweckte werden dabei verwandelt: Sie erhalten einen neuen Leib, der der Herrlichkeit Gottes angemessen ist. Die Geist-Seelen der Verstorbenen, die sich bereits unmittelbar bei Christus befunden haben, erhalten nun diesen neuen, verklärten Körper! Paulus erklärt das den Korinthern so: *»Nicht jeder von uns wird sterben, aber wir werden alle verwandelt werden. ... Denn unser vergänglicher irdischer Körper muss in einen himmlischen Körper verwandelt werden, der nicht mehr sterben wird«* (1Kor 15,51.53). Auch Jesus Christus besaß nach seiner Auferstehung einen Herrlichkeitsleib.

Die Entrückung der Gemeinde müsste vor der sichtbaren Wiederkunft Christi stattfinden. Er, das Haupt der Gemeinde, wird sie – wie ein Bräutigam die Braut – zur Hochzeit zu sich holen, um dann für immer mit ihr in der Herrlichkeit Gottes vereinigt zu sein. Diese Begegnung wird in der Luft stattfinden, und das alles wird sehr plötzlich vor sich gehen: *»Das wird in einem kurzen Moment geschehen, in einem einzigen Augenblick, wenn die letzte Posaune ertönt. Beim Klang der Posaune werden die Toten mit einem unvergänglichen Körper auferstehen, und wir Lebenden werden verwandelt werden, sodass wir nie mehr sterben«* (1Kor 15,52).

Die Begründung dafür, dass die Gemeinde Jesu vor der sichtbaren Wiederkunft entrückt werden wird, und somit auch vor der »großen Bedrängnis« oder an deren Anfang, finden wir z. B. in Römer 11,25-26: *»Das Herz mancher Juden ist verschlossen, doch das wird nur so lange anhalten, bis die von Gott bestimmte Anzahl von Menschen aus den anderen Völkern zu Christus gefunden hat. Dann wird ganz Israel gerettet werden ...«*

Der Theologe Fritz Rienecker erklärt dies in seinem »Sprachlichen Schlüssel zum Neuen Testament«: Das Wort »so« (griechisch: *autos*) bedeutet hier: »unter dieser Voraussetzung, nachdem das geschehen ist.«

Also müsste demnach die Gemeinde Jesu erst entrückt werden, damit Israel in der großen Bedrängnis an Jesus Christus gläubig wird. Dass Israel in der »großen Bedrängnis« gläubig wird, lesen wir in Daniel 12,1: *»Es wird eine Zeit der Bedrängnis sein, wie es seit Menschengedenken keine vergleichbare gab. Aber jeder einzelne Angehörige deines Volkes, dessen Name im Buch geschrieben steht, wird zu jener Zeit gerettet werden.«*

Die Schreiber des Neuen Testaments fordern uns immer wieder auf, im Hinblick auf die Wiederkunft bereit zu sein. Es werden nicht alle dabei sein, die nach außen hin christlich erscheinen oder sich christlich geben, sondern nur all die Menschen, die sich in einer klaren Entscheidung Jesus Christus bewusst zugewendet haben, die ihn als ihren Erlöser und Herrn anerkennen. Wer nur dem Namen nach Christ ist und sich auf eine christliche Tradition und ein so genanntes »anständiges« Leben beruft, wird enttäuscht zurückbleiben müssen. Jesus hat durch sein Angebot der Vergebung und der Lebenserneuerung alle Menschen vor eine Entscheidung gestellt. Die Antwort des Einzelnen, ob er dieses Angebot annimmt oder nicht, führt zwangsläufig zu einer Scheidung, und diese wird nun in ihrer ganzen Konsequenz offenbar. Jesus selbst sagt darüber: *»Zwei Männer werden zusammen auf dem Feld arbeiten; einer wird mitgenommen, der andere zurückgelassen. Zwei Frauen werden in der Mühle Mehl mahlen; eine wird mitgenommen, die andere zurückgelassen. Deshalb haltet euch bereit, denn ihr wisst nicht, wann euer Herr wiederkommt. Macht euch eines klar: Ein Hausbesitzer, der weiß, wann der Dieb kommt, ist wachsam und lässt es nicht zu, dass in sein Haus eingebrochen wird. Ihr müsst jederzeit bereit sein. Denn der Menschensohn wird kommen, wenn ihr es am wenigsten erwartet«* (Mt 24,40-44).

2) Wer ist bereit?

> *»Führt euer Leben auf diese Weise, weil ihr wisst, dass die Zeit begrenzt ist. Wacht auf, denn wir sind unserer Rettung jetzt näher als zu Beginn unseres*

Glaubens. Die Nacht ist fast vorüber; der Tag der Erlösung (die Entrückung in die himmlische Heimat) kommt bald. Deshalb lebt nicht in der Finsternis mit ihren bösen Taten, sondern greift zu den Waffen des Lichts! Unser Leben soll vorbildlich und ehrlich sein, damit es vor den Augen anderer Anerkennung findet. Wir wollen nicht an ausschweifenden Festen und Trinkgelagen teilnehmen, keinen Ehebruch begehen, nicht in sexueller Zügellosigkeit leben und uns auch nicht auf Streit und Eifersucht einlassen. Haltet euch an Jesus Christus, den Herrn, und lasst euer Leben von ihm bestimmen. Gebt euren Wünschen nicht so weit nach, dass ihr von euren Leidenschaften beherrscht werdet.«

(Röm 13,11-14)

In Matthäus 25 erzählt Jesus in Verbindung mit seiner Wiederkunft das Gleichnis von den zehn Jungfrauen. Diese Geschichte macht besonders deutlich, was Jesus unter Bereitschaft versteht. Die geschilderte Szene spielt sich bei Nacht ab. Das ist nicht von ungefähr so. Paulus weist darauf hin, dass die »letzte Zeit« geistlich und moralisch eine dunkle Zeit sein wird, der Nacht vergleichbar: *»Außerdem sollst du wissen, Timotheus, dass in den letzten Tagen der Welt schwere Zeiten kommen werden. Denn die Menschen werden nur sich selbst und ihr Geld lieben. Sie werden stolz und eingebildet sein, Gott verachten und ihren Eltern ungehorsam und undankbar begegnen. Nichts wird ihnen heilig sein. Sie werden lieblos sein und zur Vergebung nicht bereit; sie werden andere verleumden und keine Selbstbeherrschung kennen; sie werden grausam sein und vom Guten nichts wissen wollen. Ihre Freunde werden sie verraten, leichtsinnig handeln, sich aufspielen und ihr Vergnügen mehr lieben als Gott. Sie werden so tun, als seien sie fromm, doch die Kraft Gottes, die sie verändern könnte, werden sie ablehnen«* (2Tim 3,1-5).

Wir leben heute in einer solchen »dunklen« Zeit. Wirtschaftsfachleute und Politiker stehen vor unlösbaren Problemen. Auch im Blick auf das moralische Verhalten der Menschen ist unsere Zeit dunkel. Was früher als Laster galt, ist heute gesellschaftsfähig, besonders auf sexuellem Gebiet. Und diese Entwicklung bezeichnet man als Freiheit und Fortschritt. Den Mord von ungeborenen und unerwünschten Kindern rechtfertigt man mit dem Satz: »Mein Bauch gehört mir.« Aber auch Lüge, Betrug und Korruption gehören zur Tagesordnung menschlichen Verhaltens. Man hat die Maßstäbe Gottes verworfen und eine eigene Ethik aufgestellt, in der erlaubt ist, was in der jeweiligen Situation gerade gefällt.

Aber auch auf religiösem Gebiet ist unsere Zeit dunkel. Viele Menschen nennen sich Christen, aber sie haben von dem lebendigen Jesus Christus und von der »Guten Nachricht« der Bibel nie etwas gehört; in ihren Elternhäusern haben sie weder lebendigen Glauben kennengelernt noch eine entsprechende biblische Unterweisung erhalten; das Gleiche gilt für den Religionsunterricht in den Schulen, und selbst im Gottesdienst ihrer Kirchen sind diese Menschen oft nicht mit einer klaren, biblischen Verkündigung konfrontiert worden. Andere weichen einer biblisch orientierten Predigt aus, weil sie nicht bereit sind, sich dem Willen Gottes konsequent zu unterstellen. Selbst in vielen christlichen Kreisen, die sich an der Bibel ausrichten, hat sich Lauheit breitgemacht und zu einer Anpassung an weltliche Verhaltensweisen geführt. Demgegenüber nimmt der Aberglaube in der Welt zu, und immer mehr Menschen beteiligen sich an okkulten Praktiken.

In dem Gleichnis, das Jesus in Matthäus 25 erzählt, ist von zehn jungen Mädchen die Rede, die zu einer Hochzeit eingeladen sind. Äußerlich wirken sie alle gleich: Alle erwarten den Bräutigam, sie tragen Lampen bei sich und gehen ihm entgegen. Dennoch spricht Jesus von einem großen Unterschied: Fünf von ihnen nennt er klug, die anderen fünf töricht. Das entspricht letztlich der Beurteilung des Menschen aus der Sicht

Gottes. Bei aller Anerkennung menschlicher Verschiedenheiten und Unterschiede gibt es nach den Aussagen der Bibel vor Gott letztlich nur zwei Gruppen von Menschen: Glaubende und Nichtglaubende, von Jesus Gerettete und Verlorene, »Heilige« und Sünder, geistlich lebendige und geistlich tote Menschen – Kinder Gottes und Kinder des Teufels. Den so oft beschworenen neutralen Raum dazwischen gibt es nicht; jeder Mensch gehört einer dieser beiden Gruppen an.

Auch die von Jesus als töricht bezeichneten Mädchen warten auf den Bräutigam. Sie tragen Lampen in der Hand, aber das dazu gehörende Öl fehlt ihnen. Und viele Menschen sind ihnen gleich. Auch sie verfügen über Lampen: Sie besitzen eine gewisse christliche Form, berufen sich auf eine christliche Tradition, gehören einer christlichen Gemeinde an und arbeiten vielleicht sogar in ihr mit. Sie bejahen, was in der Bibel steht, und nach diesem Leben möchten sie einmal die Ewigkeit bei Gott zubringen. Aber sie haben kein Öl; und das Öl ist ein Symbol für den Heiligen Geist. Paulus sagt. *»Wer aber den Geist Christi nicht hat, der gehört nicht zu Christus«* (Röm 8,9). Für diese fünf jungen Mädchen gibt es nach den Worten Jesu eine böse Überraschung. Ihre Lampen verlöschen in dem Augenblick, als der Bräutigam erscheint. In der Gegenwart Jesu werden äußere Frömmigkeit und Selbstgerechtigkeit mit einem Schlag als nichtig offenbar. Die Mädchen laufen sofort los, um das benötigte Öl noch schnell zu beschaffen, aber als sie zurückkehren, finden sie die Tür zum Hochzeitssaal verschlossen. Als sie um Einlass bitten, wird ihnen entgegnet: »Ich kenne euch nicht!« Jesus selbst spricht davon, dass es im Leben des Menschen ein »Zu-spät« geben kann.

Auch die klugen Mädchen warten, genau wie die törichten, auf die Ankunft des Bräutigams. Aber sie haben nicht nur Lampen bei sich, sondern auch das nötige Öl. Sie sind bereit und werden in den Hochzeitssaal eingelassen.

Glaubende Menschen gleichen diesen klugen Mädchen. In ihrem Leben ist etwas Grundlegendes geschehen: Sie haben den Heiligen Geist empfangen und sind dadurch zu neuen Menschen Gottes geworden. Jesus sagt zu Nikodemus: »*Wenn jemand nicht von neuem geboren wird, kann er das Reich Gottes nicht sehen*« (Joh 3,3). Wie aber erhält ein Mensch den Geist Gottes? Die Antwort lautet: weder zufällig noch durch eine bestimmte religiöse Handlung. Es bedarf dazu der Willensentscheidung, Jesus Christus im Glauben in sein Leben aufzunehmen und ihm die Herrschaft darüber anzuvertrauen. Zu Menschen, die diesen Glaubensschritt gewagt haben, sagt Paulus: »*Ihr habt an Christus geglaubt, und er hat euch mit dem Siegel seines Heiligen Geistes, den er vor langer Zeit zugesagt hat, als sein Eigentum bestätigt*« (Eph 1,13). Wer sich Jesus Christus anvertraut, der ist im Sinne der Bibel ein Glaubender. Er empfängt den Heiligen Geist und wird wiedergeboren, d. h. er wird als ein neuer Mensch, als ein Kind Gottes in die Familie Gottes aufgenommen. Wer diesen Glaubensschritt vollzogen hat und sein Leben im Gehorsam gegenüber Gott gestaltet, der darf sich darauf freuen, dass er dabei sein wird, wenn Jesus Christus seine Gemeinde zu sich holt.

3) Muss die Gemeinde durch die »große Bedrängnis«?

Die Frage nach dem Zeitpunkt der Entrückung wird immer wieder diskutiert: Wird sie vor, während oder nach der Bedrängniszeit stattfinden? Die Meinungen darüber gehen auseinander. Nach den Aussagen der Bibel erscheint es unwahrscheinlich, dass die Entrückung erst nach der »großen Bedrängnis« stattfinden kann; denn dann wird Jesus bereits mit seiner Gemeinde erscheinen, um die Herrschaft im Tausendjährigen Reich anzutreten: »*Siehe, der HERR kommt mit seinen vielen Tausend Heiligen*« (Jud 14, LÜ); »*Dann kommt der HERR, mein Gott, und alle seine Heiligen mit ihm*« (Sach 14,5).

Es ist wahrscheinlicher, dass die Gemeinde vor oder zu Beginn der »großen Bedrängnis« entrückt wird; denn Jesus sagt: »*Wenn all das* (die Zeichen der Zeit) *anfängt, dann richtet euch auf und hebt den Blick, denn eure Erlösung ist ganz nahe!*« (Lk 21,28); »*Seid wachsam! Und betet darum, dass ihr, wenn es möglich ist, diesen Schrecken entkommen und vor dem Menschensohn stehen könnt*« (Lk 21,36). Diese Stellen deuten darauf hin, dass die Glaubenden die »große Bedrängnis« vermutlich nicht durchmachen müssen. Wenn die Bibel von Verfolgung der »Heiligen« (Glaubenden) während der Bedrängniszeit spricht, so kann sich das auf die Menschen beziehen, die während dieser Zeit gläubig werden; das gilt besonders für Israel.

Die Frage, wann die Entrückung stattfindet und ob auch die Gemeinde die Bedrängniszeit durchmachen muss, sollte für Christen keinen Streitpunkt darstellen. Da sei jeder seiner Meinung gewiss. Wird der Gemeinde das Durchleiden dieser Bedrängniszeit erspart, so wird das ein Grund zur Dankbarkeit sein. Muss sie aber dennoch Bedrängnisse durchmachen – und das kann und wird auch schon vor der eigentlichen Bedrängniszeit geschehen –, dann kann Jesus Christus die Glieder seiner Gemeinde bewahren oder ihnen die Kraft zum Durchhalten und zur Treue schenken.

Die Bibel fordert uns auf, mit der Entrückung der Gemeinde täglich, nicht erst zur Zeit des Antichrist, zu rechnen. Christen sollen an jedem Tag bereit sein, ihrem Herrn zu begegnen. »*Ihr müsst jederzeit bereit sein. Denn der Menschensohn wird kommen, wenn ihr es am wenigsten erwartet*« (Mt 24,44).

Das bedeutet nicht, dass wir nun ängstlich und verkrampft leben oder diesen Augenblick gar fürchten sollten. Ein Mensch, der weiß, dass Jesus ihm seine Schuld vergeben hat, der wird ohne Furcht, sondern geheiligt und sogar mit Freuden auf diesen Tag warten. Er wird wie Johannes beten können: »*Komm, Herr Jesus!*« (Offb 22,20).

4) Jesus Christus tritt die Herrschaft auf Erden an

Wenn Jesus Christus erscheinen wird, um seine Gemeinde zu sich zu nehmen, wird dies für die übrige Welt nicht direkt wahrzunehmen sein. Allerdings wird man die *Folgen* spüren: Man wird anschließend eine Menge Leute vermissen. Wenn Jesus jedoch am Ende der Bedrängniszeit auftritt, um den Antichrist zu besiegen und die Herrschaft im Tausendjährigen Reich anzutreten, so wird dies sichtbar vor aller Welt geschehen. Jesus selbst hat darüber gesprochen, als er vor dem Hohen Rat verhört wurde: »*Ihr werdet den Menschensohn zur Rechten Gottes, des Allmächtigen, sitzen und auf den Wolken des Himmels wiederkommen sehen*« (Mk 14,62).

Sacharja beschreibt, wie sich Israel bei dieser Begegnung verhalten wird: »*Dann gieße ich einen Geist der Gnade und des Gebets über die Nachkommen Davids und die Bewohner Jerusalems aus. Sie werden auf den schauen, den sie durchbohrt haben, und um ihn trauern wie um einen einzigen Sohn. Sie werden ihn beweinen, wie man einen erstgeborenen Sohn beweint*« (Sach 12,10). Der Rest Israels wird sich bekehren.

Dass Jesus seine Herrschaft vor den Augen aller Welt antreten wird, hat er auch seinen Jüngern gegenüber zum Ausdruck gebracht: »*Und schließlich wird das Zeichen für das Kommen des Menschensohns am Himmel erscheinen, und unter den Völkern der Erde wird tiefe Trauer herrschen. Sie werden sehen, wie der Menschensohn mit großer Macht und Herrlichkeit auf den Wolken des Himmels kommt*« (Mt 24,30). Wenn hier davon die Rede ist, dass Jesus »auf den Wolken« kommt, so muss das keineswegs bedeuten, dass er gemächlich vom Himmel hernieder schwebt. Bereits im Bericht über die Himmelfahrt Jesu verdeckt eine Wolke den Übergang Jesu aus der sichtbaren in die unsichtbare Welt Gottes; entsprechend kann sich hier der umgekehrte Vorgang vollziehen.

Als Jesus vom Ölberg aus in den Himmel aufgenommen wurde, traten zwei Engel in weißen Kleidern auf die versammelten Jünger zu und sagten zu ihnen: *»Jesus ist von euch fort in den Himmel geholt worden. Eines Tages wird er genauso wiederkommen, wie ihr ihn habt fortgehen sehen!«* (Apg 1,11). Jesus kehrte vom Ölberg aus zu seinem himmlischen Vater zurück. Bei seiner Wiederkunft wird er die Erde ebenfalls auf dem Ölberg betreten; dabei wird dieser sich spalten: *»An jenem Tag stehen seine Füße auf dem Ölberg, der im Osten Jerusalems liegt. Und der Ölberg wird sich in der Mitte spalten und ein sehr breites Tal freigeben, das von Osten nach Westen verläuft, denn die eine Hälfte des Berges wird sich nach Norden und die andere Hälfte nach Süden verschieben«* (Sach 14,4).

An mehreren Stellen wird in der Bibel davon berichtet, dass Jesus bei seiner sichtbaren Wiederkunft den Antichrist und mit ihm alle Gottlosen besiegen und bestrafen wird. Paulus schreibt darüber: *»Dann wird der Gesetzlose erkennbar werden, und Jesus, der Herr, wird ihn mit dem Hauch seines Mundes töten und durch sein Erscheinen vernichten, wenn er wiederkommt«* (2Thess 2,8); *»Er wird mit seinen mächtigen Engeln kommen, inmitten von Feuerflammen, um das Gericht über diejenigen zu bringen, die Gott nicht kennen, und über diejenigen, die der Botschaft von Jesus, unserem Herrn, nicht gehorchen. Sie werden mit ewigem Verderben bestraft werden und für immer vom Herrn und seiner herrlichen Macht getrennt sein. Dies geschieht, wenn er kommen wird, um sich von denen, die zu ihm gehören, loben und anbeten zu lassen«* (2Thess 1,7-10).

Christen, die dem Wort der Bibel vertrauen, wissen, dass sich diese Vorhersagen erfüllen werden. Deshalb lautet ihr Wahlspruch schon heute: »Jesus ist Sieger!« Das werden einmal auch alle Völker erkennen müssen, denn wenn Jesus erscheint, wird er ihr Richter sein: *»Doch wenn der Menschensohn in Herrlichkeit wiederkommt, und alle Engel mit ihm, wird er auf seinem Thron der Herrlichkeit sitzen. Alle Völker werden vor ihm zusammengerufen, und er wird sie* *trennen, so wie ein Hirte die Schafe von den Ziegen trennt«* (Mt 25,31-32).

Als Jakob seine zwölf Söhne segnete, sagte er voraus, dass aus dem Stamm Juda einmal ein Herrscher hervorgehen sollte, dem alle Völker untertan sein würden: *»Es wird das Zepter von Juda nicht weichen noch der Stab des Herrschers von seinen Füßen, bis dass der Held komme, und ihm werden die Völker anhangen«* (1Mose 49,10; LÜ). Dieser Text weist auf Jesus hin. Die darin enthaltene Vorhersage erfüllte sich teilweise darin, dass durch die Jahrhunderte hindurch Menschen aus allen Völkern Jesus als ihren Erlöser annahmen und ihm die Herrschaft ihres Lebens übertrugen. Doch damit ist die Prophezeiung noch nicht voll erfüllt. Jesus muss noch Herrscher über Israel und die ganze Welt werden. Dazu muss er den Thron seines Vorfahren David einnehmen. Das geht auch aus der Ankündigung der Geburt Jesu durch den Erzengel Gabriel hervor: *»Du wirst schwanger werden und einen Sohn zur Welt bringen, den du Jesus nennen sollst. Er wird groß sein und Sohn des Allerhöchsten genannt werden. Gott, der Herr, wird ihn auf den Thron seines Vaters David setzen. Er wird für immer über Israel herrschen, und sein Reich wird niemals untergehen!«* (Lk 1,31-33). Auch Sacharja schaut den Messias als Herrscher: *»Und der Herr wird König über die ganze Erde sein«* (Sach 14,9).

Die Christen wissen schon heute, dass Jesus der Messias ist. Einmal werden ihn auch die Juden als ihren König anerkennen. Als diesen König sah ihn Daniel: *»Ich schaute in Visionen der Nacht: Und siehe, mit den Wolken des Himmels kam einer wie der Sohn eines Menschen. Und er kam zu dem Alten an Tagen, und man brachte ihn vor ihn. Und ihm wurde Herrschaft und Ehre und Königtum gegeben, und alle Völker, Nationen und Sprachen dienten ihm. Seine Herrschaft ist eine ewige Herrschaft, die nicht vergeht, und sein Königtum so, dass es nicht zerstört wird«* (Dan 7,13-14; Elb).

5) Wie wird Jesus wiederkommen?

Die Wiederkunft Jesu Christi wird für viele Menschen eine Überraschung sein: *»Denn ihr wisst ja selbst genau, dass der Tag des Herrn unerwartet kommen wird wie ein Dieb in der Nacht. Wenn die Menschen sagen: ›Überall herrschen Frieden und Sicherheit‹, dann wird die Katastrophe so plötzlich über sie hereinbrechen, wie eine Frau vor der Geburt ihres Kindes von den Wehen überwältigt wird. Und dann wird es kein Entkommen geben«* (1Thess 5,2-3).

Die breite Masse der Menschen wird nicht glauben, dass Jesus lebt und wiederkommt. Andere werden durch sein Kommen überrascht sein; sie haben ihr Leben nicht mit Gott in Ordnung gebracht und waren der Meinung, dass sie dazu noch lange Zeit hätten.

Das Ereignis selbst wird sich so plötzlich vollziehen, dass es dem Menschen keine Möglichkeit zur Umkehr mehr lässt. In einem Augenblick wird Jesus aus der unsichtbaren Welt Gottes in diese sichtbare Weit eintreten: *»Denn wenn der Menschensohn kommt, wird es sein wie ein Blitz, der den ganzen Himmel erhellt«* (Mt 24,27).

Die Wiederkunft Jesu wird in Herrlichkeit erfolgen. Als er zum ersten Mal auf diese Erde kam, wurde er in einem Stall geboren. In den Herbergen von Bethlehem war kein Platz für ihn. Bald darauf mussten seine Eltern mit ihm fliehen, weil Herodes das Kind töten wollte. Das erste Auftreten des Sohnes Gottes auf dieser Erde war wahrhaftig nicht von Herrlichkeit gekennzeichnet. Das gilt auch für seine Jugend und für die Zeit vor seiner öffentlichen Wirksamkeit. Er übte den Beruf eines Zimmermanns aus, und auch während seines öffentlichen Auftretens lebte er in Armut. Er sagt von sich selbst: *»Der Menschensohn hat keinen Ort, wo er sich hinlegen kann«* (Mt 8,20). Immer wieder hat man versucht, ihn umzubringen. Und schließlich hat Gott zugelassen, dass er an einem Kreuz hingerichtet wurde und damit den schmählichsten Tod jener Zeit starb. Ein Auftritt ohne Herrlichkeit. Als er, beladen mit der Sünde der ganzen Menschheit, am Kreuz hing, musste sogar Gott das Angesicht vor ihm verbergen. In dieser furchtbaren Qual rief Jesus aus: »*Mein Gott, mein Gott, warum hast du mich verlassen!*« Damit aber erfüllte sich eine Weissagung Jesajas: »*Er wurde verachtet und von den Menschen abgelehnt – ein Mann der Schmerzen, mit Krankheit vertraut, jemand, vor dem man sein Gesicht verbirgt. Er war verachtet und bedeutete uns nichts*« (Jes 53,3). Trotzdem bedeutete sein schmachvoller Tod nicht das Scheitern seiner Mission, er gehörte vielmehr zu seinem Auftrag: »*Er verzichtete auf alles; er nahm die niedrige Stellung eines Dieners an und wurde als Mensch geboren und als solcher erkannt. Er erniedrigte sich selbst und war gehorsam bis zum Tod, indem er wie ein Verbrecher am Kreuz starb*« (Philipper 2,7-8). Sein Weg war gekennzeichnet von Schmach und Schande.

Bereits bei der Wiederkunft Jesu jedoch wird offenbar werden, was in den darauf folgenden Versen gesagt ist: »*Deshalb hat Gott ihn in den Himmel gehoben und ihm einen Namen gegeben, der höher ist als alle anderen Namen. Vor diesem Namen sollen sich die Knie aller beugen, die im Himmel und auf der Erde und unter der Erde sind. Und zur Ehre Gottes, des Vaters, werden alle bekennen, dass Jesus Christus Herr ist*« (Philipper 2,9-11).

Die Wiederkunft Christi wird die herrlichste und größte Demonstration sein, die die Welt je gesehen hat. Die Engel und die an ihn Glaubenden, die sich bereits im Himmel befinden, werden sein Gefolge bilden (Mt 25,31; Jud 14).

6) Warum ist Jesus bis jetzt nicht wiedergekommen?

Warum aber lässt Jesus so lange auf sich warten? Diese Frage wird den Christen oft spöttisch gestellt. Schon zur Zeit der ersten christlichen Gemeinden machte man sich darüber lustig und meinte, es würde doch alles beim Alten bleiben und Jesus würde nie wiederkommen. Petrus gibt darauf die Antwort: »*Es ist aber nicht so, dass der Herr seine versprochene Wiederkehr hinauszögert, wie manche meinen. Nein, er wartet, weil er Geduld mit uns hat. Denn er möchte nicht, dass auch nur ein Mensch verloren geht, sondern dass alle Buße tun und zu ihm umkehren*« (2Petr 3,9). Paulus erklärt, dass zunächst »*die von Gott bestimmte Anzahl von Menschen aus den anderen Völkern zu Christus gefunden*« haben muss (Röm 11,25); die Vollzahl der Gemeinde muss erreicht werden. Ist diese Zahl, die nur Gott kennt, erfüllt, so geht die Zeit der Gemeinde zu Ende, und Jesus kommt, um sie zu sich zu holen.

7) Die Zeichen der Zeit

a) Wann kommt Jesus wieder?

Über diese Frage hat man sich oft gestritten; ganze Sekten verdanken ihr ihre Existenz. Auch die ersten Jünger Jesu interessierten sich für diesen Zeitpunkt: »*Als Jesus das Tempelgelände verließ, zeigten seine Jünger ihm die verschiedenen Gebäude, die zum Tempel gehörten. Doch er sagte zu ihnen: ›Seht ihr diese Gebäude? Ich versichere euch: Sie werden alle zerstört werden, sodass kein Stein auf dem anderen bleibt.‹ Später saß Jesus am Hang des Ölbergs. Seine Jünger kamen zu ihm und fragten: ›Wann wird all das geschehen? Und wird es vorher ein Zeichen geben, das deine Wiederkehr und das Ende der Welt ankündigt?‹*« (Mt 24,1-3).

Es sind drei Fragen, die die Jünger hier an Jesus richten:

1. »Wann wird der Tempel zerstört werden?« Bei der Besichtigung des Tempels, den Herodes der Große hatte vergrößern und verschönern lassen, staunten die Jünger über die Pracht des Gebäudes. Jesus aber sagte ihnen, dass es einmal

zerstört werden sollte. Als sie später auf dem Ölberg mit Jesus allein waren, stellten sie ihm die Frage: »Wann wird all das geschehen?« Aber Jesus nannte für dieses Ereignis keinen festen Zeitpunkt oder gar ein Datum. Er verwies die Jünger auf besondere Zeichen, die vor der Zerstörung des Tempels zu erkennen sein würden. Der herodianische Tempel wurde tatsächlich im Jahr 70 n. Chr. zerstört. Die Vorhersage Jesu erfüllte sich: Es blieb kein Stein auf dem anderen.

2. Die zweite Frage lautete: »Wann wirst du wiederkommen?« Auch darauf antwortete Jesus nicht mit der Angabe eines bestimmten Zeitpunktes. Bestimmte Zeichen der Zeit sollen auch sein Kommen ankündigen. Die Zeichen, die Jesus in diesem Zusammenhang nannte, sind heute bereits deutlich zu erkennen (auf einige wird auf den folgenden Seiten eingegangen). Dieses wichtige Ereignis der Heilsgeschichte ist also nahegekommen, und es wird genauso gewiss eintreten wie damals die Zerstörung des Tempels.
3. Die dritte Frage bezieht sich auf das Ende des Welt (gemeint ist das Ende des Zeitalters, Äons), womit wahrscheinlich die Zerstörung der Erde und die Schaffung einer neuen Welt gemeint ist. Auch diese Frage ist in unseren Tagen hochaktuell. Immer wieder wird darüber gesprochen und geschrieben. Manche Menschen fürchten, dass die Welt durch einen »Zufall« oder ein Versehen zerstört werden könnte, wenn z. B. jemand auf einen bestimmten Knopf drückt, und damit einen Atomkrieg auslöst. Überall in der Welt hat man Angst vor dieser Möglichkeit. Nun wird es zweifellos auf unserer Erde noch Kriege geben, die furchtbare Zerstörungen anrichten werden. Die Vernichtung der Welt jedoch bleibt nicht dem Zufall überlassen; sie wird nach Gottes Willen und Plan erfolgen, und zwar erst nach der Wiederkunft Jesu und nach Ablauf des tausendjährigen Friedensreiches. Auch diese Katastrophe wird durch Zeichen der Zeit angekündigt.

Jesus weist in Matthäus 24,36 ausdrücklich darauf hin, dass sich der Zeitpunkt seiner Wiederkunft nicht errechnen lässt: *»Niemand kennt den Tag oder die Stunde, in der diese Dinge geschehen werden, nicht einmal die Engel im Himmel, und auch nicht der Sohn. Nur der Vater weiß es.«* Trotz dieser Warnung haben Menschen immer wieder Berechnungen angestellt, die alle nicht aufgegangen sind; das gilt für die Zeugen Jehovas ebenso wie für die Neuapostolische Kirche und viele andere. So sollte etwa nach Meinung eines Mailänder Kinderarztes Jesus am 14. Juli 1960 um 13:45 Uhr wiederkommen. Gleichzeitig sollte die Welt zerstört werden; nur der Mont Blanc und seine Umgebung sollten verschont bleiben. Etwa hundert Anhänger dieses Phantasten bestiegen mit ihm gemeinsam zu dem genannten Zeitpunkt den hohen Berg. Auch sie mussten ihren Irrtum einsehen, als der berechnete Termin verstrichen war.

Es kommt nicht darauf an, dass wir das Datum der Wiederkunft Jesu kennen, sondern dass wir darauf vertrauen, dass er bestimmt kommen wird. Er selbst sagt: *»Die Zeit dafür bestimmt allein der Vater … es steht euch nicht zu, sie zu kennen«* (Apg 1,7).

Sicher wissen Christen, die die Bibel kennen, über den Ablauf des Zeitgeschehens und über Gottes Heilsgeschichte mehr als andere Leute; aber auch ihr Wissen ist begrenzt. So macht die Bibel z. B. keine Aussagen darüber, ob Gott noch an anderen Stellen im weiten Universum Lebewesen geschaffen hat. »Unser Wissen ist Stückwerk«, sagt Paulus.

Die Bibel ist nicht dazu da, um unsere Neugierde zu befriedigen. Sie will uns auf die wesentlichen Dinge unseres Lebens hinweisen. Sie gibt Auskunft über Gott und seine ewige Welt. Sie lässt uns nicht im Unklaren darüber, was Gott über uns denkt und wie er uns ansieht, nämlich als verlorene Sünder. Und im Mittelpunkt dieses umfangreichen Buches steht die Nachricht von Jesus Christus, in dem Gott eben diesen verlorenen Sündern Vergebung ihrer Schuld und ein neues Leben anbietet. Die Bibel beschreibt uns den einzigen Weg, der zur Begegnung mit Gott führt. Sie spricht davon, wie der Mensch den Willen Gottes erkennen und danach leben kann.

Der Termin der Wiederkunft Christi aber wird nirgends in der Heiligen Schrift genannt. Gott will, dass wir ihn täglich erwarten. Das führt den Christen dazu, ein geheiligtes, Gott zur Verfügung gestelltes Leben zu führen und sich für die Sache des Evangeliums einzusetzen. Gott hat uns nicht gesagt, dass wir bis zur Wiederkunft seines Sohnes tatenlos herumsitzen sollen. Jesus fordert alle seine Leute zur Aktivität für das Reich Gottes auf, wenn er im Gleichnis aufruft: *»Handelt damit* (mit den euch anvertrauten Pfunden), *bis dass ich wiederkomme!«* (Lk 19,13; LÜ).

Dennoch lässt Jesus seine Gemeinde nicht völlig im Ungewissen. Er nennt Zeichen, die uns seine Wiederkunft ankündigen. In unseren Tagen werden diese Zeichen immer deutlicher erkennbar. Und Jesus fordert uns auf, auf die Zeichen der Zeit zu achten: *»Ihr Heuchler! Die Erscheinungen der Erde und des Himmels versteht ihr zu deuten, aber die Zeichen dieser Zeit könnt ihr nicht deuten«* (Lk 12,56).

b) Einige Zeichen der Zeit

Falsche Propheten

Jesus selbst hat auf diese Männer aufmerksam gemacht und vor ihnen gewarnt: *»Viele werden in meinem Namen auftreten und behaupten: ›Ich bin der Christus‹, und sie werden viele irreführen. ... Viele falsche Propheten werden auftreten und die Menschen täuschen. ... Denn falsche Erlöser und falsche Propheten werden überall auftauchen und große Zeichen und Wunder vollbringen, um selbst die von Gott Auserwählten zu verführen«* (Mt 24,5.11.24).

Eine Gruppe ultraorthodoxer Juden in Israel und Amerika glaubt, in Rabbi Schneerson den Messias (Christus) gefunden zu haben. Dieser lebte in Brooklyn und starb im Jahre 1994. Er war Leiter der jüdischen Chabad-Bewegung. Seine

Anhänger zeigen ihn auf Großplakaten mit dem Aufdruck: »Er ist der Messias. Er wird auferstehen!« Zudem kann man z.B. in Jerusalem gelbe Transparente mit einer roten aufgehenden Sonne sehen mit der Aufschrift: »Bereite dich vor – der Messias kommt!« Wenn man mit seinen Anhängern über Jesus Christus spricht, der ja schon als Messias gekommen ist, wenden sie sich empört ab.

Im Laufe der Jahrhunderte sind immer wieder Menschen aufgetreten, die behauptet haben, Christus zu sein. Meist sind diese Leute bald wieder in der Versenkung verschwunden, und man hat nichts mehr von ihnen gehört. In der Endzeit wird es besonders der »falsche Prophet« sein, der mit Wundertaten und demagogischen Volksreden die Massen verführt. In der Gegenwart jedoch stellen sich uns die falschen Propheten in anderer Gestalt dar. Es hat sich eine große Zahl von Sekten gebildet, die sich viel Mühe geben, Menschen von ihrer Lehre zu überzeugen. Auch sie sprechen zuweilen von Christus und der Bibel, aber sie deuten ihren Inhalt so um, dass er sich in ihre eigene Lehre einfügt. Oder sie erklären, dass die Bibel allein und die Erlösung durch den Sühnetod Jesu Christi nicht ausreiche; man müsse noch zusätzliche Offenbarungen gewisser Leute beachten, um den Willen Gottes zu erkennen, oder besondere Leistungen vollbringen, um die Gunst Gottes zu erwerben. Gerade in unserer Zeit machen neue Religionen von sich reden, die ihren Ursprung meistens im Fernen Osten haben. Sie üben besonders auf junge Leute einen starken Reiz aus.

Doch nicht nur in fremden Religionen und Sekten zeigen sich die falschen Propheten; auch in christlichen Kirchen und Gemeinden können sie an Einfluss gewinnen. Es treten in ihnen Männer und Frauen auf, die die Gottessohnschaft Jesu, seine Jungfrauengeburt, seine Wundertaten, sein Erlösungswerk am Kreuz und seine Auferstehung leugnen. Viele erkennen nicht einmal einen persönlichen Gott und himmlischen Vater an. Die Bibel ist für sie nicht das vom Heiligen

Geist inspirierte Wort Gottes; so fällt es ihnen nicht schwer, viele ihrer Aussagen wegzulassen oder umzudeuten. Was an biblischer Substanz übrig bleibt, wird nicht selten mit pseudowissenschaftlichen Erkenntnissen angereichert. Daraus ergibt sich dann vielleicht eine Botschaft der Mitmenschlichkeit, aber das biblische Evangelium ist verloren gegangen. Demgegenüber sagt Paulus: »*Und käme ein Engel vom Himmel und verkündete euch eine andere Botschaft: Er soll in Ewigkeit verflucht sein*« (Gal 1,8).

Andererseits treten Leute in den Gemeinden auf, die angeblich »durch den Geist« höhere Erkenntnisse besitzen und ihre Visionen und Prophezeiungen als Gottes Wort ausgeben. Dabei setzen sie dreist das biblische Wort mit Argumenten wie »der Buchstabe tötet« beiseite. Mit ihren angeblichen Wundern beeindrucken sie Tausende.

Jesus entlarvt solche Leute z.B. in Matthäus 7,22f: »*Am Tag des Gerichts werden viele zu mir kommen und sagen: ›Herr, Herr, wir haben in deinem Namen prophezeit und in deinem Namen Dämonen ausgetrieben und viele Wunder vollbracht.‹ Doch ich werde ihnen antworten: ›Ich habe euch nie gekannt. Fort mit euch. Was ihr getan habt, habt ihr gegen das Gesetz getan.‹*«

Falsche Propheten und falsche Lehren in mancherlei Form sind ein Zeichen dafür, dass wir in der »letzten Zeit« leben.

Abfall vom Glauben

Die Welt wird, wenn sich ihre Geschichte dem Ende zuneigt, nicht christlicher; vielmehr wird der Widerstand gegen Gott zunehmen. Diese Entwicklung zeichnet sich bereits in unserer Zeit ab. Eltern, die selbst keine Christen sind, werden auch ihre Kinder nicht zum Glauben hin erziehen oder christlich beeinflussen. In Europa breitet sich ein Neuheidentum aus. Den wenigsten Menschen ist der Inhalt der Bibel bekannt, und mit Jesus weiß man kaum etwas anzufangen. Stattdessen öffnet man sich verschiedenen Ideologien, die von vielen als

Ersatzreligion angesehen werden, oder aber die Wahrheit ist einem völlig gleichgültig oder nur subjektiv zu bestimmen und man übt postmoderne Toleranz. Eine breite Masse interessiert sich weder für Gott, für die Frage, was nach dem Tod kommt, noch für ihr ewiges Heil. Man lebt in den Tag hinein und versucht so gut wie möglich durchs Leben zu kommen. – Dabei gibt es kein Gegenüber (Gott), das ansprechbar wäre, noch jemanden, von dem man Hilfe erwarten kann. Diese Menschen gehen ohne Hoffnung aus diesem Leben.

Auch in diesem Zusammenhang ist auf die starke Zunahme des Aberglaubens in allen Volksschichten und Altersklassen zu verweisen. Transzendentale Meditation, Yoga, Reiki und andere Praktiken sind an die Stelle biblischen Zuspruchs getreten.

Die Heilige Schrift weist deutlich darauf hin, dass es vor der Wiederkunft Christi nicht zu einer »Welterweckung« kommt, sondern dass die Abwendung von Gott zunehmen wird: *»Nun sagt uns der Heilige Geist ausdrücklich, dass manche sich am Ende der Zeit von dem abwenden werden, was wir glauben; sie werden auf Lügen hören und Lehren folgen, die von Dämonen stammen«* (1Tim 4,1). An anderer Stelle spricht Paulus vom Abfall: *»Denn bevor es so weit ist* (Jesus kommt), *wird es zu einem Aufstand gegen Gott kommen.«*

Zunahme der Gesetzlosigkeit

In Matthäus 24,12 weist Jesus auf diese Entwicklung hin: *»Die Gesetzlosigkeit wird immer mehr überhand nehmen und die Liebe wird bei vielen erkalten.«* Der Unglaube, die Abwendung von Gott, bedeutet auch Abkehr vom alttestamentlichen Gesetz und damit von den Zehn Geboten; zugleich aber werden für einen Menschen, der Gott den Rücken kehrt, alle Maßstäbe und Normen, die Gott im Neuen Testament für das Leben der Menschen festgelegt hat, etwa die Bergpredigt, hinfällig. Der von Gott losgelöste Mensch macht sich seine Gesetze und Lebensregeln selbst, und nicht selten richtet er sich dabei nach dem Wunsch der Allgemeinheit.

Da man sich Gott gegenüber nicht mehr verantwortlich fühlt, fällt man in die Gesinnung Kains zurück: »Soll ich meines Bruders Hüter sein?« Man fordert vom Staat, dass er sich um den Einzelnen kümmert; die Liebe wird durch verwaltete Fürsorge ersetzt. Nächstenliebe ist ein zutiefst christliches Gebot; ohne Bindung an Christus verliert es Gültigkeit und Kraft. Aus der Bindung an Gott wurde die Bindung an die »Dinge«, und unsere materialistisch eingestellte Gesellschaft erweist sich als geeigneter Nährboden für Brutalität und Terror. Die Missachtung der Gebote Gottes führt zur Missachtung der Gesetze und der Autorität des Staates. Erpressungen und Banküberfälle, Entführungen und Geiselnahmen sind überall in der Welt ebenso an der Tagesordnung wie Mord und Folterung, Diebstahl und Vergewaltigung. Die Kriminalität nimmt vor allem in den Großstädten in einem Ausmaß überhand, dass die Ordnungsorgane damit oft nicht mehr fertig werden. Ganze Wohnviertel und Straßen werden von der Unterwelt kontrolliert. Das Verbrechen breitet sich aus wie ein Krebsgeschwür. In früher renommierten Straßen wechseln heute Bars, Sexshops und Bordelle einander ab. In Kinos und im Fernsehen werden Filme gezeigt, deren Inhalt im Wesentlichen aus Brutalität und Pornographie besteht. Die biblischen Schriftsteller geben sich über diese Zeit keinen Illusionen hin. Wenn Paulus von den Menschen der letzten Tage spricht, so bezeichnet er sie als *»zuchtlos, wild, dem Guten Feind, Verräter, unbedacht, aufgeblasen. Sie lieben die Wollust mehr als Gott«* (2Tim 3,3-4; LÜ).

Angst und Ratlosigkeit

Der von Gott losgelöste Mensch ist gekennzeichnet von Angst, Unsicherheit und Ratlosigkeit. Oft werden sie auch (und gerade) hinter zur Schau getragener Selbstsicherheit sichtbar. Auch der Christ wird von bedrückenden Zeit- und Lebenssituationen angefochten; aber er darf in seinen Nöten im Namen Jesu um Hilfe bitten. Dabei wird er erfahren, dass Gott ihm Befreiung schenkt oder ihm die Kraft und den Beistand zum Durchhalten in bestimmten Situationen gewährt. In beiden Fällen muss die Angst, für die auch der Christ empfänglich ist, der Geborgenheit in Christus weichen.

Man spricht heute gelegentlich davon, dass wir »im Zeitalter der Angst« leben. Das wird umso verständlicher, wenn wir uns klarmachen, dass Angst letztlich in der Schuld vor Gott ihre Ursache hat. Schon Adam bekennt nach dem Sündenfall: *»Als ich deine Schritte im Garten hörte, habe ich mich versteckt. Ich hatte Angst, weil ich nackt bin«* (1Mose 3,10). Adam hat in unserer Zeit viele Brüder und Schwestern. Sie fürchten sich vor der Einsamkeit, vor dem Alter, vor Krankheit, vor Krieg, Verbrechen, Terror, Atombomben und dem Tod. Und das führt viele zur typischen Lebensweise des gottlosen Menschen: *»Lasst uns Feste feiern und uns betrinken, denn morgen sterben wir!«* (1Kor 15,32)

Aber Jesus meint mit Angst auch die Ratlosigkeit der Völker: *»Und auf der Erde werden die Völker in Aufruhr und Entsetzen sein«* (Lk 21,25; in anderen Übersetzungen steht hier »Angst« oder »Ratlosigkeit«). Der moderne Mensch ist in mancher Hinsicht ratlos. Die UNO zum Beispiel stellt immer wieder ihre Hilflosigkeit unter Beweis. Politiker, Wirtschaftsmanager, Soziologen und andere Experten stehen den Problemen der Menschheit und den ihr drohenden Krisen oft ohnmächtig gegenüber.

Kriegsgeschrei und Krieg

»Überall werden Kriege ausbrechen. Aber habt keine Angst – diese Dinge müssen geschehen, doch das Ende wird noch nicht unmittelbar darauf folgen. Völker und Königreiche werden sich den Krieg erklären« (Mt 24,6-7) – mit diesen Worten beschreibt Jesus seinen Jüngern ein weiteres Kennzeichen der letzten Zeit.

Nun hat es in der Welt Kriege gegeben, seit der Mensch sie bewohnt. Schon Abel wurde von Kain in einem Bruderkrieg getötet. Aber mit dem Anwachsen der Menschheit nahm auch das Ausmaß der Kriege zu. Forschung und Technik taten ein Übriges, um die Zerstörungskraft von Angriffs- und Verteidigungswaffen zu steigern und sie zu furchtbaren Instrumenten des Tötens zu entwickeln. In den letzten beiden Weltkriegen sind Millionen von Menschen durch Massenvernichtungsmittel ums Leben gekommen. Heute herrscht große Furcht vor einem Dritten Weltkrieg, denn dieser dürfte in der Tat die ganze Welt einbeziehen. Auf der einen Seite bemüht man sich um Friedens- und Sicherheitskonferenzen, auf der anderen Seite droht man mit Krieg und Vergeltung und kann die vielen kleineren oder größeren militärischen Konflikte, die heute an den Krisenherden der Welt ausgetragen werden, weder eindämmen noch beseitigen. Revolutionen und Aufstände sorgen in allen Teilen der Welt für Unruhe. Der Terrorismus hat nie geahnte Ausmaße angenommen. Überall, so meint man, könnte ein Pulverfass hochgehen.

In den Gerichtsandrohungen der Offenbarung heißt es lakonisch, dass dem Reiter auf dem roten Pferd die Macht gegeben wird, *»den Frieden von der Erde wegzunehmen«* (Offb 6,4). Dann steuert alles auf den größten aller Kriege zu, in den alle Völker verwickelt sein werden und der in der Entscheidungsschlacht von Harmagedon sein Ende findet.

Erdbeben und Katastrophen

Auch Erdbeben hat es schon immer gegeben. Aber in letzter Zeit häufen sie sich offenkundig, und vor allem ihre Wirkung ist verheerender als in vergangenen Jahrhunderten. Man kann das nicht allein damit erklären, dass wir heute über bessere und vor allem schnellere Informationsmittel verfügen. Die Beben scheinen stärker geworden zu sein, und wenn sie sich in dicht besiedelten Gegenden und Großstädten ereignen, so sind oft Tausende von Todesopfern die Folge. In dieser Beziehung gibt es ausreichend Mahnmale; man denke nur an das gewaltige Beben in Pakistan im Herbst 2005. Und riesige Flutwellen und Überschwemmungen aufgrund von Seebeben führten 2004 und 2005 zu Tod und Zerstörung.

Wenn wir solche Nachrichten hören oder lesen, sollten wir nicht außer Acht lassen, dass Jesus Erdbeben als Zeichen der Endzeit angekündigt hat: »*In vielen Teilen der Welt wird es Erdbeben geben*« (Mt 24,7; vgl. Lk 21,11). Auch die vielen anderen Katastrophen, Unglücke im Flugzeug-, Schiffs- und Bahnverkehr, sollten wir als eine Mahnung an die Menschen verstehen, bevor die großen Gerichte über die Erde hereinbrechen.

Hungersnot

Politiker, Wirtschaftsfachleute und Wissenschaftler sind um die Ernährung der Menschen in der Zukunft besorgt. Schon heute leiden zwei Drittel der Weltbevölkerung an Hunger. Betroffen sind vor allem die Länder der Dritten Welt, in denen die größte Armut herrscht. Die Nahrungsmittelproduktion kann mit der schnell anwachsenden Bevölkerung nicht Schritt halten. Hinzu kommt, dass Energiequellen versiegen, Rohstoffe knapp werden und im Preis steigen. Atomkraftwerke, lange Zeit als die Energiespender von morgen gepriesen, sind permanente Unsicherheitsfaktoren. Störfälle sind dort keine Seltenheit. Auch ist das Problem der Beseitigung atomarer Abfallprodukte und der Deponierung des Atommülls noch nicht endgültig gelöst.

Krankheit und Seuchen

In Verbindung mit Erdbeben und Verteuerung wird auch erwähnt, dass »*... in vielen Ländern ... Seuchen auftreten*« werden (Lk 21,11). Trotz des hohen medizinischen Niveaus, das wir erreicht haben, breiten sich bestimmte Krankheiten weiter aus. Der Krebs ist zu einer Geißel der Menschheit geworden, an der allein in Deutschland jährlich ca. 200000

Menschen sterben. Die Forschungsarbeiten, mit deren Hilfe die Ursachen dieser Krankheit entdeckt und wirksame Mittel zu ihrer Bekämpfung entwickelt werden sollen, haben zwar Verbesserungen erzielt, doch sind wir weit davon entfernt, die Krankheit in den Griff zu bekommen. Die Geschlechtskrankheiten, die man bereits überwunden zu haben glaubte, nehmen in allen Ländern wieder rapide zu. Der Grund dafür ist ein »freizügiges«, die Gebote Gottes missachtendes, sexuelles Verhalten. AIDS ist ein weltweites Problem geworden, zu dem es bisher keine Lösung gibt. Zugleich stellt man fest, dass gewisse Krankheitskeime und Bakterien im Laufe der Zeit gegen die üblichen Bekämpfungsmittel resistent geworden sind. Auch die sich ab Ende 2005 stark ausbreitende Vogelgrippe kann als Zeichen der Zeit angesehen werden.

Ein weiteres ungelöstes Problem ist die Umweltverschmutzung. Mit großer Sorge stellen die Wissenschaftler fest, dass die Weltmeere völlig verschmutzt sind und zum Teil bereits abzusterben beginnen. Flüsse und Seen sind von Abwässern so vergiftet, dass vielerorts ein Massensterben der Fische eingetreten ist. Auch dem Grundwasser entstehen durch Pestizide Gefahren.

Durch die hohe Zahl der Abgase entwickelnden Verkehrsmittel, durch Millionen von Ölheizungen sowie durch Industrie-Emissionen nimmt auch die Luftverschmutzung ständig zu. Gifte, die als Pflanzenschutzmittel angewendet werden, finden sich in Obst und Gemüse wieder. Was den Menschen zum Fortschritt und Segen dienen sollte, verwandelt sich mehr und mehr in einen Fluch.

Wie zur Zeit Noahs

Die Menschen, die vor der Sintflut lebten, waren nicht bereit, auf die Warnungen Gottes zu hören. Als Folge ihres Eigensinns kamen sie in der nachfolgenden Katastrophe um. Genauso wird es sein, wenn Jesus Christus wiederkommt. Jesus, der die Zeitgenossen Noahs als warnendes Beispiel anführt, prangert dabei nicht einmal ihre großen Sünden an. Noch schlimmer war, dass sie die Predigt Noahs in den Wind schlugen und auf die Botschaft, die Gott ihnen ausrichten ließ, nicht achteten. Jesus vergleicht die Zeit vor der Sintflut mit der Zeit vor seiner Wiederkunft: »*Wenn der Menschensohn wiederkommt, wird es sein wie zur Zeit Noahs. In den Tagen vor der Sintflut feierten die Menschen rauschende Feste, Orgien und Hochzeiten, bis Noah in seine Arche stieg. Sie merkten nicht, was geschah, bis die Flut kam und sie alle hinwegschwemmte. Genauso wird es sein, wenn der Menschensohn kommt*« (Mt 24,37-39).

Die meisten Menschen leben heute so, wie man auch zur Zeit Noahs gelebt hat. Sie arbeiten, essen, trinken, feiern Feste, bauen Häuser. Sie genießen im Rahmen ihrer jeweiligen Möglichkeiten die Gegenwart und machen Pläne für die Zukunft. Doch auf das, was Gott ihnen sagen will, hören sie nicht. Deshalb wissen sie auch nicht, wie weit der Zeiger der Geschichte auf der Weltenuhr Gottes vorgerückt ist.

Auch die Einwohner von Sodom verfielen zur Zeit Lots dem Gericht Gottes, weil sie auf dessen Warnungen nicht hören wollten. In 1. Mose 19 wird die Stadt als besonders gottlos beschrieben. Kennzeichnend für sie war die Sünde der Homosexualität. Bevor die Stadt zerstört wurde, ließ Gott Lot und seine Familie herausführen. Als auch dessen zukünftige Schwiegersöhne von Lot auf den Untergang Sodoms aufmerksam gemacht wurden, lachten sie ihn aus. Auch die Einwohner Sodoms führt Jesus als warnendes Beispiel an: »*Und es wird in der Welt zugehen wie zur Zeit Lots. Die Menschen gingen alltäglichen Dingen nach – sie aßen und tranken, kauften und verkauften, pflanzten und bauten –, bis zu dem Morgen, an dem Lot Sodom verließ. Da regnete es Feuer und Schwefel vom Himmel, und alle in der Stadt kamen um. Genauso wird es sein an dem Tag, an dem der Menschensohn wiederkommt*« (Lk 17,28-30).

Weltweite Verkündigung des Evangeliums

»Die Botschaft vom Reich Gottes wird auf der ganzen Welt gepredigt werden, damit alle Völker sie hören, und dann erst wird das Ende kommen.« (Mt 24,14). Bevor Gott das Gericht über die Menschheit kommen lässt, lässt er auf der ganzen Welt noch einmal seine Botschafter ausrufen und fordert alle Menschen zur Umkehr auf. Jeder Christ ist aufgefordert, sich an der Evangelisation der Welt zu beteiligen. Denn wir alle, mahnt Paulus, sind *»Botschafter Christi«* (2Kor 5,20).

Man kann nur darüber staunen, wie viele Möglichkeiten zur Ausbreitung des Evangeliums uns heute zur Verfügung stehen. Noch nie hat es eine Zeit gegeben, in der so viele Menschen so schnell mit dem Evangelium erreicht worden sind. Nie zuvor wurden in allen Teilen der Welt so viele kleine und große Evangelisationen durchgeführt. Noch nie sind so viele Bibeln und Schriften verteilt worden. In vielen Ländern stehen uns auch die Massenmedien zur Verkündigung des Evangeliums zur Verfügung. Millionen von Menschen werden täglich durch evangelistische Radiosendungen, Fernsehsendungen und übers Internet erreicht. Viele Menschen, vor allem auch in kommunistischen Ländern und Gebieten des Islam, sind durch diese Sendungen zum Glauben an Jesus Christus gekommen. Zahlreiche junge Menschen lassen sich auf Bibelschulen für den evangelistischen und missionarischen Dienst ausbilden. Das alles ist ein Zeichen dafür, dass Gott noch alle Menschen herausrufen und retten möchte, die dazu bereit sind, bevor das Gericht kommt.

Christenverfolgung

Wenn das Evangelium allen Völkern verkündigt werden kann, so bedeutet das nicht, dass die ganze Welt christlich wird. Gott gibt den Menschen noch eine Gelegenheit zur Umkehr, aber die meisten werden sie ablehnen. Man wird der Verkündigung des Evangeliums zunehmend Widerstand entgegensetzen. Überzeugte Christen sind immer auch als Störenfriede angesehen worden. Ein Evangelium, das den Menschen in die Entscheidung stellt, wird von vielen als ärgerlich empfunden. In der letzten Zeit wird Satan mehr denn je versuchen, gegen die Christen vorzugehen und den Lauf des Evangeliums aufzuhalten.

Unsere Zeit ist durch viele offene Türen für die evangelistische und missionarische Arbeit gekennzeichnet. Aber es gibt auch Länder, die sich für die Mission verschließen. So setzt der Islam nicht nur alles daran, in den von ihm beherrschten Ländern die christliche Missionsarbeit einzuengen oder ganz zu unterbinden; gleichzeitig bemüht er sich mit großem finanziellem Einsatz, seiner Lehre in anderen Ländern, auch in Europa, Eingang zu verschaffen. Nach dem vom Missionswerk *Open Doors* herausgegebenen Weltverfolgungsindex 2007 werden Christen in den islamischen Ländern wie Saudi-Arabien, im Iran, in Somalia, auf den Malediven und im Jemen am meisten verfolgt (Plätze 2-6 des Index).

In den kommunistischen Ländern wird nach wie vor die Evangeliumsverkündigung behindert oder sogar verboten. In Nordkorea (Spitzenreiter im Index), Vietnam, Laos und in China werden Christen häufig in Gefängnisse gesteckt. Auch der Buddhismus zeigt sich aggressiv gegen Christen, besonders in Bhutan.

Die christlichen Gemeinden können oft nur unter erschwerten Bedingungen weiter bestehen. An vielen Orten müssen sie heimlich zusammenkommen. Und obwohl die Christen als gute Arbeitskräfte geschätzt sind, nimmt man ihnen oft aus ideologischen Gründen den Arbeitsplatz oder man weist ihnen eine geringere Arbeit zu, die ihrer Intelligenz und Ausbildung nicht entspricht. Oft werden Christen unter einem Vorwand eingesperrt, gefoltert und getötet. In vielen Ländern hält die Christenverfolgung schon jahrzehntelang an.

Jesus hat darauf hingewiesen, dass man die bewussten Christen vor seiner Wiederkunft besonders hassen wird: *»Ihr werdet verhaftet, verfolgt und umgebracht werden. Auf der ganzen Welt wird man euch hassen, weil ihr euch zu meinem*

Namen bekennt. Viele werden sich von mir abwenden und einander verraten und hassen« (Mt 24,9-10).

Aber auch in den als christlich bezeichneten Ländern des Westens nimmt der Widerstand gegen das Evangelium und gegen die Christen zu. Nicht selten werden Christen heute als eine störende Minderheit empfunden und verachtet. Solche Verachtung aber kann sich leicht zum Hass steigern. Bietet der Staat solchen Gruppen einmal keinen Schutz mehr, so werden sie zum Freiwild für ihre Verfolger. Die Wurzel für die Christenverfolgung ist keineswegs nur im Atheismus zu suchen, sondern auch in manchen Formen von Religiosität. Jesus sagt darüber: *»Ich habe euch diese Dinge gesagt, damit ihr den Glauben nicht verliert. Denn ihr werdet aus den Synagogen ausgeschlossen werden, und es wird die Zeit kommen, in der die, die euch töten, glauben, Gott damit einen Dienst zu erweisen. Das tun sie, weil sie den Vater und mich nicht erkannt haben«* (Joh 16,2-3).

Die Gemeinde konnte jedoch nie überwunden werden, weil ihr Herr das nicht zulässt. Verfolgung ist für den Christen keine Strafe, sondern eine Gelegenheit, vor seinen Widersachern von seinem Herrn zu sprechen und diesem gegenüber Liebe und Treue zu beweisen. In solchen Situationen gibt Jesus seinen Leuten in besonderer Weise die Kraft, die sie dazu brauchen und schenkt ihnen einen wunderbaren, inneren Frieden. Auch in der Verfolgung sind Christen nie alleingelassen. Es darf ihnen nicht mehr angetan werden, als ihr Herr zulässt. Jesus weist immer wieder darauf hin, dass Verfolgung der Christen um seines Namens willen geschieht, dass sein Name dadurch vor den Mächtigen dieser Welt bekannt gemacht werden soll und dass die Verfolgten fest in seiner Hand sind: *»Doch noch bevor all das geschieht, wird eine Zeit schlimmer Verfolgungen kommen. Um meines Namens willen wird man euch in Synagogen und Gefängnisse schleppen und vor Königen und Regierungen anklagen. Das wird euch Gelegenheit geben, ihnen von mir zu erzählen. Macht euch keine Sorgen,* *wie ihr euch verteidigen sollt. Ich werde euch die richtigen Worte eingeben und die nötige Weisheit verleihen, sodass keiner eurer Gegner euch wird widerlegen können! Selbst die Menschen, die euch am nächsten stehen – eure Eltern, Geschwister, Verwandten und Freunde –, werden euch verraten. Einige von euch werden sogar umgebracht werden. Und um meines Namens willen werden euch alle hassen. Aber nicht ein einziges Haar auf eurem Kopf soll verloren gehen!«* (Lk 21,12-18)

Der Feigenbaum Israel

Wie der Feigenbaum, der frische Blätter treibt, den nahenden Sommer ankündigt, so weisen die von Jesus genannten Ereignisse auf seine nahe Wiederkunft hin. Jesus unterstreicht das in einem Gleichnis: *»Seht euch einen Feigenbaum oder einen anderen Baum an. Wenn die Blätter sprießen, wisst ihr, dass der Sommer kommt. Genauso könnt ihr, wenn ihr all dies geschehen seht, sicher sein, dass das Reich Gottes nahe ist«* (Lk 21,29-31).

In einem anderen Gleichnis stellt Jesus heraus, dass mit dem Feigenbaum aber auch Israel gemeint ist: *»Ein Mann pflanzte in seinem Garten einen Feigenbaum und kam von Zeit zu Zeit nachsehen, ob er schon Früchte trug, aber er wurde jedes Mal enttäuscht. Schließlich sagte er zu seinem Gärtner: ›Ich habe jetzt drei Jahre gewartet und noch keine einzige Feige gesehen! Fälle den Baum. Er beansprucht nur noch unnötig den Boden.‹ Der Gärtner erwiderte: ›Gib ihm noch ein Jahr Zeit. Ich werde ihn besonders pflegen und kräftig düngen. Wenn wir dann im nächsten Jahr Feigen ernten, gut. Wenn nicht, kannst du ihn fällen‹«* (Lk 13,6-9).

Bevor Jesus dieses Gleichnis erzählte, hatte er die Juden zur Buße aufgefordert. Er hat das in der Zeit seines öffentlichen Wirkens immer wieder getan. Doch die Juden hörten nicht auf ihn. Der Feigenbaum Israel, der im Weinberg Gottes – im verheißenen Land – stand, brachte keine Frucht, obwohl Jesus sich während seines dreijährigen Wirkens immer wieder um ihn bemühte. Als auch nach dieser Zeit keine Frucht – kein Glaube an Jesus als den Messias – an ihm zu finden war, wurde der Feigenbaum Israel durch die Zerstreuung der Juden in alle Welt »gefällt«. Doch schon die Propheten des Alten Testaments sagten an vielen Stellen voraus, dass Israel das Land seiner Väter nach dieser Zerstreuung wieder in Besitz nehmen sollte. Mit der Staatsgründung im Jahr 1948 pflanzte Gott den Feigenbaum wieder in Israel ein, und seitdem treibt er mehr und mehr Blätter. Frucht wird er erst bringen, wenn Israel sich bekehrt und Jesus als den Messias erkennt. Der Feigenbaum, der junge Staat Israel, ist ein Zeichen dafür, dass die Wiederkunft Jesu Christi nahe ist.

Aber Jesus spricht nicht nur vom Feigenbaum, sondern auch von »allen Bäumen«. Damit sind vermutlich die anderen Völker gemeint, bei denen es ebenfalls zur Ausbildung eines Nationalbewusstseins und zur eigenen Staatsgründung kommen soll. In unserer Zeit verlangen bestimmte Volksgruppen innerhalb mancher Völker immer stärker nach Selbstverwaltung. Neue Staaten bilden sich, wie vor allem zu Beginn der 90-er Jahre des vergangenen Jahrhunderts nach dem Zerfall der Sowjetunion. Auch in Afrika und Asien gibt es viele separatistische Bewegungen. Das »Ausschlagen der Bäume« ist in unserer Zeit deutlich zu beobachten.

In Matthäus 24,34 gibt Jesus noch einen besonderen Hinweis: *»Ich versichere euch: Diese Generation wird nicht von der Erde verschwinden, bevor all das geschehen ist.«* Schon die Generation, die zur Zeit Jesu lebte, wurde Zeuge davon, dass einige der Vorhersagen Jesu, z.B. die Zerstörung des Tempels, eintraten. Doch weil Jesus in diesem Zusammenhang von seiner Wiederkunft spricht, ist möglicherweise zugleich die Generation gemeint, die das neue Einpflanzen des Feigenbaums im Jahr 1948 und das Treiben der ersten grünen Blätter miterlebt. Vielleicht sollte uns das veranlassen, noch bewusster mit der Wiederkunft Jesu zu rechnen.

c) Die Zeichen – eine Mahnung Gottes

»Genauso könnt ihr, wenn ihr all dies geschehen seht, sicher sein, dass das Reich Gottes nahe ist«, sagt Jesus. Damit ruft er alle Menschen auf, sich auf seine Wiederkunft vorzubereiten. Für den, der noch nicht glaubt, bedeutet dies, dass er das Angebot Jesu, ihm seine Sünde und Schuld zu übergeben und sein Leben anzuvertrauen, noch einmal ganz neu hören und es annehmen darf. Denn noch gilt ihm die Zusage Jesu: *»Alle aber, die der Vater mir gegeben hat, werden zu mir kommen, und ich werde sie nicht zurückweisen oder hinausstoßen«* (Joh 6,37).

Der Christ aber wird ermuntert, bis ans Ziel durchzuhalten und sich von allem zu lösen, was sein Leben noch gefangen hält und an die Sünde bindet. Er wird noch einmal aufgerufen, sich seinem Herrn ganz und ohne Vorbehalt zur Verfügung zu stellen. Jesus erwartet von seinen Leuten, dass sie ihm dienen. Dazu gehört auch, dass sie mit anderen Menschen über Jesus sprechen und diese für ihren Herrn zu gewinnen suchen. Von einem bewussten Christen erwartet Jesus, dass er bereit ist, Spott zu ertragen und Leiden auf sich zu nehmen. Wer sein Leben Jesus Christus ganz hingegeben und zur Verfügung gestellt hat, der erfährt die ganze Freude des Christseins. Und für ihn schwingt diese Freude auch in der Aufforderung Jesu mit: *»Wenn all das anfängt, dann richtet euch auf und hebt den Blick, denn eure Erlösung ist ganz nahe!«* (Lk 21,28)

8) Endlich Frieden in der Welt

Bis in unsere Tage hinein haben Menschen immer wieder versucht, unter religiösen, politischen oder ideologischen Gesichtspunkten auf dieser Erde ein Friedensreich zu schaffen, das einem Paradies gleichen sollte. Aber es ist ihnen niemals gelungen, diesen Wunschtraum in die Tat umzusetzen.

Die Bibel jedoch spricht von der Verwirklichung eines solchen Friedensreiches auf Erden. Der Christus Gottes wird es aufrichten und regieren, und es wird in der Tat einem Paradies gleichen. In diesem Reich werden Gerechtigkeit und Friede herrschen. Wohlstand, Gesundheit und langes Leben werden zu seinen Kennzeichen gehören. Und selbst der Fluch, der auf der Natur liegt, wird in Segen verwandelt werden.

Dieses Tausendjährige Reich (lateinisch: Millennium) wird seinen Anfang nehmen, wenn Jesus Christus am Ende der großen Bedrängniszeit für alle Welt sichtbar wiederkommt. Dann werden seine Füße auf dem Ölberg stehen, und er wird König über alle Welt sein (Sach 14).

Nach der jüdischen Tradition soll der Messias, vom Ölberg kommend, durch das »Goldene Tor« am Rande des Tempelplatzes in Jerusalem einziehen. In der Bibel wird darüber nichts berichtet, es sei denn, man versteht einen Ausspruch Hesekiels als einen sich darauf beziehenden Hinweis: *»Und er brachte mich wieder zum Osttor. Da kam aus dem Osten die Herrlichkeit des Gottes von Israel. Sie klang wie das Rauschen von gewaltigen Wassermassen. Und die Erde erstrahlte von seiner Herrlichkeit«* (Hes 43,1-2).

a) Tausend Jahre im Reich des Friedens

In Offenbarung 20 wird sechsmal erwähnt, dass das messianische Zeitalter tausend Jahre dauern wird. Während dieser Zeit wird der Teufel gebunden sein. Jesus Christus wird ihn in der Schlacht von Harmagedon besiegen und in den Abgrund werfen, damit er, der *diabolos* (der Teufel), die Menschen nicht mehr verführen und gegeneinander aufwiegeln kann: *»Dann sah ich einen Engel aus dem Himmel herabkommen, der den Schlüssel zum Abgrund und eine schwere Kette in der Hand hatte. Er packte den Drachen – die alte Schlange, den Teufel, Satan – und legte ihn für tausend Jahre in Ketten. Der Engel warf ihn in den Abgrund und verschloss und versiegelte ihn, sodass Satan die Völker bis zum Ablauf der tausend Jahre nicht mehr verführen konnte«* (Offb 20,1-3).

Auch im Alten Testament wird bereits vorhergesagt, dass Satan und die Dämonen von Gott gefangen genommen werden: »*An diesem Tag wird der HERR die Engel des Himmels und die Könige der Erde zur Rechenschaft ziehen. Gemeinsam werden sie wie Gefangene in einer Grube eingesperrt werden. Sie werden eingekerkert und erst nach langer Zeit wird ihnen der Prozess gemacht werden. Dann wird der Mond erröten und die Sonne beschämt sein. Denn der HERR, der Allmächtige, tritt seine Königsherrschaft auf dem Berg Zion und in Jerusalem an und offenbart vor seinen Ältesten den Glanz seines Lichtes*« (Jes 24,21-23).

b) Jerusalem ist seine Hauptstadt

Jerusalem, das vor der Wiederkunft Christi ein »Taumelbecher« und Zielscheibe des Hasses der Nationen ist, wird die Hauptstadt dieses Tausendjährigen Reiches sein: »›*Juble und sei fröhlich, Tochter Zion, denn ich komme, um in deiner Mitte zu wohnen*‹, *spricht der HERR.* ›*An jenem Tag schließen sich viele Völker dem HERRN an und auch sie sollen zu meinem Volk gehören. Ich will in deiner Mitte wohnen.*‹ *Dann sollst du erkennen, dass mich der HERR, der Allmächtige, zu dir gesandt hat. Im heiligen Land nimmt er Juda als sein Erbteil in Besitz, und er erwählt Jerusalem wieder*« (Sach 2,14-16). Diese Erwählung Jerusalems wird bereits in 2. Chronik 6,6 angesprochen: »*Jerusalem habe ich erwählt, dass mein Name dort sei …*« (LÜ).

In der Zukunft wird Jerusalem weder eine geteilte noch eine international kontrollierte Stadt sein, sondern nach dem Willen Gottes die Hauptstadt Israels und der »Thron des Herrn« (Jer 3,17). Auch Joel sagt das voraus: »*Gott, der Herr, wird in Zion wohnen*« (Joel 4,21).

In Offenbarung 5,5 wird Jesus Christus als »*Löwe aus dem Stamm Juda*« bezeichnet. Im Tausendjährigen Reich wird sich in ihm erfüllen, was Jakob bei der Segnung seiner Söhne prophetisch vorausgesagt hatte: »*Es wird das Zep-*

ter von Juda nicht weichen noch der Stab des Herrschers von seinen Füßen, bis dass der Held komme, und ihm werden die Völker anhangen« (1Mose 49,10; LÜ). Auch bei der Ankündigung der Geburt Jesu erwähnt der Erzengel Gabriel gegenüber Maria, dass der Sohn Gottes einmal über Israel herrschen wird: *»Er wird für immer über Israel herrschen ...«* (Lk 1,33).

Mit Jesus Christus zusammen werden die auferweckten Märtyrer der großen Bedrängniszeit regieren: *»Dann sah ich Throne, auf die sich Menschen setzten, die Vollmacht erhielten, Gericht zu halten. Und ich sah die Seelen derer, die getötet worden waren, weil sie Jesus bezeugt und das Wort Gottes verkündet hatten. Sie hatten das Tier und sein Standbild nicht angebetet und sein Zeichen nicht auf ihrer Stirn und auf ihrer Hand getragen. Sie wurden wieder lebendig und herrschten tausend Jahre lang mit Christus. Die übrigen Toten wurden nicht wieder lebendig, bis die tausend Jahre vorüber waren. Das ist die erste Auferstehung. Glücklich und heilig sind die, die an der ersten Auferstehung teilhaben. Über sie hat der zweite Tod keine Macht, sondern sie werden Priester Gottes und Christi sein und tausend Jahre lang mit ihm herrschen«* (Offb 20,4-6). Damit wird Jesus die auszeichnen, die ihm während der antichristlichen Zeit unter schwersten Bedingungen die Treue gehalten haben.

Auch die entrückte Gemeinde wird dabei sein, wenn Jesus seine Herrschaft auf der Erde antritt: *»Siehe, der Herr ist gekommen mit Tausenden seiner Heiligen. Er wird über die Menschen der Welt Gericht halten«* (Jud 14-15); *»Dann kommt der HERR, mein Gott, und alle seine Heiligen mit ihm«* (Sach 14,5). Einen Hinweis darauf gibt auch Offenbarung 5,9-10: *»... dein Blut hat Menschen für Gott freigekauft, Menschen aus jedem Stamm und jeder Sprache und jedem Volk und jeder Nation. Du hast sie für Gott zu einem Königreich und zu seinen Priestern gemacht. Und sie werden auf der Erde regieren.«*

Wie diese Regentschaft der Gemeinde sich praktisch vollzieht, wird in der Bibel nicht beschrieben. Wie alle anderen damit zusammenhängenden Fragen bleibt offen, ob die Gemeinde dann zum Teil hier auf der Erde ihren Sitz haben wird, oder ob ihre Glieder mit verklärten Leibern zwischen Himmel und Erde auf- und niedersteigen.

c) Der Zustand im Tausendjährigen Reich

Wenn Jesus Christus die Herrschaft im Millennium antritt, dann erfüllt sich die Bitte des »Vaterunser«: *»Dein Reich komme!«* (Lk 11,2; LÜ). Und auch die Botschaft des Engels bei der Geburt Jesu gelangt dann zu ihrer vollen Auswirkung: *»... und Frieden auf Erden«* (Lk 2,14).

Bis zu diesem Zeitpunkt ist Jesus *»unser* (das heißt: der Glaubenden) *Friede«* (Eph 2,14); nun bringt er auch der Völkerwelt den Frieden: *»Euer König wird den Völkern den Frieden verkündigen. Seine Herrschaft wird sich von Meer zu Meer und vom Euphrat bis zu den Enden der Erde erstrecken«* (Sach 9,10).

Dann wird man die Kriegswaffen in nützliche Werkzeuge umarbeiten, weil es zu dieser Zeit keine Kriege mehr geben wird. Das sagen bereits zwei Propheten des Alten Testaments voraus: *»Dann werden sie ihre Schwerter in Pflugscharen umschmieden und ihre Speere in Winzermesser. Kein Volk wird mehr ein anderes Volk angreifen, und keiner wird mehr lernen, wie man Krieg führt«* (Mi 4,3). Jesaja macht die gleichen Aussagen (2,4).

Diejenigen Völker, die Israel während seines Exils unterdrückt oder mit ihrem Hass verfolgt haben, werden ihre Gesinnung ändern und in demütiger Haltung nach Jerusalem kommen: *»Fremde bauen deine Städte wieder auf und ihre Könige werden dir dienen. ... Die Kinder deiner Unterdrücker werden gebückt kommen und sich dir vor die Füße werfen. Sie werden dich: ›Stadt des HERRN‹ und ›Zion des Heiligen Israels‹ nennen«* (Jes 60,10.14). Was Mose vor über 3000 Jahren bei der Segnung der Stämme Israels vorausgesagt hatte, wird sich nun in vollem Umfang erfüllen: »*Gesegnet bist du, Israel! Wer ist wie du: ein Volk, das der HERR gerettet hat? Er ist dein Schild, das dich schützt, und dein Schwert, das dir zum Sieg verhilft! Deine Feinde werden dir ihre Ergebenheit heucheln, du aber wirst über sie triumphieren!*« (5Mose 33,29).

Während dieser Zeit der messianischen Herrschaft Jesu wird das Volk Israel von allen anderen Völkern geschätzt werden, und die Verbindung mit ihm wird man sich zur Ehre rechnen: »*Menschen aus großen und mächtigen Völkern kommen nach Jerusalem, um den HERRN, den Allmächtigen, zu suchen und den HERRN gnädig zu stimmen. So spricht der HERR, der Allmächtige: ›In jenen Tagen werden zehn Männer aus Völkern mit lauter verschiedenen Sprachen einen Mann aus Juda am Rockzipfel festhalten und bitten: Wir wollen mit euch gehen, denn wir haben gehört, dass Gott bei euch ist*‹«(Sach 8,22-23).

Mit seinen arabischen Nachbarstaaten, die sich ebenfalls dem Willen Gottes unterordnen, wird Israel einen Bund schließen. Aller Hass und alle Zwietracht werden vergessen sein: »*An jenem Tag wird sich der HERR den Ägyptern offenbaren. Sie werden zu dieser Zeit den HERRN erkennen und ihm Schlacht- und Speiseopfer bringen … Der HERR wird Ägypten auf eine Weise züchtigen, die dem Land Heilung bringt. Die Ägypter werden sich zum HERRN bekehren und er wird sich von ihnen bitten lassen und sie heilen. Dann wird eine Straße von Ägypten nach Assyrien führen, sodass sich beide Völker gegenseitig besuchen können und beide werden dem HERRN dienen. Israel wird an diesem Tag als dritter im Bund mit Assyrien und Ägypten dastehen und ein Segen für die Welt sein. Die drei Länder werden zusammengehören und sie werden ein Segen für die Erde sein. Denn der HERR, der Allmächtige, spricht ihnen seinen Segen zu: ›Gesegnet sei Ägypten, mein Volk, und Assyrien, das*

Land, das ich geschaffen habe und Israel, mein besonderes Eigentum!‹« (Jes 19,21-25). Was politische Verhandlungen heute nicht zu erreichen vermögen, das wird Christus in seinem Friedensreich verwirklichen.

Auch zu den im Lande lebenden Fremden, z. B. den Arabern, werden die Israelis dann ein gutes Verhältnis haben. Sie werden die Fremden wie Einheimische behandeln und ihnen gleiche Rechte zugestehen. Hesekiel, der von den Grenzen des Staates Israel spricht, weist in 47,22 darauf hin: *»Ihr sollt es als Erbbesitz für euch und für die Ausländer, die sich euch angeschlossen haben und Kinder bei euch bekommen haben, durch das Los verteilen. Sie sollen wie Einheimische sein unter den Israeliten und wie die Stämme von Israel einen Erbbesitz durch das Los erhalten. Alle Ausländer sollen im Gebiet des Stammes, bei dem sie jetzt leben, ihren Erbbesitz erhalten.«*

Ähnlich wird es in Jeremia 12,14-16 gesagt: *»Die Nachbarvölker, die sich an dem Land vergriffen haben, das ich doch meinem Volk Israel versprochen hatte... Und wenn diese Nachbarvölker dann die Lebensweise und den Glauben meines Volkes annehmen, wenn sie lernen, bei meinem Namen zu schwören und zu sprechen: ›So wahr der HERR* (Jahwe, nicht Allah) *lebt‹... dann sollen sie in mein Volk eingegliedert werden.‹«*

In diesem tausendjährigen Friedensreich werden die Menschen ein hohes Alter erreichen. Wer jedoch sündigt (ohne dass er vom Teufel verführt wurde, denn der ist ja im Abgrund gebunden), der wird sterben müssen: *»Es wird keine Kinder mehr geben, die nur wenige Tage alt werden und keine Alten, die nicht ein erfülltes Leben gelebt haben. Die jüngsten werden mit 100 sterben! Und wer die 100 nicht erreicht, wird als verflucht gelten. ... Denn mein Volk wird so lange leben wie die Bäume«* (Jes 65,20-22). Heute sterben die meisten Menschen – in Übereinstimmung mit entsprechenden biblischen Aussagen – mit 70 oder 80 Jahren, oft sogar viel früher. Auf der neuen Erde, die Gott schaffen wird, wird es keinen Tod mehr geben; deshalb muss sich diese Aussage der Bibel auf eine Art »Zwischenzeit«, auf das Tausendjährige Reich, beziehen. Auch die folgende Prophezeiung ist nur im Blick auf dieses Reich verständlich. Sie spricht davon, dass zu dieser Zeit aus dem Tempel heilendes Wasser bis ins Tote Meer fließen wird. Dieses wird »gesund« werden, und es werden Fische darin leben. Da es in der auf das Millennium folgenden neuen Welt Gottes weder ein Totes Meer noch ein unfruchtbares Gebiet geben wird, muss auch die folgende Stelle dem Millennium zugeordnet werden: *»Dann brachte der Mann mich zurück zum Eingang des Tempels. Dort sah ich, wie unter der Schwelle des Tempels Wasser hervorströmte und nach Osten floss … Da sagte er zu mir: ›Dieses Wasser fließt Richtung Osten in die Araba und mündet dort ins Tote Meer. Wenn es hineinfließt, heilt es das Wasser des Toten Meeres. Alles, was sich regt und bewegt, wohin das Wasser kommt, wird leben. Es wird sehr viele Fische geben, denn dieses Wasser kommt dorthin und macht das Salzwasser gesund. Wohin dieses Wasser fließen wird, dort wird alles leben. Von En-Gedi bis nach En-Eglajim werden Fischer am Ufer des Toten Meeres stehen und fischen. Man wird dort die Netze aufspannen. Alle Arten von Fischen werden es erfüllen, so zahlreich wie im Mittelmeer. Doch die Teiche und Lachen daneben werden nicht gereinigt werden; sie sollen der Salzgewinnung dienen‹«* (Hes 47,1.8-11).

Mit dieser Aussage vom heilenden Wasser, das aus Jerusalem fließen wird, steht Hesekiel nicht allein. Auch Sacharja berichtet davon: *»An jenem Tag* (wenn Jesus zur Herrschaft kommt) *wird Leben spendendes Wasser aus Jerusalem fließen, die eine Hälfte zum Toten Meer, die andere Hälfte zum Mittelmeer – im Sommer wie im Winter«* (Sach 14,8). Diese Aussagen werden von Joel bestätigt: *»Aus dem Haus des HERRN wird eine Quelle entspringen und das Tal der Akazien bewässern«* (Joel 4,18). Mit dem Tal der Akazien ist das Jordantal einschließlich des Gebiets um das Tote Meer gemeint, das bis heute ein Bild der Wüste und der Unfruchtbarkeit bietet.

Die Herrschaft des Friedenskönigs im Tausendjährigen Reich wird sich auch auf die Tierwelt auswirken. Die Tiere werden in Frieden und Harmonie miteinander leben, Die Schilderung, die Jesaja davon gibt, erscheint uns heute wie ein Traum, und doch wird sie dann Wirklichkeit sein: »*Dann werden der Wolf und das Lamm einträchtig zusammenleben; der Leopard und die Ziege werden beieinander lagern. Kalb, Löwe und Mastvieh werden Freunde und ein kleiner Junge wird sie hüten. Kuh und Bär werden miteinander weiden. Ihre Jungen werden nebeneinander ruhen. Der Löwe wird Stroh fressen wie das Vieh. Der Säugling spielt am Schlupfloch der Otter.*« (Jes 11,6-8). Auch in Kapitel 65,25 wird von diesem paradiesischen Zustand berichtet: »*Der Wolf und das Lamm werden zusammen weiden. Der Löwe wird Stroh fressen wie das Rind. Schlangen werden sich von Staub ernähren. Auf meinem ganzen heiligen Berg wird nichts Böses und nichts Unheilvolles mehr getan …*«

Der Segen des Herrn wird sich in Israel zu dieser Zeit auch dadurch bemerkbar machen, dass der Früh- und Spätregen, der durch den Fluch ausgesetzt hatte, das Land wieder regelmäßig bewässert und fruchtbar macht: »*Eure Weiden werden bald wieder grün sein. Die Bäume werden wieder Früchte tragen, Feigenbäume und Weinstöcke geben wieder vollen Ertrag. Freut euch, ihr Einwohner von Jerusalem! Freut euch am HERRN, eurem Gott! Denn er schickt euch den Regen nach seiner Gerechtigkeit. Herbstregen und Frühjahrsregen werden wieder einsetzen. Auf den Dreschplätzen wird sich das Korn wieder häufen, die Keltern werden von Wein und Olivenöl überfließen*« (Joel 2,22-24).

Selbst die Wüste wird dann zum fruchtbaren Land werden. Jesaja sagt voraus, dass diese Segenszeit anbrechen wird, wenn Israel gläubig geworden ist: »*… bis schließlich der Geist vom Himmel über uns ausgegossen wird. Dann wird sich die Wüste* *in einen fruchtbaren Garten verwandeln und der fruchtbare Garten zum Wald. In der Wüste herrscht dann Gerechtigkeit und in dem Garten das Recht, und die Gerechtigkeit bringt Frieden. Sie lässt für alle Zeit Ruhe und Sicherheit einkehren. Mein Volk lebt dann an einem Ort des Friedens und in sicheren Wohnungen, sorglos und ruhig«* (Jes 32,15-18).

Die Zeit des Tausendjährigen Reiches wird aber auch eine Zeit des geistlichen Segens sein. Die Völker werden bereitwillig auf das Wort Gottes hören, das von Jerusalem in alle Welt hinausgetragen wird; um dieses Wortes willen wird Jerusalem Anziehungspunkt für alle Völker sein: *»Aber in den letzten Tagen wird der Tempelberg alle anderen Berge an Größe und Höhe überragen. Es werden dann Menschen aus allen Nationen zu ihm herbeiströmen. Viele Völker werden sich auf den Weg machen und einander zurufen: ›Kommt, wir wollen auf den Berg des HERRN steigen, zum Tempel des Gottes Israels. Dort wird er uns seine Wege lehren, damit wir so leben, wie er es möchte.‹ Denn der HERR wird von Zion seine Weisungen ausgehen lassen und von Jerusalem sein Wort«* (Mi 4,1-2).

Israel, dann ein Volk, das an Jesus glaubt, wird Missionare in alle Welt senden, die die Herrlichkeit des Herrn verkündigen werden. Dabei werden sie vielen »Brüdern« (noch nicht zurückgekehrten Angehörigen der verschiedenen Stämme Israels) begegnen, und diese werden sie mit nach Jerusalem bringen: *»›Ich werde dann ein Exempel an ihnen statuieren. Einige der Überlebenden schicke ich als Botschafter zu den Völkern – nach Tarsis, zu den Libyern und Lydiern, die den Bogen spannen, nach Tubal und Griechenland und in alle Länder jenseits des Meeres, die von meinem Ruhm noch nicht gehört und meine Herrlichkeit noch nicht gesehen haben. Dort werden sie den Völkern meine Herrlichkeit verkündigen. Und sie werden alle eure Brüder als Opfergabe aus den fremden Nationen zurückholen. Sie werden mit Pferden und Wagen, mit Kutschen, Maultieren und Kamelen zu meinem* *heiligen Berg in Jerusalem kommen; ebenso wie das Speiseopfer von den Söhnen Israels in reinen Gefäßen zum Tempel gebracht wird‹, spricht der HERR«* (Jes 66,19-20).

Menschen aus allen Völkern werden Jerusalem als den geistlichen Mittelpunkt besuchen; hier werden sie Jahwe anbeten und ihm dienen. Trotzdem werden in dieser Zeit längst nicht alle Menschen an Jesus Christus glauben. Obwohl sie ihn als Herrn erkennen und seine Güte in Anspruch nehmen können, werden ihm viele die Anbetung verweigern. Diese Menschen werden durch besondere Plagen bestraft werden: *»Doch alle Überlebenden aus den Völkern* (nach dem Krieg der Völker um Israel), *die Jerusalem angegriffen haben, sollen jedes Jahr nach Jerusalem hinaufziehen, um den König, den allmächtigen HERRN, anzubeten und das Laubhüttenfest* (das Erntedankfest der Israeliten) *zu feiern. Wenn jedoch eines der Völker der Erde nicht nach Jerusalem kommt, um den König, den allmächtigen HERRN, anzubeten, wird kein Regen bei ihm fallen. Und wenn die Ägypter nicht hinaufziehen werden und nicht erscheinen, wird der HERR sie mit der gleichen Plage bestrafen, die er den anderen Völkern schickt, die nicht kommen, um das Laubhüttenfest zu feiern«* (Sach 14,16-18). Der Glaube an Jahwe, den Gott des Friedens, und an seinen Sohn Jesus Christus wird Israel den heiß ersehnten Frieden bringen. Jesaja 54,13 sagt dazu: *»Alle deine Bewohner werden Schüler des Herrn sein und in großer Zufriedenheit leben.«*

Während der Zeit des Friedensreichs wird es in Jerusalem zwar einen Tempel geben, aber eine Bundeslade, wie zur Zeit der Stiftshütte und der ersten beiden Tempel, wird darin nicht zu finden sein: *»Und wenn euer Land dann wieder dicht bewohnt ist, werdet ihr euch nicht mehr nach der früheren Zeit zurücksehnen, als ihr noch die Bundeslade des HERRN besessen habt. Ihr werdet sie nicht vermissen, ja, ihr werdet nicht einmal mehr an sie denken; es wird auch nie wieder eine neue Bundeslade gebaut werden. Zu der Zeit wird man ganz*

Jerusalem als Thron des HERRN bezeichnen« (Jer 3,16-17). Eine Bundeslade wird man nicht mehr brauchen, weil sie das Gesetz des Alten Testaments repräsentierte. Im Tausendjährigen Reich aber lebt Israel im Glauben an Jesus Christus und ist damit in den Neuen Bund aufgenommen. In ihm hat das Gesetz seine Erfüllung gefunden. Dann erst wird Israel wirklich Gottes Knecht sein und ihn verherrlichen: *»Du bist mein Diener, Israel, durch dich will ich mich verherrlichen«* (Jes 49,3).

Die Friedenshoffnung ist erfüllt – das Warten darauf ist nun vorbei. Gott sagt schon in Jeremia 29,11 zu Israel: *»Denn ich weiß genau, welche Pläne ich für euch gefasst habe … Mein Plan ist, euch Heil zu geben und kein Leid. Ich gebe euch Zukunft und Hoffnung.«* Von dieser Friedenshoffnung sprach auch Petrus im Haus des Kornelius *»Ihr habt Gottes Botschaft für das Volk Israel gehört: von dem Frieden durch Jesus Christus, der Herr über alle ist«* (Apg 10,36).

9) Nach dem Tausendjährigen Reich

Gott hat die Zeit dieses Friedensreichs auf tausend Jahre begrenzt. Danach wird Satan noch einmal für kurze Zeit losgelassen. Wie vor der Wiederkunft Jesu Christi wird er die Völker zur Auflehnung gegen Gott und seinen Christus verführen. Auch Jerusalem wird Ziel seines Angriffs sein: *»Wenn die tausend Jahre vorüber sind, wird Satan aus seinem Gefängnis freigelassen werden. Er wird umherziehen, um die Völker der ganzen Erde, die Gog und Magog genannt werden, zu verführen. Er wird sie zum Krieg sammeln – zu einem mächtigen Heer, so zahllos wie der Sand am Meer. Und ich sah sie, wie sie über die ganze Breite der Erde heraufzogen und Gottes Volk und die geliebte Stadt umzingelten. Doch vom Himmel fiel Feuer auf sie herab und vernichtete sie. Dann wurde der Teufel, der sie betrogen hatte, zu dem Tier* *und dem falschen Propheten in den Feuersee geworfen, der mit Schwefel brennt. Und sie werden in alle Ewigkeit gequält werden Tag und Nacht«* (Offb 20,7-10).

Dass Satan noch einmal die Möglichkeit erhält, freizukommen, entspricht allein dem Willen Gottes. Satans Wirksamkeit ist jedoch begrenzt. Er wird nur für kurze Zeit losgelassen (Offb 20,3). Noch einmal versucht er, Christus vom Thron zu stürzen, und obwohl es ihm wieder gelingt, eine große Zahl von Menschen auf seine Seite zu bringen, muss er erneut eine Niederlage hinnehmen. Mit Gog und Magog, die sich in seinem Gefolge befinden, wird die sich gegen Gott auflehnende Völkerwelt bezeichnet. Selbst die Segenszeit des Friedensreiches hat sie nicht zur Umkehr bewegt. Viele haben sich nur äußerlich unterworfen. Ein solches »trotzig Ding« kann das menschliche Herz sein. Obwohl die Menschen während des Tausendjährigen Reiches die Segnungen Gottes und alle Beweise für seine Existenz und Liebe empfangen haben, sind sie dennoch nicht bereit, sich ihm zuzuwenden. Die Zahl derer, die die Gnade Gottes ausschlagen und sich nun erneut gegen ihn erheben, ist wie Sand am Meer (Vers 8). Auch Satan ist nach tausend Jahren Gefängnis derselbe geblieben: der Widersacher Gottes.

Nun aber trifft sie alle der volle Zorn Gottes. Satan und seine Anhänger werden endgültig und für immer besiegt. Wer die Liebe Gottes ausschlägt, der hat selbst die ewige Verdammnis gewählt.

Jesus hat von dieser Verdammnis immer wieder gesprochen. Er tat es aus Liebe, um die Menschen zu warnen. Aber wer nicht hören will, wer die ihm in Jesus Christus angebotene Vergebung in letzter Konsequenz ausschlägt, dem kann zuletzt auch Gott nicht mehr helfen. Ihm wird nach den Worten des Matthäusevangeliums geschehen: *»Fort mit euch, ihr Verfluchten, ins ewige Feuer, das für den Teufel und seine bösen Geister bestimmt ist! ... Und sie werden der ewigen Verdammnis übergeben werden«* (Mt 25,41.46).

Danach wird sich kein Feind mehr gegen Gott erheben. Dann werden alle vor ihm, dem ewigen Herrscher, die Knie beugen, und alle werden bekennen, dass Jesus Christus der Herr ist (Philipper 2,9-11).

10) Weltuntergang – neuer Himmel und neue Erde

In allen Ländern und Kontinenten ist man um das Schicksal unseres Erdballs in Sorge. Schon vor Jahrhunderten haben die Menschen den Weltuntergang befürchtet. Damals sah man die Erde durch Naturkatastrophen gefährdet, etwa durch Erdbeben oder durch den Aufschlag großer Kometen. Heute sieht man den Fortbestand unseres Planeten durch andere Entwicklungen in Frage gestellt: Gifte, Atomexplosionen oder andere von Menschen ausgelöste, zerstörende Kräfte könnten zur entscheidenden Katastrophe führen. Dass diese Welt tatsächlich einmal zerstört werden wird, ist in der Bibel deutlich vorausgesagt. Dieses Ereignis wird aber nicht durch einen Zufall ausgelöst werden, sondern dem Plan Gottes entsprechen. Er muss sich dazu noch nicht einmal der furchtbaren Vernichtungswaffen des Menschen bedienen. Es genügt, wenn er sein Allmachtswort spricht – und es geschieht.

Unsere Erde und der Kosmos, dem sie angehört, sind durch das Wirken des Teufels und durch die Sünde des Menschen verunreinigt worden; deshalb müssen sie einer neuen Welt Platz machen, die Gott schaffen wird: *»Sieh! Ich schaffe einen neuen Himmel und eine neue Erde – kein Mensch wird noch an das Vergangene denken, niemand wird es sich zu Herzen nehmen«* (Jes 65,17). Auch der Grund für die Zerstörung der alten Welt wird genannt: *»Die Erde wankt und schwankt, sie birst und reißt, sie bricht auseinander. Sie taumelt wie ein Betrunkener, sie schaukelt wie eine Nachthütte im Feld. Unter der Last ihrer Schuld bricht sie zusammen und steht nie wieder auf«* (Jes 24,19-20; Gute Nachricht Bibel).

Auch Jesus nimmt auf dieses Ereignis Bezug, wenn er sagt: *»Himmel und Erde werden vergehen, doch meine Worte bleiben ewig«* (Mt 24,35). Petrus liefert sogar eine prophetische Schilderung des Weltuntergangs. Zu seiner Zeit wusste man noch nichts von Atombomben und ihrer verheerenden Wirkung. Umso nachdrücklicher stellt dieser Bericht unter Beweis, dass hier ein Mensch im Namen Gottes redet (vgl. 2Petr 1,21), getrieben vom Heiligen Geist: *»Doch der Tag des Herrn wird so unerwartet kommen wie ein Dieb. Dann wird der Himmel unter schrecklichem Lärm vergehen, und alles wird sich in Flammen auflösen; und die Erde wird mit allem, was auf ihr ist, dem Gericht ausgeliefert werden. Wenn aber alles um uns her sich auf diese Weise auflösen wird, wie viel mehr solltet ihr dann ein Leben führen, das heilig ist und Gott ehrt! Ihr solltet diesen Tag erwarten und ihn herbeisehnen – den Tag, an dem Gott den Himmel in Brand setzt und die Elemente in den Flammen zerschmelzen. Wir aber erwarten den neuen Himmel und die neue Erde, die er versprochen hat. Dort wird Gottes Gerechtigkeit herrschen«* (2Petr 3, 10-13).

Wenn in der Bibel von der Zerstörung des Himmels gesprochen wird, so ist damit nicht der Ort gemeint, an dem Gott in der unsichtbaren Welt »wohnt« (vgl. Ps 2,4; 1. Timotheus 6,16). In der Bibel ist von mehreren Himmeln die Rede: *»Aber wird Gott tatsächlich auf der Erde wohnen? Der höchste Himmel kann dich nicht fassen«* (1Kön 8,27). Demnach müssen wir unter dem Begriff »Himmel« wohl das Firmament und den Kosmos verstehen. Nach Epheser 6,12 herrschen Satan und die Dämonen im Luftbereich. Verschiedene biblische Aussagen deuten darauf hin, dass der Teufel selbst als gefallener Engelfürst Zugang zum untersten Bereich des Himmels hat, denn er verklagt die Gläubigen bei Gott. Er wird jedoch von dort vertrieben, und zwar für immer (Offb 12). Zu den 70 von ihm ausgesandten Jüngern sagte Jesus bei ihrer Rückkehr: *»ich sah Satan wie einen Blitz vom Himmel fallen!«* (Lk 10,18).

Weil der Teufel durch seine Anwesenheit auch diesen Bereich verunreinigt hat, zerstört Gott Himmel und Erde.

Gleichzeitig mit der Zerstörung des Alten schafft Gott aber etwas vollkommen Neues. Johannes empfing von Christus eine umfassende Offenbarung über den Ablauf der Endphase der Heilsgeschichte, die er im Buch der Offenbarung niederschrieb. Als Letztes wird ihm die von Gott neu geschaffene Erde gezeigt: *»Dann sah ich einen neuen Himmel und eine neue Erde, denn der alte Himmel und die alte Erde waren verschwunden. Und auch das Meer war nicht mehr da«* (Offb 21,1). Ein Meer wird es auf dieser Erde nicht mehr geben. Aber auch Sonne und Mond fehlen; denn Gott selbst wird ihre Lichtquelle sein: *»Und die Stadt braucht keine Sonne und keinen Mond, damit es in ihr hell wird, denn die Herrlichkeit Gottes erleuchtet die Stadt, und das Lamm ist ihr Licht«* (Offb 21,23).

11) Das neue Jerusalem – Stadt des ewigen Friedens

Der Mittelpunkt der neuen Erde wird das neue Jerusalem sein, eine Stadt, die nicht von Menschen erbaut wird, sondern Gott senkt sie vom Himmel auf die Erde herab: *»Und ich sah die heilige Stadt, das neue Jerusalem, von Gott aus dem Himmel herabkommen wie eine schöne Braut, die sich für ihren Bräutigam geschmückt hat. Ich hörte eine laute Stimme vom Thron her rufen: »Siehe, die Wohnung Gottes ist nun bei den Menschen! Er wird bei ihnen wohnen und sie werden sein Volk sein und Gott selbst wird bei ihnen sein‹«* (Offb 21,2-3). Dieses neue Jerusalem wird dann wirklich eine Stadt des Friedens sein.

Über das Aussehen der Stadt werden verschiedene Angaben gemacht. Sie wird als viereckig bezeichnet, genauer gesagt als quadratisch; denn ihre Länge, Breite und Höhe sind gleich (was einem Würfel entspräche). Ihre Kantenlänge wird mit 12 000 Stadien angegeben, das sind umgerechnet 2220 Kilometer: »*Als er sie maß, stellte sich heraus, dass sie viereckig und genauso lang wie breit war. Ihre Länge und Breite und Höhe betrugen je zweitausendzweihundertzwanzig Kilometer*« (Offb 21,16).

Die zwölf Tore der Stadt – sie werden als jeweils aus einer Perle bestehend bezeichnet – tragen zur Erinnerung an die Auserwählten des Alten Bundes die Namen der zwölf Stämme Israels: »*Ihre Mauern waren breit und hoch und hatten zwölf Tore, die von zwölf Engeln bewacht wurden. Und auf den Toren standen die Namen der zwölf Stämme Israels geschrieben. An jeder Seite – im Osten, Norden, Süden und Westen – befanden sich drei Tore. ... Die zwölf Tore bestanden aus zwölf Perlen – jedes Tor aus einer einzigen Perle! Und die Hauptstraße war reines Gold, so klar wie Glas*« (Offb 21,12-13.21).

Auf den Grundsteinen der hohen Stadtmauer sind die Namen der zwölf Apostel eingetragen; sie weisen auf den Neuen Bund durch Jesus Christus hin: »*Die Mauer der Stadt hatte zwölf Grundsteine, auf denen die Namen der zwölf Apostel des Lammes geschrieben standen. ... Die Mauer bestand aus Jaspis, und die Stadt war reines Gold, so klar wie Glas. Die Mauer der Stadt war auf zwölf Grundsteinen erbaut, die mit zwölf Edelsteinen geschmückt waren*« (Offb 21,14.18-19). Gold und Edelsteine sollen die Schönheit und Reinheit der Stadt Gottes zum Ausdruck bringen. Johannes versucht, ihre Herrlichkeit zu beschreiben, indem er die größten Kostbarkeiten der alten Welt zum Vergleich heranzieht. Denn die Schönheit der neuen Welt Gottes geht über die Vorstellungskraft des Menschen hinaus. Johannes kann lediglich mit den ihm zur Verfügung stehenden Mitteln beschreiben, was er sieht.

Vieles, was über die neue Erde ausgesagt wird, erinnert an den Garten Eden, das Paradies. Zum Beispiel die Früchte des Lebensbaumes: »*Und der Engel zeigte mir einen reinen Fluss mit dem Wasser des Lebens, so klar wie Kristall, der vom Thron Gottes und des Lammes entspringt und in der Mitte der Hauptstraße hinabfließt. Auf beiden Seiten des Flusses ist je ein Baum des Lebens, der zwölf verschiedene Früchte trägt und jeden Monat eine neue Frucht hervorbringt. Die Blätter dienen zur Heilung der Völker«* (Offb 22,1-2).

Die Bewohner dieser Stadt werden mit Gott in inniger Gemeinschaft leben. In seiner Gegenwart wird alles vollkommen sein. Tod und Tränen wird es nicht mehr geben; *»Er wird alle ihre Tränen abwischen, und es wird keinen Tod und keine Trauer und kein Weinen und keinen Schmerz mehr geben. Denn die erste Welt mit ihrem ganzen Unheil ist für immer vergangen. Und der, der auf dem Thron saß, sagte: ›Ja, ich mache alles neu!‹«* (Offb 21,4-5). Die Glaubenden, die durch das Blut Jesu Christi erlöst und gerettet worden sind, werden in dem himmlischen Jerusalem ein ewiges Zuhause haben: *»Deshalb seid ihr nicht länger Fremde und ohne Bürgerrecht, sondern ihr gehört zu den Gläubigen, zu Gottes Familie«* (Eph 2,19).

12) Der Weg zum Ziel

Wer in dieser Welt sein altes egoistisches Eigenleben in der Kraft Jesu Christi überwindet und sein Leben in der beständigen Gemeinschaft mit ihm umgestalten lässt, der wird an der Herrlichkeit dieser Stadt teilhaben: *»Wer überwindet, wird dies erben, und ich werde ihm Gott sein, und er wird mir Sohn sein«* (Offb 21,7; Elb). *»Glücklich sind diejenigen, die ihre Kleider waschen, damit sie durch die Tore der Stadt eintreten und das Recht haben, vom Baum des Lebens zu essen«* (Offb 22,14).

Wer nicht geglaubt hat und die Vergebung aller Schuld und Unreinheit, die ihm von Jesus immer wieder angeboten wurde, ausgeschlagen hat, wird aus dieser Stadt allerdings ausgeschlossen sein: *»Nichts Unreines wird hinein dürfen,* *auch niemand, der Götzendienst treibt und Lügen verbreitet, sondern nur die, deren Namen im Lebensbuch des Lammes geschrieben stehen«* (Offb 21,27).

Noch wirbt Gottes Liebe um uns Menschen. Noch will Jesus Christus aus Schuld und Verlorenheit retten. Deshalb gibt es noch einmal am Ende der Offenbarung die Einladung: *»›Komm!‹ Wer durstig ist, der komme. Wer will, soll kommen und umsonst vom Wasser des Lebens trinken!«* (Offb 22,17).

Wohl dem, der zur Gewissheit gelangt, dass er einmal dort sein darf, wo die Erlösten in ewiger Freude in Gottes Gegenwart leben. Eine unzählbare Schar wird es sein: *»Danach sah ich eine riesige Menschenmenge – viel zu groß, um sie zählen zu können – aus allen Nationen und Stämmen und Völkern und Sprachen vor dem Thron und vor dem Lamm stehen. Sie waren mit weißen Gewändern bekleidet und hielten Palmzweige in ihren Händen. Und sie riefen laut: ›Die Rettung kommt von unserem Gott, der auf dem Thron sitzt, und von dem Lamm!‹«* (Offb 7, 9-10).

Anhang

1 Wolf Biermann, Mit Marx- und Engelszungen. Gedichte, Balladen, Lieder. Berlin: Wagenbach, 1968.

2 Die Großschreibung von HERR in Bibelstellen weist auf die Verwendung des Gottesnamens »Jahwe« im Urtext hin.

3 Kafka, Franz: Hochzeitsvorbereitungen auf dem Lande.

4 Uns ist bewusst, dass es damals noch kein Gebiet »Palästina« gab. Der Begriff wird hier und im Folgenden dazu benutzt, das heutige Gebiet Israels inklusive der arabischen Siedlungsgebiete zu beschreiben. Auch andere Namengebungen wären hier missverständlich.

5 Interview in *Die Welt* vom 17.1.2001.

6 http://www.fateh.net/e_public/constitution.htm (englischer Text).

7 Der österreichische Schriftsteller jüdischer Herkunft, Theodor Herzl (1860–1904) gilt als Begründer des politischen Zionismus. Unter dem Einfluss des Prozesses in Frankreich gegen den jüdischen Offizier Dreyfus, der zu dessen ungerechter Verurteilung führte, erwachte besonders die Liebe zu seinem jüdischen Volk. Er verfasste die Schrift »Der Judenstaat« (1896), trat für die Gründung eines jüdischen Staates ein und leitete die zionistische Bewegung ein, die zur Heimkehr ins Land der Väter aufrief.

8 Zitiert in: »Gott hat es so gewollt«, Der Spiegel 15/2002.